Auftrag und Wahrheit 1|2021

Ökumenische Quartalsschrift für Predigt,
Liturgie und Theologie

SCHILLER VERLAG
HERMANNSTADT / RUM.
BONN / GERMANIA
SCHILLER VERLAG

Herausgeber und Redaktion

Editorial

Noch eine Zeitschrift…! Und das in Zeiten abnehmender Lesekultur, des Auflagenrückgangs auch anspruchsvoller Printmedien, des Siegeszuges von Internet und Netflix, der Fusion und Konzentration selbst bedeutender theologischer Verlage…

Nun, diese Phänomene liegen auf der Hand. Und doch wagen wir als Initiatoren, als Herausgeber und als Redaktion das Unterfangen einer neuen Zeitschrift, die sich vom publizierten theologischen Mainstream bewusst unterscheidet. Die Zeit ist reif für diese Zeitschrift als Stimme einer Theologie, die sich kompromisslos ohne inhaltliche Abstriche und Verwässerung sowohl dem biblisch begründeten Auftrag und der Lehre der Kirche verpflichtet weiß, als auch den Mut besitzt, die Wahrheitsfrage als in der Selbstoffenbarung Gottes in Seinem Wort der Heiligen Schrift des Alten und Neuen Testaments und in Seiner Inkarnation im menschgewordenen Logos Jesus Christus als von menschlicher Interpretation unabhängig beantwortet versteht. Und genau das ist wichtiger denn je, ist doch die Lage für die Kirchen in Europa, im sog. „Westen" und besonders in Deutschland mehr als ernst.

Der weltweit nahezu beispiellose Niedergang der beiden Großkirchen in Deutschland ist alarmierend. Seit Jahren verlieren die EKD-Mitgliedskirchen und die Römisch-Katholische Kirche in Deutschland über 400.000 Gläubige jährlich durch Austritt. Das wird scheinbar nur noch zur Kenntnis genommen und ohne missionarische „Gegenwehr" statistisch registriert. Fast scheint es so, als hätten sich die Kirchen und Kirchenleitungen in Deutschland schon daran gewöhnt und damit abgefunden.

Oft wirkt es, als ginge es jetzt vor allem darum, diesen Niedergang professionell zu verwalten und leer stehende Pfarrhäuser und nicht mehr benötigte Gemeinderäume und Immobilien möglichst gewinnbringend zu verkaufen. Man richtet sich augenscheinlich im Abbruch ein, statt einen missionarischen Aufbruch zu wagen. Und lebendige, fröhliche und sogar wachsende Gemeinschaften gelten in der medialen wie amtskirchlichen Öffentlichkeit schnell als „konservativ", „traditionalistisch", „rückwärtsgewandt" und „fundamentalistisch".

Die Entchristlichung Deutschlands hat viele Gründe, darunter durchaus etliche, die außerhalb der konkreten Praxis, des Lebens und Wirkens und damit der Verantwortung der Amtskirchen liegen. Der allgemeine religiöse Traditionsabbruch im Land wurde von manchen Theologen und Soziologen schon seit Jahrzehnten diagnostiziert, prognostiziert und analysiert. Doch vieles ist eben auch selbstgemacht und darin begründet, dass beide großen Kirchen nicht mehr genügend klar und deutlich geistliche Orientierung, Verkündigung des Reiches Gottes und Weggeleit zum ewigen Leben bieten, sondern dies immer mehr durch eine diesseitsorientierte apodiktisch-einseitige und moralisierende Politverkündigung sowie einen Gender-, Migrations-, Klima- und Öko-Aktionismus ersetzen. Der Missionsauftrag wird dabei aus politischer Korrektheit seit Jahrzehnten tabuisiert und für obsolet erklärt; evangelische und katholische Kirchenvertreter werden in ihrer Multikulti-Begeisterung auch nicht müde, den Islam und die millionenfache Zuwanderung aus islamischen Ländern der letzten Jahre als Bereicherung Deutschlands zu bejubeln, auch wenn dies viele Kirchenmitglieder aus nachvollziehbaren Gründen ganz anders sehen.

Selten war die Entfremdung zwischen den Gemeinden und Gemeindegliedern, der kirchlichen Basis also, und den Kirchenleitungen in vielen existenziellen Fragen so groß wie heute. Als Beispiel und *pars pro toto* für die gesellschaftliche und politisch-ideologische Großwetterlage mag der jetzt (Oktober 2021) offiziell erlaubte und politisch geförderte Muezzin-Ruf von Köln gelten. Oberbürgermeisterin Reker setzt diesen mit dem Läuten der Kirchenglocken gleich und offenbart damit als Spitzenpolitikerin erschreckende Unkenntnis im Blick auf Christentum und Islam gleichermaßen.

Der „Spiegel" hat Deutschland vor Jahrzehnten schon als „heidnisches Land mit christlichen Restbeständen" charakterisiert. Heute sind wir so weit, dass diese Diagnose selbst von den professionellen Schönrednern der Lage nicht mehr verdrängt oder geleugnet werden kann, auch wenn über die Frage der richtigen Therapie größte Meinungsverschiedenheiten in den Kirchen vorherrschen. Jetzt aber, kurz vor dem Unterschreiten der besonders symbolträchtigen Marke von 50 Prozent Kirchenmitgliedschaft in Deutschland, geht's ans Eingemachte. Das seit 1949 bzw. 1990 bewährte staatskirchenrechtliche System der Kooperation zwischen Staat und Kirchen wackelt, wenn die beiden Großkirchen unter 50 Prozent fallen.

Wenn die Kirchen sich aber selbst weiterhin mehr und mehr auf dem Zeitgeist angepasste, linksgrün geprägte politische Akteure und Weltverbesserungsanstalten reduzieren, machen sie sich selbst überflüssig. Denn es gibt schon genügend Parteien, NGOs, Verbände und „Aktivisten", die genau das bieten und liefern. Diese Selbstherabsetzung der Kirchen geht erkennbar schief, weil die Kirchen damit ihren eigenen Wahrheitsanspruch aufgeben und sich selbst so zu einem Angebot bzw. einer weiteren Partei unter vielen degradieren und relativieren.

Im laizistisch geprägten Frankreich sind in der multikulturellen und sympathisch bunten Hauptstadt Paris heute immer noch rund 65 Prozent der Menschen getauft, fast alle katholische Christen! Und in der südosteuropäischen Metropole und rumänischen Hauptstadt Bukarest – einer Millionenstadt, in der bis 1989 über vierzig Jahre lang der Kommunismus herrschte – bekannten sich bei der Volkszählung 2002 über 96 Prozent der Gesamtbevölkerung zur Rumänischen Orthodoxen Kirche – Katholiken und Protestanten kommen noch hinzu. Von solchen Zahlen wie in Paris und Bukarest können deutsche Haupt-, Groß- und Bischofsstädte wie Berlin (26 % Christen), München (39 %) und Hamburg (35 %) nur noch träumen (Zahlen nach Wikipedia). Hierzulande sind die Christen mittlerweile klar in der Minderheit. Auf dem flachen Land sehen die Zahlen noch etwas besser aus, von der besonderen Situation in den fünf neuen Bundesländern einmal abgesehen. Aber auch hier bröckelt die Fassade zusehends.

Woran es wohl liegt? Vielleicht auch an der gesellschaftlichen und politischen Austauschbarkeit der Meinungen und Verwechselbarkeit der Positionen der deutschen Großkirchen mit denen anderer Meinungsanbieter? Auch in dem Sinne, dass die Kirchen und vor allem die Kirchenleitungen in Deutschland sich viel zu oft mit dem, was sie öffentlich sagen, nicht mehr wirklich vom DGB und Greenpeace, den Grün*innen, der Einwanderungs-, Gender- und Klimalobby, den Jusos und der Arbeitsgemeinschaft Sozialdemokratischer Frauen unterscheiden? Unter der sich anbahnenden neuen Regierungsmehrheit im Deutschen Bundestag und der zu erwartenden künftigen Bundesregierung mit Parteien, an deren Spitze fast durchgehend Agnostiker und aus den Kirchen ausgetretene Spitzenpolitiker stehen, wird das gesellschaftliche Klima für die Kirchen wohl noch rauer. Die Entzweiung zwischen Kirchen und Gesellschaft wird noch zunehmen, auch gefördert bzw. noch befeuert von der hostilen Berichterstattung vieler Medien, die zwar jede islamkritische Aussage als rechts und rassistisch kritisieren, gleichzeitig aber hyperkritisch und mit unverhohlener Antipathie über die Kirchen berichten. Umfragen mit vielsagenden Ergebnissen zur politischen Orientierung der Journalisten in Deutschland gibt es schon längst. Höchst aufschlussreich und erhellend wären komplementäre Untersuchungen zur religiösen Orientierung der Journalisten in der deutschen Medienlandschaft.

Die Kirchen ergehen sich indes in endlosen Struktur- und Reformdebatten. Die Evangelische Kirche läuft seit Jahrzehnten jedem Trend hinterher, opfert klare Aussagen der Heiligen Schrift auf dem Altar des Zeitgeistes und schweigt etwa zur Frage der Abtreibung bzw. macht sich noch zu Verbündeten der Abtreibungslobby.[1] Die Katholische Kirche wiederum versucht sich derweil mit ihrem „Synodalen Weg“ an einer selbstverordneten „Reformation 2.0“ mit der Zielsetzung der eigenen Protestantisierung in Deutschland, und nach Vorstellung mancher am besten gleich weltweit.

Die vorliegende Zeitschrift präsentiert eine Alternative zum theologischen und kirchenpolitischen Zeitgeist und Mainstream und versteht sich dabei weder als „Parteizeitung“ noch als Kampfblatt einer bestimmten theologischen Schule oder Richtung. Zum theologischen Profil und zur inhaltlichen Grundierung dieser Publikation gibt das mit den Herausgebern abgestimmte Gründungsprogramm der Zeitschrift nachhaltig und gut begründet Auskunft.

Als Initiator und Gründungsherausgeber dieser Zeitschrift freue ich mich, dass wir in kurzer Zeit einen sehr beachtlichen internationalen Herausgeberkreis und Redaktionsmitglieder finden konnten, die dieses Projekt befürworten und unterstützen. Besonders freue ich mich, dass es uns gelungen ist, kirchenübergreifend Theologinnen und Theologen zu versammeln, die die Anliegen dieser Zeitschrift teilen.

Selb, im Oktober 2021
Jürgen Henkel

[1] Vgl. J. Henkel, Die Frauen und der Paragraph. Die Forderung der „Frauen* in der EKBO“ nach Abschaffung der Abtreibungsparagraphen 218 und 219a steht in unguter Tradition, in: CA II, 2021, S. 49-53.

Auftrag und Wahrheit

Ökumenische Quartalsschrift für Predigt, Liturgie und Theologie

Programm

Der Herausgeberkreis der Zeitschrift *„Auftrag und Wahrheit. Ökumenische Quartalsschrift für Predigt, Liturgie und Theologie"* hat sich zum Ziel gesetzt, aus katholischer, orthodoxer und lutherischer Perspektive die aktuelle Predigt- und Gottesdienstpraxis mit Predigthilfen, Predigtentwürfen und Homilien sowie theologischer Reflexion zu Homiletik und Liturgik zu bereichern. Grundlegend ist dabei die Überzeugung, dass unsere Lebenswirklichkeit vom Wort Gottes auszulegen ist, nicht das Wort Gottes nach unserer Lebenswirklichkeit.

Dabei verfolgen alle unsere Beiträge das Ziel, die Gläubigen und das ganze Volk Gottes in Theologie, Liturgie und Predigt in die Nachfolge Christi zu rufen, auf Gottes Menschwerdung und Erlösungswerk im Glauben zu antworten und sich im Gottesdienst zur eucharistischen Gemeinschaft der Erlösten zu versammeln, die Gott als Heilsgemeinde lobt und dankt und Ihn mutig und furchtlos bekennt, anbetet und preist nach dem Wort des Hl. Apostels Petrus: „Man muss Gott mehr gehorchen als den Menschen." (Apg. 5, 29)

Die in dieser Zeitschrift vermittelte Theologie versteht sich als vom Heiligen Geist inspiriert und verwirft eine Orientierung der Theologie, der Kirche, der Liturgie und der pastoralen Praxis am Zeitgeist.

Sie steht ausdrücklich auf der Grundlage der Heiligen Schrift als geoffenbartem Wort Gottes, der Theologie der Kirchenväter und der altkirchlichen Bekenntnisse; sie respektiert zudem in ökumenischem Geist die daraus erwachsenen kirchlichen Dogmen als jeweils verbindliche Lehre des christlichen Glaubens und Lebens, die namentlich für Predigt, Gottesdienst und Theologie insgesamt sowie für die Verkündigung im Alltag stetig gilt. Demgemäß hat jede Predigt das Wort Gottes und die Wahrheit des Glaubens unverfälscht und rein den Gläubigen, der Kirche und der ganzen Welt zu verkündigen, „damit Gott herrscht über alles und in allem" (1. Kor. 15, 28). Jeder Gottesdienst lässt die um den Altar versammelten Gläubigen die Gemeinschaft mit dem Dreieinigen Gott erfahren, Der in der Heiligen Schrift zu den Gläubigen spricht und Sich in den Eucharistischen Gaben als wahrer Leib und wahres Blut Christi Seiner Gemeinde schenkt.

Der christliche Glaube erhebt den Menschen somit schon in diesem Leben über die sinnlich und empirisch wahrnehmbare Welt und Wirklichkeit hinaus und gibt einen Vorgeschmack auf die Ewigkeit. Entsprechend haben Gottesdienst, Predigt und Theologie und jede öffentliche christliche Rede von Gott sich nie auf eine innerweltlich-diesseitige Sinnstiftung zu beschränken oder politisierende Weltverbesserung zu betreiben, sondern immer die Perspektive des Eschaton zu vermitteln gemäß der Weisung des Apostels Paulus: „Richtet euren Sinn auf das Himmlische und nicht auf das Irdische!" (Kol. 3, 2)

Die Theologie der Kirchenväter und die kirchliche Lehrtradition bilden dabei eine lebendige Erschließung der im Wort Gottes der Heiligen Schrift geoffenbarten Wahrheit. Die Zeitschrift geht von der inneren geistgewirkten Einheit von fides quae und fides qua, Orthodoxie und Orthopraxis, lex credendi und lex orandi aus. Angestrebt wird eine pastorale und liturgische Praxis und Verkündigung, die in ihren Ausdrucksformen auch an die Sprache anknüpft, wie sie traditionell in Klöstern und evangelischen Kommunitäten geübt wird.

Gleichzeitig soll die Schönheit der Liturgie und des Gottesdienstes Augen, Herz und Sinne für das in Christus angebrochene und in unsere Welt hereinwirkende Reich Gottes öffnen. Unsere Perspektive ist die Vorbereitung der Gläubigen und der Gemeinde Jesu Christi als Volk Gottes auf das Reich Gottes, die Wiederkehr Christi und das ewige Reich der Erlösten.

Jede innerkirchliche und öffentliche Verkündigung hat zum Verständnis und zur Verteidigung des christlichen Glaubens und der Wahrheit in der Liebe beizutragen, zu ermutigen und zu befähigen.

Erscheinungsform

Die Zeitschrift erscheint vierteljährlich als E-Book und in Druckfassung.

Die Zeitschrift verwendet nicht die sog. „gendergerechte Sprache", sondern das klassische Deutsch nach bisherigen Regeln und bestehender Grammatik.

Inhalt

Folgende Rubriken sind vorgesehen:

- Predigtteil (Predigthilfen und Predigtentwürfe, liturgische Texte, Homilien)
- Wissenschaftliche Studien zu verschiedenen Disziplinen der Theologie (Homiletik, Liturgik, Dogmatik, Kirchengeschichte, Patristik und Theologie der Kirchenväter, Theologische Ethik und Moraltheologie, Christliche Gesellschaftslehre / Sozialethik, Pastoraltheologie, Theologische Gegenwartsfragen, Kirchenrecht, Christliche Kunst, Spiritualität)
- Dokumentation (Quellentexte, Kommentare, Berichte aus dem kirchlichen Leben und Tagungsberichte)
- Rezensionen

Mitte und Schwerpunkt der Zeitschrift ist der Predigtteil. Hier werden zu Sonn- und Feiertagen katholische und evangelisch-lutherische Autoren jeweils eine Predigthilfe oder einen bereits ausgearbeiteten Predigtentwurf bieten.

Ziel ist dabei grundsätzlich eine geistliche Schriftauslegung. Zu Hochfesten und wichtigen ostkirchlichen Feiertagen werden zudem orthodoxe Autoren Predigten oder Homilien beisteuern und ihre Traditionen präsentieren, damit Elemente daraus in den anderen Kirchen fruchtbar gemacht werden können zum gemeinsamen unverfälschten Zeugnis des christlichen Glaubens in der heutigen Zeit und Welt.

Die Zeitschrift *„Auftrag und Wahrheit. Ökumenische Quartalsschrift für Predigt, Liturgie und Theologie“* versteht sich als theologisches Plädoyer und Bekenntnis:

- □ zur Heiligen Schrift als Maßstab und Richtschnur christlichen Lebens, Glaubens, Handelns und Denkens (2. Tim. 3, 16: „Jede von Gott eingegebene Schrift ist auch nützlich zur Belehrung, zur Widerlegung, zur Besserung, zur Erziehung in der Gerechtigkeit“);

- □ zur kirchlichen Lehre, wie sie von Christus selbst Seiner Kirche zur Bewahrung und Weitergabe anvertraut wurde (Mt. 28, 19 f.: „Geht zu allen Völkern und macht alle Menschen zu meinen Jüngern; tauft sie auf den Namen des Vaters und des Sohnes und des Heiligen Geistes, und lehrt sie, alles zu befolgen, was Ich euch geboten habe“); sowie

- □ zur Verkündigung des reinen Evangeliums an die Gläubigen und die Gemeinden sowie an alle Menschen und Völker, um diese zum Glauben zu rufen, damit sie Gott vertrauen und das in Jesus Christus eröffnete Heil entdecken nach dem Wort des Herrn: „Wer da glaubt und getauft wird, der wird selig werden; wer aber nicht glaubt, der wird verdammt werden“ (Mk. 16, 16).

So will unsere Zeitschrift alle Christinnen und Christen dazu ermutigen, Zeugnis abzulegen von ihrem christlichen Glauben und besonders Theologen, Liturgen und Prediger ermuntern und motivieren, ihren priesterlichen, katechetischen und missionarischen Dienst für das Volk Gottes und die ganze Welt eingedenk der Selbstermahnung des Paulus zu verrichten: „Weh mir, wenn ich das Evangelium nicht verkündige!“ (1. Kor. 9, 16)

Inhalt

Predigthilfen und Predigtentwürfe / Die Kanzel

Berichte / Acta et documenta

Rezensionen / Libri

AUFSÄTZE

Die Predigt in katholischer Sicht

Gerhard Kardinal Müller, Rom

1. Ist die christliche Predigt konfessionsspezifisch zu unterscheiden?

Bekannt ist die These, dass sich die Differenz der katholischen (und orthodoxen) von der evangelisch-protestantischen Grundauffassung vom Christentum im Ganzen und in allen einzelnen Kontroverslehren auf den Gegensatz einer Kirche der Sakramente und einer Kirche des Wortes zurückführen lasse. Kein Geringerer als Adolf von Harnack (1851-1930), der Leitstern der liberalen Theologie in Deutschland[1], hat in der siebzehnten seiner berühmten Berliner Vorlesungen über das Wesen des Christentums (1899/1900) bei aller Bewunderung des „reformatorischen Durchbruchs" Martin Luther selbst für eine Verunklärung dieser von ihm initiierten Überwindung des „katholischen" zugunsten des „protestantischen Prinzips" verantwortlich gemacht. Indem der Reformator der Kirche "gemäß des Evangeliums" und der Revolutionär (aufgrund der Überwindung der Kirche als Heilsanstalt) gleichsam systemwidrig an der sakramentalen Kindertaufe und der leiblichen Realpräsenz Christi im Abendmahl als objektiver Gnadenmittel festgehalten habe, sei er der Gefahr erlegen, „sowohl seinen hohen Begriff von Gnade wieder gegen den katholischen einzutauschen, als die grundlegende Einsicht einzubüßen, dass es sich um etwas rein Geistiges handelt und dass neben Wort und Glaube alles andere gleichgültig ist."[2]

Aber vielleicht hat Luther sich selbst und die Lehre Christi besser verstanden, wenn er den Abstand zur „alten Kirche", der er entstammte, nicht bis zur äußersten Konsequenz trieb, die jede Chance auf eine Wiedervereinigung aller Christen in der einen Kirche des dreifaltigen Gottes zunichtemachen würde. Denn die Feststellung eines prinzipiellen Gegensatzes in der Auffassung des Christentums, d.h. dem Glauben an die Menschwerdung, den Erlösungstod und die Auferstehung Christi von den Toten zum Heil der Menschen, müsste die ökumenische Suche nach der Einheit seiner Jünger, wie Jesus sie will, in einer wohlwollend vergleichenden Konfessionskunde beenden.

Mit besten biblischen und dogmengeschichtlichen Gründen kann man aber auch die Gegenthese vertreten, dass die scharfe Unterscheidung einer Kirche des Wortes und einer Kirche der Sakramente biblisch unbegründbar ist und somit keinen unüberbrückbaren dogmatischen Gegensatz darstellt, sondern nur einen relativen Unterschied im theologischen Ansatz bezeichnet.

---

[1] Vgl. Gunther Wenz, Der Kulturprotestant. Adolf von Harnack als Christentumstheoretiker und Kontroverstheologe, München 2001.

[2] Adolf von Harnack, Das Wesen des Christentums, München und Hamburg 1964, S. 173.

Denn das Evangelium von dem nahe gekommenen Reich Gottes richtet sich im Sprechen und Handeln Jesu an den ganzen Menschen. Seine personale und damit unmittelbare Beziehung zu Gott, die der Mensch dem Offenbarungsereignis „in Wort und Tat“[3] zu verdanken hat, verwirklicht sich nur im Medium seiner leibhaftigen, sozialen und geschichtlichen Verfassung, die auf seinen Schöpfer zurückgeht. Personale Unmittelbarkeit zu Gott und ihre inkarnatorisch-sakramentale Vermittlung seiner Wahrheit und Gnade in der kirchlichen Heilsgemeinde, das persönliche Wahrheitsgewissen und die Lehrautorität der apostolischen Kirche bilden keine exklusiven Alternativen, sondern ein komplexes und kohärentes Gefüge, wie es der sozialen und leiblich-geistigen Natur jedes individuellen Menschen entspricht. Damit entfällt die dualistische Entgegensetzung der höheren Welt des reinen Geistes, der das Eigentliche des Menschen oder seine Substanz (res cogitans) ausmache, und der (vermeintlich) untergeistigen Gebundenheit an die materielle Natur (res extensa), bzw. von autonomem Selbstbewusstsein und dem Gefesselt-Sein an die materielle Triebstruktur, wie sie seit der „platonischen“ Gegenüberstellung einer höheren geistigen und einer niederen Sinnenwelt in verschiedenen Varianten eine (irritierende) Denkform auch der christlichen Theologie geworden war.[4]

Gewiss ist im Menschen die geistig-reflexe und frei-proaktive Erfassung seines Selbst-Seins das leitende und wesensgebende Prinzip. Aber sein Eingebunden-Sein in die materielle Welt lenkt den Menschen in seiner geist-leiblichen Natur nicht vom „Eigentlichen“ ab, sondern ist als sein Wesen (das So-Sein seiner Natur) das Co-Prinzip und das Medium seiner Realisierung in der von Gott für ihn und auf ihn hin geschaffenen Welt. Der Mensch existiert in seinem Leib, so dass die Materie nicht ein hemmendes Gegenprinzip seines Daseins darstellt. Denn der Mensch ist nicht äußerlich zusammengesetzt aus heterogenen Teilen und widerstreitenden Prinzipien, sondern er ist eine einzelne Person in einer geist-leiblichen Natur. Deshalb haben auch die Worte unserer Sprache einen (akustischen und sozialen) Leib und unsere Gedanken, in denen wir uns selbst innerlich begreifen und in denen wir uns anderen mitteilen, sind äußere Zeichen der Selbst- und Welterkenntnis und der Kommunikation mit anderen Personen und in und über allem mit Gott, unserem persönlichen Schöpfer und Erlöser. Ihn dürfen wir betend ansprechen, wenn wir ins Antlitz Jesu schauen: „Mein Herr und mein Gott.“ (Joh 20, 17) „Denn Du hast uns geschaffen zu Dir hin und unruhig ist unser Herz, bis es Ruhe findet in Dir.“[5]

Aufgrund unserer wesenhaften Existenz in unserer Leiblichkeit sind umgekehrt auch die sinnenfälligen Zeichen, Gesten und Riten Ausdruck des inneren Wortes. Worte sind Zeichen, in denen sich die Wirklichkeit präsentiert und Zeichen sind Worte, in denen sich die Wahrheit des Seins erschließt. Gedachte und gesprochene Worte sind sowohl signifikativ als auch effektiv (performatives Sprechen). Ebenso bezeichnen auch symbolische Handlungen einen Tatbestand und rufen im Zuhörer, Zuschauer und Teilnehmer eines Kommunikationsgeschehens eine Wirkung hervor, die über eine ästhetische Dimension hinaus eine völlige Verwandlung und Neubegründung der sittlichen Koordinaten und des geistigen Fundaments eines Menschen bedeuten kann.

---

[3] II. Vatikanum, Dogmatische Konstitution über die göttliche Offenbarung „Dei verbum“ 3.

[4] Vgl. Gustav Siewerth, Der Mensch und sein Leib, Einsiedeln ^{2}1963.

[5] Augustinus, Confessiones I, 1.

Damit ist auch das Wort der christlichen Verkündigung ein Zeichen der göttlichen Zuwendung zu uns. Und Jesus spricht zu uns vom Heilswillen Gottes, seines Vaters, in seinen Handlungen, durch die er tatsächlich Kranke heilt, Aussätzige in die Gemeinschaft zurückholt und schließlich Tote zum Leben erweckt, indem er sich als das Wort Gottes offenbart, das zu unserem Heil Fleisch angenommen hat. Besonders im Johannes-Evangelium ist die Predigt Jesu Selbstoffenbarung seiner göttlichen Herrlichkeit und der Gegenwart Gottes als unser Heil in seiner Person: „Ich bin der Weg und die Wahrheit und das Leben; niemand kommt zum Vater außer durch mich." (Joh 14, 6). Den demütig Glaubenden offenbart der Vater Jesu Jesus als seinen Sohn, der zu seinen Jüngern spricht: „Alles ist mir von meinem Vater übergeben worden; niemand kennt den Sohn, nur der Vater, und niemand kennt den Vater nur der Sohn und der, dem es der Sohn offenbaren will." (Mt 11, 27).

Dieser Selbstoffenbarung Jesu – im Wort seiner Predigt an das Volk Gottes – entspricht die Predigt der Kirche als Bekenntnis zu seiner Gottheit und Messianität. Mit Simon Petrus antwortet die ganze Kirche auf die Frage Jesu, für wen sie ihn halten: „Du bist der Christus, der Sohn des lebendigen Gottes." (Mt 16, 16). Auf die Person des Bekenners und seinen ihm vom Vater im Himmel geoffenbarten Glauben baut Christus selbst seine Kirche wie auf einen unerschütterlichen Felsen, den nicht einmal die Pforten der Hölle überwältigen können (vgl. Mt 16,18). Darum steht jede christliche Predigt, die Christus bezeugt und ihn als den Sohn Gottes bekennt, auf der „Säule und dem Fundament des Hauses Gottes, das die Kirche des lebendigen Gottes ist." (1 Tim 3,15).

Wenn das Evangelium Christi in der Kirche für die Welt gegenwärtig wird in den Medien von Predigt und Sakrament – noch unabhängig von der Frage nach der Zahl der Sakramente – dann muss man sagen, dass das Wort der Predigt sakramental ist, also durch das Gesprochen- und Gehörtwerden im Glaubenden Heil wirkt. Die Predigt, in der Christus durch den Mund seiner beauftragten Zeugen zu uns spricht, bewirkt das Heil in denen, die dabei zum Glauben an ihn als den Sohn Gottes kommen (vgl. 1 Thess 2, 13). Und man kann sich der Einsicht nicht verschließen, dass das von Christus eingesetzte Sakrament der Taufe – was auch analog auch bei den übrigen Sakramenten gilt – gnadenhafte Selbstmitteilung des fleischgewordenen Wortes ist als Gabe des ewigen Lebens (vgl. Mt 28,19; Mk 16,16), damit wir „im Wasser und im Heiligen Geist" (Joh 3, 5) neu geboren werden für das Reich Gottes. Somit werden wir effektiv mittels des Sakramentes zu seinen Söhnen und Töchtern, damit wir durch den Sohn im Heiligen Geist zu Gott Abba, Vater, sagen (vgl. Gal 4, 6; Röm 8, 15). Glaube ist bedingungsloses Vertrauen auf Gott, aber auch Gotteserkenntnis als Teilhabe an der wechselseitigen ewigen Erkenntnis des Vaters und des Sohnes im Heiligen Geist (vgl. Lk 10, 21f) und gnadenhafte Antizipation der verheißenen Schau Gottes "von Angesicht zu Angesicht" (vgl. 1 Kor 11, 12; 1 Joh 3, 1f).

Der Glaube kommt vom Hören der Predigt des Wortes Christi (vgl. Röm 10, 17) und Gott macht uns mittels des Glaubens, der von der Hoffnung und Liebe (als göttlicher Gaben und Tugenden) nicht zu trennen ist, effektiv gerecht und heilig (vgl. Röm 5, 1-5). Aber wir werden nur gerettet, wenn wir auch glauben, dass „Jesus der Herr ist" und dass "Gott ihn von den Toten auferweckt hat" (vgl. Röm 10, 9). Man kann den Glauben als personalen Akt (fides qua creditur) und als zustimmende Erkenntnis zu seinem objektiven Inhalt (fides quae creditur) ebenso wenig voneinander trennen wie den Akt des

Greifens von der Körperlichkeit der Hand. Denn Gott kann von einem geschaffenen Verstand nicht in seinem Selbstsein erkannt werden, sondern nur durch die Werke der Schöpfung (Röm 1, 20), in den Gedanken und Anklagen des Gewissens (Röm 2, 16) und durch die menschliche Natur seines Sohnes, auf dessen "Antlitz uns die Erkenntnis des göttlichen Glanzes aufstrahlt und in unseren Herzen aufleuchtet." (2 Kor 4, 6)

Nur wo der Glaube idealistisch als rein geistiger Gottesbezug aufgefasst und damit desinkarniert gedacht wird, kann die sakramentale Heilsvermittlung als ein übrig gebliebener heidnischer Rest missverstanden werden, als ob der Gebrauch der sinnenfälligen Elemente im sakramentalen Zeichen von sich aus eine magische Wirkung auf die Gottheit ausüben würde.

Georg Wilhelm Friedrich Hegel (1770-1831) auf der Höhe des absoluten Idealismus charakterisierte in einem nachhaltigen, aber erschütternd diffamatorischen Stereotyp den vermeintlichen prinzipiellen Gegensatz zwischen katholischer und reformatorischer Auffassung des Christentums so: „In der lutherischen Religion geschieht die Konsekration nur durch das Geistige, nur durch den Glauben. Luther stellte den großen Satz auf, dass die Hostie nur für den Glauben etwas sei und Christus nur empfangen werde im Glauben an ihn; außerdem sei die Hostie nur ein äußerliches Ding, das keinen größeren Wert habe als jedes andere Ding. Der Katholik aber fällt vor der Hostie nieder, und so ist das Äußerliche zu einem Heiligen gemacht. In der katholischen Kirche ist also das Äußerliche das Bestimmende und bringt in das Gebiet der absoluten Freiheit all das Geistlose und Unfreie, dem wir im Katholizismus auf Schritt und Tritt begegnen."[6]

Die ursprüngliche reformatorische Kritik an der objektiven Wirksamkeit der Sakramente ex opere operato beruht auf der dogmengeschichtlichen Unkenntnis der Herkunft und Bedeutung dieses Axioms. In Wirklichkeit wird gegen den Donatismus die sittliche Heiligkeit beim menschlichen Empfänger und Spender der Sakramente als Bedingung ihrer Wirkung ausgeschlossen, aber nicht der Glaube als Akt und Bekenntnis, gerade weil Christus der eigentliche Spender der Gnade ist, die er in den von ihm in der Kirche eingesetzten und im Heiligen Geist wirksamen Zeichenhandlungen dem konkreten, leibhaften, geschichtlich und sozial situierten Menschen persönlich mitteilt.

Die Gnade ist gewiss Sündenvergebung und Rechtfertigung des Sünders aus der Gnade Gottes allein, aber genau so auch Heiligung, neue Geschöpflichkeit, Gotteskindschaft, reale Teilhabe am Leben des dreifaltigen Gottes und Gemeinschaft mit ihm in Wahrheit und Liebe. Die Gnade als Gabe und Verpflichtung bewirkt ein unmittelbares und innerliches Verhältnis zu Gott und ermöglicht die reale Nachfolge Christi auf dem neuen Weg in einem Leben nach den Geboten Gottes und der Verantwortung in Beruf, Familie, Gesellschaft und auch als Mitglied am Leib Christi in der sichtbar-verfassten Kirche, die als sein Leib der Christus praesens in der Welt ist.

Die exklusive Entgegensetzung einer reformatorischen Kirche des Wortes und einer „alten" (katholischen und orthodoxen) Kirche der Sakramente scheitert also sowohl an der christlichen Anthropologie, die kraft der Einheit des Menschen im Schöpferwillen

---

[6] Georg W. F. Hegel, Vorlesungen über die Philosophie der Weltgeschichte (=PHB 171d) 4,2, 3, Hamburg 1968, 823.

Gottes sich jenseits des Dualismus von Idealismus und Materialismus bewegt, als auch an der inkarnatorischen Christologie, die uns den Sohn Gottes in seinem Menschsein als den einen und einzigen Mittler zwischen Gott und den Menschen vorstellt.

Das II. Vatikanische Konzil beschreibt in der „Pastoralkonstitution über die Kirche in der Welt von heute“ (1965) den anthropologischen Ansatz, von dem her die innere Einheit von christlicher Predigt und den heiligen Sakramenten Christi deutlich wird, weil Predigt und Sakramente im Mysterium des fleischgewordenen Wortes gründen, das unter uns gewohnt hat und aus dessen Fülle wir alle Gnade um Gnade empfangen haben (vgl. Joh 14, 14-18).

> *„In Leib und Seele einer, vereint der Mensch durch seine Leiblichkeit die Elemente der stofflichen Welt in sich: Durch ihn erreichen diese die Höhe ihrer Bestimmung und erheben ihre Stimme zum freien Lob des Schöpfers Das leibliche Leben darf also der Mensch nicht gering achten; er muss im Gegenteil seinen Leib als von Gott geschaffen und zur Auferweckung am Jüngsten Tage bestimmt für gut und der Ehre würdig halten. Durch die Sünde aber verwundet, erfährt er die Widerstände seiner Leiblichkeit. Daher verlangt die Würde des Menschen, dass er Gott in seinem Leibe verherrliche und ihn nicht den bösen Neigungen seines Herzens dienen lasse. Der Mensch irrt aber nicht, wenn er seinen Vorrang vor den körperlichen Dingen bejaht und sich selbst nicht nur als Teil der Natur oder als anonymes Element in der menschlichen Gesellschaft betrachtet, denn in seiner Innerlichkeit übersteigt er die Gesamtheit der Dinge. In diese Tiefe geht er zurück, wenn er in sein Herz einkehrt, wo Gott ihn erwartet, der die Herzen durchforscht, und wo er selbst unter den Augen Gottes über sein eigenes Geschick entscheidet. Wenn er daher die Geistigkeit und Unsterblichkeit seiner Seele bejaht, wird er nicht zum Opfer einer trügerischen Einbildung, die sich von bloß physischen und gesellschaftlichen Voraussetzungen herleitet, sondern erreicht er im Gegenteil die tiefe Wahrheit der Wirklichkeit.“*[7]

Im Vorfeld des II. Vatikanischen Konzils (1962-1965), das sich zum Ziel gesetzt hatte, „das christliche Leben unter den Gläubigen mehr und mehr zu vertiefen, die dem Wechsel unterworfenen Einrichtungen den Notwendigkeiten unseres Zeitalters besser anzupassen, zu fördern, was immer zur Einheit aller, die an Christus glauben, beitragen kann, und zu stärken, was immer helfen kann, alle in den Schoß der Kirche zu rufen“[8], gab es auch von katholischer Seite zahlreiche Bemühungen um eine katholische „Theologie des Wortes Gottes“[9]. Der liturgischen Predigt sollte so der Rang eines heilswirksamen Mittels der Gnade neben, in und mit den sieben Sakramenten gesichert werden. Die Predigt ist nicht Vorspiel zu den Sakramenten und die Sakramente sind nicht ein Nachspiel zur Predigt. Im Fleisch gewordenen Wort erschließt sich uns ihre innere Beziehung sowohl in ihrer wesentlichen Ein-

---

[7] II. Vatikanum, Pastorale Konstitution über die Kirche in der Welt von heute „Gaudium et spes“ 14.

[8] II. Vatikanum, Konstitution über die heilige Liturgie „Sacrosanctum concilium“ 1.

[9] Zu verweisen ist u. a. auf den Beitrag des Münsteraner Dogmatikers anlässlich seiner Ernennung zum Bischof von Mainz: Hermann Kardinal Volk, Zur Theologie des Wortes Gottes (= Gesammelte Schriften 3), Mainz 1978, 19-35.

heit als Heilsgabe als auch in ihrer relativen Verschiedenheit als Heilsmittel. Dass die Predigt nicht nur eine pädagogische Vorbereitung ist auf die „eigentliche" Heilsvermittlung in den Sakramenten, wie sie sich seit der Reformation spiegelbildlich zur protestantischen Minderbewertung der Sakramente gegenüber dem Wort konfessionstypisch ergeben hatte, wurde vom II. Vatikanum klar herausgestellt. Die Liturgie des Wortes ist keineswegs nur eine Art „Vormesse", sondern bildet mit der Liturgie der Eucharistie "einen einzigen Kultakt".[10]

Die Liturgie in der Form von Wort und Ritus ist die vom Heiligen Geist geleitete Anbetung und Verherrlichung Gottes des Vaters durch die Kirche und zugleich Vermittlung seines Heilswillens uns gegenüber durch das Fleisch gewordene Wort, Jesus Christus: „Aus seiner Fülle haben wir alle empfangen, Gnade über Gnade. Denn das Gesetz wurde durch Mose gegeben, die Gnade und Wahrheit kamen durch Jesus Christus. Niemand hat Gott je gesehen. Der Einzige, der Gott ist und am Herzen des Vaters ruht, ER hat Kunde gebracht." (Joh 1, 16-18)

Wo aufgrund der Verkündigung das Wort Gottes im Glauben angenommen wird und wo die Christgläubigen sich in seinem Namen versammeln, um die wirksamen Zeichen seiner Gnade feiern, da „öffnete er ihnen den Sinn für das Verständnis der Schriften". In der Predigt der „Diener des Wortes" (Lk 1, 2) sagt der auferstandene Jesus auch heute selbst zu den Hörern Seines Wortes, das den Vätern verheißen war: „Der Christus wird leiden und am dritten Tag von den Toten auferstehen und in seinem Namen wird man allen Völkern Umkehr verkünden, damit ihre Sünden vergeben werden. Angefangen in Jerusalem, seid ihr Zeugen dafür. Und siehe, ich werde die Verheißung meines Vaters auf euch herab senden." (Lk 24, 46-48). "Denn so oft ihr von diesem Brot esst und aus dem Kelch trinkt, verkündet ihr den Tod des Herrn, bis er kommt." (1. Kor 11, 26)

Die innere Einheit von Predigt und Eucharistie ist vorgebildet in der Ostererscheinung, während der Christus in eigener Person den Jüngern von Emmaus den Sinn der Schriften erschließt und als sie ihn erkennen beim „Brotbrechen" (Lk 24, 31).

Der in Rom lebende christliche Philosoph Justin der Märtyrer (um 100-165 n. Chr.), bezeugt in seiner Ersten Apologie die Grundgestalt der Eucharistie-Feier mit der Lesung der biblischen Schriften, der Predigt des Vorstehers, der Bereitung der Gaben von Brot und Wein und während der Danksagung an Gott den Vater durch Christus im Heiligen Geist ihre Konsekration in Fleisch und Blut Christi und der anschließenden Austeilung der heiligen Kommunion. „Diese Nahrung heißt bei uns Eucharistie. Niemand darf daran teilnehmen, als wer unsere Lehren für wahr hält, das Bad der Nachlassung der Sünden zur Wiedergeburt empfangen hat [d.h. die Taufe] und nach den Weisungen Christi lebt. Denn nicht als gemeines Brot und als gewöhnlichen Trank nehmen wir sie; sondern wie Jesus Christus, unser Erlöser, als er durch Gottes Logos Fleisch wurde, Fleisch und Blut um unser Heiles willen angenommen hat, so sind wir belehrt worden, dass die unter Danksagung geweihte Nahrung, mit der unser Fleisch und Blut durch Umwandlung genährt wird, Fleisch und Blut des fleischgewordenen Jesus sei."[11]

Darum bleibt der auferstandene Herr bei seiner Kirche bis ans Ende der Zeiten, wo und wenn die Christen „festhalten an der Lehre der Apostel, an der Gemeinschaft, am

---

[10] II. Vatikanum, „Sacrosanctum concilium" 56

[11] Justin der Märtyrer, I. Apologie, 66.

Brechen des Brotes und an den Gebeten" (Apg 2, 42). Und wenn der Apostel Paulus als Kronzeuge gilt für Luthers Heilsgewissheit aus dem Glauben und aus dem Zuspruch des Wortes Gottes, so ist gegenüber der Korrelation von „Wort und Glaube" die sakramentale Gegenwart Christi in der Eucharistie – entgegen der dualistisch vorgeprägten Meinung Harnacks – nicht gleichgültig und nachrangig, wenn derselbe Apostel den Korinthern die heuristische Frage stellt: „Ist der Kelch des Segens, über den wir den Segen sprechen, nicht Teilhabe am Blut Christi? Ist das Brot, das wir brechen, nicht Teilhabe am Leib Christi? Ein Brot ist es. Darum sind wir viele ein Leib; denn wir alle haben Teil an dem einen Brot." (1 Kor 10, 16f).

Die theologische Synthese der beiden Ansätze – von der Korrelation von „Wort und Glaube" her oder von der Sakramentalität der Kirche her – ist möglich im Blick auf die verschiedenen Gegenwartsweisen des einen und desselben Christus in Seiner Kirche. Dazu gehört die Erkenntnis ihrer inneren Beziehung und Zuordnung aufeinander und der entschiedene Wille, Einseitigkeiten und eine voreilige Reduktion ihrer Vielheit auf ein einziges Prinzip zu vermeiden. Ihre Einheit liegt verborgen im Geheimnis der Vernunft Gottes, dessen der geschaffene Verstand sich nicht in einem idealistischen Systemdenken bemächtigen kann.
Um Gottes universales Heilswirken an ihr und durch sie zu verwirklichen,

> *„ist Christus seiner Kirche immerdar gegenwärtig, besonders in den liturgischen Handlungen. Gegenwärtig ist er im Opfer der Messe sowohl in der Person dessen, der den priesterlichen Dienst vollzieht (...), wie vor allem unter den eucharistischen Gestalten. Gegenwärtig ist er mit seiner Kraft in den Sakramenten, so dass, wenn immer einer tauft, Christus selber tauft. Gegenwärtig ist er in seinem Wort, da er selbst spricht, wenn die heiligen Schriften in der Kirche gelesen werden. Gegenwärtig ist er schließlich, wenn die Kirche betet und singt, er, der versprochen hat: ‚Wo zwei oder drei versammelt sind in meinem Namen, da bin ich mitten unter ihnen' (Mt 18, 20). In der Tat gesellt sich Christus in diesem großen Werk, in dem Gott vollkommen verherrlicht und die Menschheit geheiligt werden, immer wieder die Kirche zu, seine geliebte Braut. Sie ruft ihren Herrn an, und durch ihn huldigt sie dem ewigen Vater."*[12]

Aber die Kirche ist nur dann „in Christus gleichsam das Sakrament, das heißt Zeichen und Werkzeug für die innigste Vereinigung mit Gott wie für die Einheit der ganzen Menschheit"[13], wenn sie gemäß seinem Auftrag die Predigt Jesu in ihrer Verkündigung und ihrem Zeugnis fortsetzt und im Heiligen Geist aktualisiert. Damit hat die apostolische Predigt der Kirche drei Adressatenkreise:

1. Die Angehörigen des Bundesvolkes, die der Welt die Hoffnung auf den Messias Gottes bezeugen (vgl. Apg 2, 2.14-36: die Petrus-Predigt am Pfingstfest).

2. Die noch nicht Glaubenden, die Heiden, denen ein Tür für das Wort Gottes zu öffnen ist (vgl. Apg 17, 22-34: die Areopag-Rede des Paulus), und

[12] II. Vatikanum, „Sacrosanctum concilium" 7.

[13] II. Vatikanum, Dogmatische Konstitution über die Kirche „Lumen gentium" 1.

3. Die Gläubigen in der Kirche, deren Glauben durch das Wort Gottes aufgebaut, bestärkt und vertieft wird (vgl. Apg 20, 17-38: die Abschiedsrede des Apostels Paulus an die Presbyter von Ephesus in Milet).

Denn auch für die „katholische Kirche der Sakramente", die in der sakramentalen Liturgie der Sakramente den „Höhepunkt" sieht, „dem das Tun der Kirche zustrebt, und zugleich die Quelle, aus der all ihre Kraft strömt"[14], ist die missionarische Predigt wie auch die gottesdienstliche Predigt ebenso zentral wie für die „evangelische Kirche des Wortes". Das II. Vatikanum formuliert es so:

> *„In der heiligen Liturgie erschöpft sich nicht das ganze Tun der Kirche; denn ehe die Menschen zur Liturgie hintreten können, müssen sie zu Glauben und Bekehrung gerufen werden: ‚Wie sollen sie den anrufen, an den sie nicht glauben? Wie sollen sie an den glauben, von dem sie nichts gehört haben? Wie sollen sie aber hören ohne Prediger? Doch wie sollen sie predigen, wenn sie nicht gesandt sind?' (Röm 10, 14-15). Darum verkündet die Kirche denen, die nicht glauben, die Botschaft des Heils, damit alle Menschen den allein wahren Gott erkennen und den, den er gesandt hat, Jesus Christus, und dass sie sich bekehren von ihren Wegen und Buße tun. Denen aber, die schon glauben, muss sie immer wieder Glauben und Buße verkünden und sie überdies für die Sakramente bereiten. Sie muss sie lehren, alles zu halten, was immer Christus gelehrt hat, und sie ermuntern zu allen Werken der Liebe, der Frömmigkeit und des Apostolates. Durch solche Werke soll offenbar werden, dass die Christgläubigen zwar nicht von dieser Welt sind, dass sie aber Licht der Welt sind und den Vater vor den Menschen verherrlichen."*[15]

Die missionarische Predigt an die Heiden und die liturgische Predigt an die Christ-Gläubigen haben ihre gemeinsame Wurzel in der Predigt Jesu vom Reich Gottes, das in seiner Person und seinem Schicksal bis zu Kreuz und Auferstehung definitiv in die Welt gekommen ist.

2. Die Predigt Jesu – die Selbstoffenbarung seiner Gottheit in seiner Menschheit

Jesu Predigt ist alles andere als eine philosophische oder naturwissenschaftliche Welterklärung. Und schon gar nicht enthält sie ein von Menschenvernunft ausgedachtes Programm zur Verbesserung der gesellschaftlichen Verhältnisse oder eine ideologische Agenda der Selbsterschaffung oder Selbsterlösung, so als ob wir ohne Gottes Hilfe selbst eine Neue Weltordnung vom Nullpunkt aus konstruieren könnten. Nicht ein vorgefasstes Jesus-Bild nach Art der Leben-Jesu-Forschung, sondern das Zeugnis Gottes von ihm ist die rechte Hermeneutik zum Verständnis von Person und Sendung Jesu.

„Die Predigt kommt her von der Inkarnation Jesu Christi und ist bestimmt durch die Inkarnation Jesu Christi. Sie kommt nicht her von einer allgemeinen Wahrheit oder erlebten Gemütszuständen. Das Wort der Predigt ist der inkarnierte Christus selbst. Der

---

[14] II. Vatikanum, „Sacrosanctum concilium" 10.

[15] II. Vatikanum, „Sacrosanctum concilium" 9.

inkarnierte Christus ist Gott. So ist die Predigt Christus selbst. Gott als Mensch. Christus als Wort. Als Wort schreitet er durch die Gemeinde"[16], schrieb der evangelische Theologe Dietrich Bonhoeffer (1906-1945) in seiner „Finkenwalder Homiletik" (1936).

Während Gott auf vielfältige Weise zu den Vätern in der Heilsgeschichte seines Bundesvolkes gesprochen hat durch die Predigt der Propheten, hat er jetzt in der „Fülle der Zeit" (Mk 1, 15; Eph 1, 10.23) „am Ende dieser Tage, zu uns gesprochen durch den Sohn" (Hebr 1, 2). Das Wort, das bei Gott war und mit dem Vater der eine Gott ist, hat das Fleisch unseres Menschseins angenommen (Joh 1, 14) und ist in einer und derselben Person der Mittler der Schöpfung (Joh 1, 3; Kol 1, 16) und der Versöhnung der sündigen Menschheit mit Gott und der Vollendung jeder Person, die sich frei ihrer Berufung zur Gotteskindschaft öffnet, in seiner dreifaltigen Liebe. Als Jesus das Evangelium Gottes verkündete und seine messianische Predigt mit den Worten begann: „Die Zeit ist erfüllt, das Reich Gottes ist nahe herbeigekommen. Kehrt um und glaubt an das Evangelium!" (Mk 1, 15), begriffen seine Zuhörer voller Staunen, dass „er sie lehrte wie einer, der [göttliche] Vollmacht hat, nicht wie die Schriftgelehrten." (Mk 1, 22)

Nach der Selbstoffenbarung Jesu als „das lebendige Brot, das vom Himmel herabgekommen ist" (Joh 6, 51) bekennt Petrus gegenüber den Zweifeln vieler Zuhörer für die Kirche aller Zeiten: „Herr, zu wem sollen wir gehen? Du hast Worte des ewigen Lebens. Wir sind zum Glauben gekommen und haben erkannt: Du bist der Heilige Gottes." (Joh 6, 68f). Jesu Predigt ist also Selbstmitteilung Gottes aus Gnade als Wahrheit und Leben, die der Sehnsucht der Menschen nach der Erkenntnis und Liebe Gottes entspricht (vgl. Apg 17, 27). Die Predigt und Sendung Jesu dient der Verwirklichung des universalen Heilswillens Gottes (vgl. 1 Tim 2, 4). Indem er aber „nur zu den verlorenen Schafen des Hauses Israel gesandt" ist (Mt 15, 24), stellt er zuerst das Gottesvolk des mosaischen Bundes in seiner heilsgeschichtlichen Sendung als Zeichen und Werkzeug dieses universalen Heilswillens des Schöpfers und Vaters aller Menschen wieder her. Somit verwirklicht er in seiner Person die partikuläre Rolle Israels bei der Durchführung des universalen Heilswillens Gottes (Gal 4, 4). So kann Paulus sagen: „Denn der Sohn Gottes Jesus Christus, der uns durch euch verkündet wurde – durch mich, Silvanus und Timotheus – ist das Ja zu allem, was Gott verheißen hat." (2 Kor 1, 19f).

In der Person seines Sohnes überbrückt Gott aber den heilsgeschichtlichen Graben zwischen Juden und Heiden. Durch den Glauben an Jesus Christus führt er die beiden Teile der Menschheit, die durch die Ursünde ihrer Einheit verlustig ging, zu dem einen Volk Gottes in Christus und im Heiligen Geist zusammen. Christus vereinigt die beiden Teile in sich zu einem neuen Menschen in einem einzigen Leib, der Kirche, dessen Haupt er ist, zu einem heiligen Tempel im Herrn und zu einer Wohnung, die Gott für uns und mit uns erbaut (vgl. Eph 2, 11-22).

3. Die Predigt der Kirche als Weitergabe der Göttlichen Offenbarung

Keine Deutung des Übergangs von der „Zeit Jesu" zur „Zeit der Kirche" ist unzutreffender als die Behauptung, aus dem verkündigenden Jesus sei der verkündigte Jesus ge-

---

[16] Dietrich Bonhoeffer, Homiletik, München 1996 (=DBW 14), S. 502f.

worden. Denn Christus bleibt Subjekt aller Predigt des Evangeliums und der sakramentalen Vermittlung seiner Gnade. Die Kirche spricht nicht über Jesus wie von einem wissenschaftlichen oder gesellschaftlichen Thema, sondern sie spricht und handelt in seinem Namen. Die Predigt der Apostel und ihrer Nachfolger ist nichts anderes als das Wort und die Lehre des Sohnes Gottes im Mund der Kirche, insofern sie Bekennerin und Zeugin seiner Botschaft und geschichtliche Vermittlerin seines Heilswirkens ist. „Was Gott zum Heil aller Völker geoffenbart hatte, das sollte – so hat er in Güte verfügt – für alle Zeiten unversehrt erhalten bleiben und allen Geschlechtern weitergegeben werden. Darum hat Christus der Herr, in dem die ganze Offenbarung des höchsten Gottes sich vollendet, den Aposteln geboten, das Evangelium, das er als die Erfüllung der früher ergangenen prophetischen Verheißung selbst gebracht und persönlich öffentlich verkündet hat, allen zu predigen als die Quelle jeglicher Heilswahrheit und Sittenlehre und ihnen so göttliche Gaben mitzuteilen.“[17]

Der historische-vorösterliche Christus ist dieselbe Person wie der auferstandene Herr, der den Aposteln Anteil an seiner Vollmacht und Sendung gibt. Wie er vom Vater gesandt war, so hat er sie gesendet und ihnen den Heiligen Geist verliehen (vgl. Joh 20, 21f), damit ihr Wort nicht Menschenwort ist über ihn, sondern sein heilsstiftendes Wort an die Adressaten mittels der Predigt und den Sakramenten der Kirche (vgl. 1. Thess 2, 13). Wenn die Apostel, ihre Mitarbeiter und ihre Nachfolger (Bischöfe, Presbyter/Priester/Pastoren) in heiliger Vollmacht die „gesunde Lehre“ (2 Tim 4, 3; Tit 2, 1) verkünden, dann geht es nicht um ein akademisch korrektes Lehrsystem oder gar um Buchstabenstreit, sondern um das lebendige Wort Gottes in seiner ganzen Wahrheit und Fülle, die wir in Christus zu unserem ewigen Heil empfangen haben.

Was wir durch die Predigt der Kirche und in den „heiligen Schriften“ als Christen von Kindheit an lernen können ist die „Weisheit zum Heil durch den Glauben an Christus Jesus“ (2 Tim 3, 16). Denn für die Verkündigung der Lehre Christi und des Evangeliums Gottes – sei es in der rhetorischen Form der Kanzelrede (Sermon), der mystagogischen Katechese oder der kurzen Homilie – gilt: „Jede Schrift ist, als von Gott gegeben, auch nützlich zur Belehrung, zur Widerlegung, zur Besserung, zur Erziehung in der Gerechtigkeit, damit der Mensch Gottes gerüstet ist, ausgerüstet zu jedem guten Werk.“ (2 Tim 3, 16 f.).

Weil Jesus als der auferstandene Herr den Jüngern seine reale Gegenwart verheißen hat bis zum Ende der Welt bei seiner Wiederkunft, darum lehren die Apostel und ihre Nachfolger im Bischofs- und Priesteramt in seinem Namen die Menschen und machen die Glaubenden durch die Taufe und Geistsalbung (Firmung) zu seinen Jüngern und erbauen den Einzelnen und die Kirche in der Gnade Christi durch das eucharistische Opfer, die Vergebung der Sünden (Sakramente der Buße und Krankensalbung). Die Sakramente der Weihe ihrer Lehrer und Hirten (Priester) und der Ehe von Mann und Frau dienen dem Aufbau der Sozialgestalt der Kirche. Doch Christus selbst ist es, der die innere Gnade bewirkt. War Jesus zu seiner Erdenzeit der innere und äußere Lehrer seiner Jünger, so bleibt er als der auferstandene Herr der einzige innere und wahre Lehrer aller Menschen und besonders seiner Jünger (vgl. Mt 23, 8), während die äußere, sichtbare

[17] II. Vatikanum, „Dei verbum“ 7.

In einer Zivilisation, die bewusst oder fahrlässig ihre christlichen Wurzeln abstreift, ist der Dienst am Wort, ist die christliche Predigt in ihrer missionarischen und liturgischen Ausrichtung von größter Bedeutung. Darum entwickelt das II. Vatikanum die verschiedenen Aspekte des priesterlichen Dienstes von der Predigt her und erfasst die katholische Kirche als Heilsgemeinde sowohl im Predigtwort als auch in den Sakramenten:

> *„Das Volk Gottes wird an erster Stelle geeint durch das Wort des lebendigen Gottes, das man mit Recht vom Priester verlangt. Da niemand ohne Glaube gerettet werden kann, ist die erste Aufgabe der Priester als Mitarbeiter der Bischöfe, allen die frohe Botschaft Gottes zu verkünden, um so (...) das Gottesvolk zu begründen und zu mehren. Durch das Heilswort wird ja der Glaube, durch den sich die Gemeinde der Gläubigen bildet und heranwächst, im Herzen der Nichtgläubigen geweckt und im Herzen der Gläubigen genährt (...). Die priesterliche Verkündigung ist aber in den gegenwärtigen Zeitumständen nicht selten außerordentlich schwer. Um Geist und Herz der Zuhörer zu erreichen, darf man Gottes Wort nicht nur allgemein und abstrakt darlegen, sondern muss die ewige Wahrheit des Evangeliums auf die konkreten Lebensverhältnisse anwenden. Der Dienst am Wort wird demgemäß auf verschiedene Weise ausgeübt, je nach den Erfordernissen der Zuhörer und den Gaben der Verkündiger. In nichtchristlichen Ländern und Gemeinschaften werden die Menschen durch die Botschaft des Evangeliums zunächst einmal zum Glauben und zu den Sakramenten des Heils geführt; in der Gemeinschaft der Christen hingegen fordert die Verwaltung der Sakramente die Verkündigung des Wortes, vor allem für diejenigen, die offensichtlich nur wenig von dem, was sie immer wieder tun, verstehen oder glauben; sind doch die Sakramente Geheimnisse des Glaubens, der aus der Predigt hervorgeht und durch die Predigt genährt wird. Das betrifft vor allem den Wortgottesdienst innerhalb der Messfeier, in der die Verkündigung des Todes und der Auferstehung des Herrn, die Antwort des hörenden Volkes und das Opfer selbst, durch das Christus den Neuen Bund besiegelt hat in seinem Blut und an dem die Gläubigen mit ihren Bitten und durch den Empfang des Sakramentes teilnehmen, unzertrennlich verbunden sind.“*[21]

[21] II. Vatikanum, Dekret über Dienst und Leben der Priester „Presbyterorum ordinis“ 4.

Die Predigt aus evangelischer Sicht

Theologische Grundlagen, Wesen und Auftrag

Prof. Dr. Werner Thiede, Neuhausen

„Das Wort darf nur dann vom Munde fließen,
wenn der Geist im Innern mächtig wird." Karl May[1]

1. Dogmatisches

Gibt es so etwas wie eine „evangelische Predigtlehre" überhaupt – und zwar nicht nur in Buchtiteln[2], Vorlesungen und Seminaren? Welchen Kriterien müsste eine solchermaßen konfessionell geprägte Homiletik genügen? Diese Fragen stellen sich inner- und außerhalb des Protestantismus angesichts des bekannten Umstands mit aller Schärfe, dass doch recht unterschiedliche, ja fast konträre Richtungen und Ausprägungen des Protestantischen begegnen.[3] Insofern hat man es da auch keineswegs nur mit einer praktisch-theologischen Problematik zu tun – woraus sich erklärt, dass der vorliegende Beitrag von einem Systematischen Theologen stammt.[4]

Eines ist theologisch immerhin unbestritten: Im Protestantismus gilt die Predigt als gleichwertig mit dem Sakrament. Durch beides spricht und handelt Gott mit derselben Intention. Darum wird ein Gottesdienst im Unterschied zur katholischen Auffassung prinzipiell auch ohne Sakramentsfeier als „vollwertig" angesehen. Die Predigt ist also nicht nur ein Teil der Liturgie, deren eigentliches Zentrum die Eucharistie bilden würde, sondern selber ein wesentliches Zentrum des Gottesdienstes. Alles Liturgische dient insofern der Wortverkündigung, wenn nicht noch obendrein – dem Anschein nach oft als ein auch entbehrliches „Anhängsel" empfunden – das Abendmahl gefeiert wird. Man kann also sagen: Im evangelischen Gottesdienst hat die Predigt zumindest faktisch ein etwas größeres Gewicht als die Abendmahlsfeier, weil letztere – obschon theoretisch als „gleichwertig" mit der Wortverkündigung eingestuft – tatsächlich wegfallen kann, was bei der Predigt selbst so gut wie undenkbar ist. Im Katholizismus sieht es eher umgekehrt aus.

---

[1] Karl May, Im Lande des Mahdi Bd. II, Freiburg i.Br. 1896, S. 355. May war protestantischer, nach eigener Aussage in seinen Romanen und Gedichten gelegentlich zum „Predigen" neigender Christ (vgl. Werner Thiede, Karl Mays spirituelle Innenwelt, in: Deutsches Pfarrerblatt 3/2012, S. 153-164).

[2] Vgl. z.B. Wolfgang Trillhaas, Evangelische Predigtlehre (1935), München 1948; Hans Martin Müller: Homiletik. Eine evangelische Predigtlehre, Berlin 1996; R. Conrad/M. Weeber (Hg.), Protestantische Predigtlehre. Eine Darstellung in Quellen, Tübingen 2012.

[3] Vgl. Friedrich Wilhelm Graf, Der Protestantismus. Geschichte und Gegenwart, München 2017; Reinhard Frieling u.a., Konfessionskunde. Orientierung im Zeichen der Ökumene, Stuttgart u.a. 1999.

[4] So gibt es beispielsweise von dem einstigen Erlanger Systematischen Theologen Friedrich Mildenberger, bei dem ich selbst viel hörte, eine „Kleine Predigtlehre" (Stuttgart u.a. 1984).

Im Grunde verdankt sich die besondere Gewichtung der Predigt im Protestantismus aber eben durchaus der bedeutungsmäßigen Gleichsetzung mit der Eucharistie. Und das heißt in der Konsequenz nichts anderes als das, was für Martin Luther und alle Reformatoren selbstverständlich war: dass jede Predigt inhaltlich Christus-Verkündigung zu sein hat. Evangelisch ist eine Predigt demnach nur dann zu nennen, wenn sie – mit Luther gesprochen – „Christum treibet"[5]. Für den Reformator war das zu verkündigende Evangelium „nichts anderes als eine Predigt und ein Geschrei von der Gnade und Barmherzigkeit Gottes, durch den Herrn Christus mit seinem Tod verdient und erworben; es ist eigentlich nicht das, was in Büchern steht und in Buchstaben verfasst wird, sondern mehr eine mündliche Predigt und lebendiges Wort, eine Stimme, die da in die ganze Welt erschallt und öffentlich ausgeschrien wird, dass man es überall hört."[6]

Solche Betonung lebendiger Verkündigung widerspricht keineswegs dem protestantischen Prinzip des sola scriptura, sondern fußt auf ihm.[7] Im 20. Jahrhundert formulierte beispielsweise der einstige Tübinger Praktische Theologe Hermann Diem: Im Wort der Predigt ist Christus selbst das Subjekt der Verkündigung.[8] Homiletisch aber bedeutet solche Christozentrik letztlich: Die Kanzelrede sollte mit dem Sinn bzw. der „Botschaft" der Abendmahlsfeier im innersten Kern, also intentional identisch oder kompatibel sein.[9]

Von daher sorgt in einer gewissen, eben doch bestehenden Analogie zum katholischen Priesteramt in der evangelisch-lutherischen Kirche das ordinierte Amt dafür, dass zur Durchführung von Predigt und Sakramentsverwaltung nur formell Berufene zugelassen sind. In der Ordination spiegelt sich nicht nur eine Ordnungsfrage, wie oft gemeint wird, sondern vor allem eine Betonung des verantwortlichen Lehramts und seiner inhaltlichen Bindung an Schrift und Bekenntnis – um Christi willen.[10]

---

[5] „Das ist (...) der rechte Prüfstein, alle Bücher zu beurteilen, wenn man sieht, ob sie Christus treiben oder nicht" – dieser Satz aus Luthers Vorrede zum Jakobusbrief (1522/1545) wird oft und gerne zitiert, um biblische bzw. theologische, ja womöglich ethische Streitfälle zu entscheiden. Dabei ging es Luther weniger um eine Methode, sondern um die zentrale theologische und kirchliche Stellung der Person des Gottessohnes.

[6] Martin Luther, WA 12, 259, S. 8-13 (1523), in heutigem Deutsch wiedergegeben. Vgl. P. Zimmerling u.a. (Hg.), Martin Luther als Praktischer Theologe, Leipzig 2017.

[7] Vgl. Werner Thiede: Fundamentalistischer Bibelglaube im Licht reformatorischen Schriftverständnisses, in: H. Hemminger (Hg.), Fundamentalismus in der verweltlichten Kultur, Stuttgart 1991, S. 131-162.

[8] Vgl. Hermann Diem, Sine vi – sed verbo. Aufsätze, Vorträge, Voten, hg. v. U. A. Wolf, München 1965, S. 179.

[9] In diesem bündigen Sinn definierte die Confessio Augustana 1530 „Kirche" als die „Versammlung aller Gläubigen, bei denen das Evangelium rein gepredigt und die heiligen Sakramente laut dem Evangelium gereicht werden" (CA VII). Johann Calvin hat analog formuliert: „Überall, wo wir wahrnehmen, dass Gottes Wort lauter gepredigt und gehört wird und die Sakramente nach der Einsetzung Christi verwaltet werden, lässt sich auf keinerlei Weise daran zweifeln, dass wir eine Kirche Gottes vor uns haben" (Institutio, Bd. 3, Moers 1938, S. 16).

[10] Vgl. Hellmut Lieberg, Amt und Ordination bei Luther und Melanchthon, Göttingen 1962, bes. S. 24; Werner Thiede, Evangelische Kirche – Schiff ohne Kompass? Impulse für eine neue

Gerade auch in der protestantisch so betonten Rechtfertigungsbotschaft ging und geht es ja inhaltlich um die Mitteilung der in Jesus Christus begegnenden Rettergnade und bedingungslosen Liebeserklärung Gottes.[11] Mittlerweile gilt freilich, was schon 1963 der Lutherische Weltbund (LWB) bemerkt hat: Heute „befindet sich die Kirche in Verlegenheit, wie sie das Evangelium verkündigt – ob sie es nun unter dem Bild der Rechtfertigung oder in anderen Begriffen tut."[12]

Zurecht hat Gerhard Ebeling erklärt, dass die Rechtfertigungslehre mitsamt ihren biblischen Voraussetzungen für den heutigen Menschen zwar eine Zumutung darstelle, dass sie jedoch noch nie „zeitgemäß", sondern immer schon anstößig gewesen sei; wolle man die Rechtfertigungsfrage im heutigen Kontext etwa durch die Sinnfrage ersetzen, ergebe sich das Problem, „ob denn in dem Rahmen dieser dem heutigen Menschen gewohnten Denkweise die Sache des christlichen Glaubens überhaupt einzuzeichnen ist, ohne sie dabei preiszugeben."[13] Folglich müsse die Sinnfrage, in der sich der Mensch selber zum Forum von Rechtfertigung mache, doch wiederum transzendiert werden. Welch wichtige Einsicht für evangelisches Predigen heute![14]

Es kann nicht anders sein: Evangelische Predigt ist wesentlich Evangeliumsverkündigung, also nicht Deklamation, sondern Proklamation, Ansage der Königsherrschaft Jesu Christi. Aber von welchem Christus – so wird heute religionstheologisch vielfach gefragt – ist denn da eigentlich die Rede? Welches „Christusbild" prägt, trägt und gilt heutzutage noch? Wo ist es in der evangelischen Kirche und Verkündigung der Gegenwart noch ein biblisch legitimes?

Solche Fragen stehen im Raum, seit der sogenannte Neuprotestantismus aufkam und die reformatorische Theologie in ihrem Kernbestand zum Altprotestantismus werden ließ.[15] Die Hauptbruchstelle lässt sich ausmachen bei Friedrich Daniel Ernst

---

Kursbestimmung, Darmstadt 2017, S. 119 ff. In meiner 52. These betone ich am Ende, Visitatoren hätten „wieder verstärkt darauf zu achten, dass das Evangelium rein gepredigt wird und der Respekt ordinierter Personen vor kirchlichen Grundlehren nicht allein individueller Gewissenhaftigkeit und Beliebigkeit überlassen bleibt" (S. 202).

[11] Keine abstrakte „Versöhnungsbotschaft" ist damit gemeint, sondern ganz christozentrisch der heilvolle, gnädig gewährte, ja geradezu liebesmystisch verstandene Tausch mit Christus: „Du nennst dich sozusagen Christus, und umgekehrt spricht Christus: Ich bin jener Sünder, weil er sich auf mich verlässt" (Luther, WA 40 I, 283, S. 5 f). Vgl. auch Werner Thiede, Lust auf Gott. Einführung in die christliche Mystik, Münster 2019, bes. S. 139 ff.

[12] Offizieller Bericht der IV. Vollversammlung, hg. vom LWB, Hannover 1965, S. 387 (in der überarbeiteten Fassung: S. 525).

[13] Gerhard Ebeling: Dogmatik des christlichen Glaubens, Bd. III, Tübingen 1982², S. 207.

[14] Vgl. thematisch Ulrich Feeser-Lichterfeld, Sinn-Kommunikation, in: U. Roth u.a. (Hg.), Konstellationen, Kontexte und Kompetenzen des Predigens, München 2018.

[15] Ernst Troeltsch behauptete 1906 in seinem Werk „Die Bedeutung des Protestantismus für die Entstehung der modernen Welt", zwischen Protestantismus und Moderne bestehe kein Widerspruch, vielmehr habe beides einander beeinflusst. Demnach ist aus dem Altprotestantismus unter Aufnahme von Ideen der Aufklärung, des Humanismus und der Mystik der Neuprotestantismus entstanden – als eine mit der Moderne kompatible Form des Protestantismus. Siehe auch Ulrich Barth, Aufgeklärter Protestantismus, Tübingen 2004.

Schleiermacher, dessen „Praktische Theologie“[16] eine homiletische Theorie der religiösen Rede entfaltet hat – und zwar letztlich herkommend von der Philosophie Immanuel Kants.[17] Wenn Schleiermacher der Predigt die Aufgabe zugewiesen hat, darstellende Mitteilung des christlich-religiösen Selbstbewusstseins zu sein, so ist diese Theorie im Zusammenhang mit der wiederum „modernisierten“ Auffassung dessen zu sehen, was christlicher Glaube dem Wesen nach, also inhaltlich noch bedeutet. Hatte schon Kant die protestantische Gnadenlehre nicht richtig erfasst,[18] so reflektierte Schleiermacher auf eine kulturelle Situation, in der die christliche Botschaft von Sünde und rechtfertigender Gnade immer weniger Evidenz in der zunehmend säkularisierten Gesellschaft besaß. Der gut gemeinte Versuch, die hörende Gemeinde ins Verhältnis zu sich und ihrem je eigenen Selbstverständnis zu bringen, war und blieb eher am Autonomie- als am Theonomie-Begriff orientiert.

Ein subjektivitätstheoretisch begründeter Gottesbegriff, der sich mit der kirchlichen Trinitätslehre kaum mehr ernsthaft verbinden lässt, entspricht hier einer reduktionistischen Christologie, derzufolge Jesus im Grunde doch nur Mensch war – weshalb sein Kreuzestod, aber auch seine Auferstehung und Himmelfahrt entsprechend umgedeutet werden; sogar der Abendmahlskult gilt nurmehr als „Kunstschatz der Kirche“.[19]

Hier ist nicht der Ort, die Linien im Einzelnen aufzuzeigen, die systematisch-theologisch und im Gefolge auch exegetisch und praktisch-theologisch im modernen Protestantismus von Schleiermacher über Albrecht Ritschl, Adolf von Harnack, Wilhelm Herrmann und Rudolf Bultmann[20] bis hin zu Klaus-Peter Joerns[21] und Folkart Wittekind[22] führen.

Auf dieser liberal-theologisch geprägten Linie kommen in unserer Zeit überwiegend solche Homiletiken auf den Markt, die mehr oder weniger in neu- oder kulturprotestan-

---

[16] Friedrich Schleiermacher, Die Praktische Theologie nach den Grundsätzen der evangelischen Kirche im Zusammenhange dargestellt. Aus Schleiermachers handschriftlichem Nachlasse und nachgeschriebenen Vorlesungen, hg. von Jacob Frerichs, Berlin 1850, S. 201-320.

[17] Vgl. Werner Thiede (Hg.), Glauben aus eigener Vernunft. Kants Religionsphilosophie und die Theologie, Göttingen 2004.

[18] Vgl. Werner Thiede, Gnade als Ergänzung? Zur Aporetik der Kantschen Rekonstruktion von Soteriologie und Christologie, in: ders. (Hg.): Glauben aus eigener Vernunft?, a.a.O. 2004, S. 67-112.

[19] Vgl. Sven Grosse: Gehört Schleiermacher in den Kanon christlicher Theologen?, in: ders. (Hg.), Schleiermacher kontrovers, Leipzig 2019, S. 83-118, bes. S. 49 und S. 94-101.

[20] Vgl. Werner Thiede, Wie Jesus glauben? Oder: An Jesus glauben? Kants Einfluß auf die moderne Theologie, in: CA III/IV (2006), S. 75-80.

[21] Klaus-Peter Jörns, Notwendige Abschiede. Auf dem Weg zu einem glaubwürdigen Christentum, Gütersloh 20046.

[22] Vgl. Folkart Wittekind, Theologie religiöser Rede, Tübingen 2018 (dazu meine kritische Rezension in: zeitzeichen 9/2019, S. 63). Schon Marcus Döbert möchte entgegen dem protestantischen Schriftprinzip Theologie in den Kulturwissenschaften verankern (Posthermeneutische Theologie, Stuttgart 2007); jetzt schlägt auch Markus Beile entsprechende Töne an (Erneuern oder untergehen. Evangelische Kirchen vor der Entscheidung, Gütersloh 2021).

tischem[23] Fahrwasser schwimmen und jedenfalls das Predigen kaum mehr im „altprotestantisch“, sprich: reformatorisch ausgerichteten Grundsinn lehren.[24]

Ihnen sind rhetorische, ja dramaturgische[25] Kunst, liturgische Modernität, gesellschaftspolitische Aktualität und/oder psychologische Attraktivität wichtiger als die Anbindung an den kirchlichen Verkündigungsauftrag im Sinne der Ordination.

Gegen den anhaltend auch homiletisch wirksamen Impetus des Neu- oder Kulturprotestantismus hat bekanntlich die sogenannte Dialektische Theologie und hier namentlich Karl Barth[26] kräftigen Einspruch vorgetragen – in der klaren Wahrnehmung: Als der alte Protestantismus die Ideen der Moderne aufnahm und zum Neuprotestantismus wurde, verriet er seinen Wesenskern.[27] Die Predigttheorie Barths versuchte, die reformatorischen Grundanliegen in einer Art Dialektik von Anpassung und Widerstand gegenüber der Moderne neu zur Geltung zu bringen.[28] Auch die von daher rührenden Einflüsse und Rückbesinnungen zählen bis heute mit zu dem, was protestantische Theologie und insbesondere Homiletik ausmacht. Aber diese Impulse waren und sind mittlerweile nur noch relativ begrenzt wirksam.

Es ist an der Zeit, dass sich authentische evangelische Predigtlehre wieder neu auf das Wesen und den Sinn kirchlicher Verkündigung konzentriert. Diese muss sich daran messen lassen, was in der protestantischen Kirche Auftrag und Wahrheit gemäß ihren maßgeblichen Urkunden tatsächlich bedeuten. Dass zum Horizont der Adressatenschaft alle möglichen Elemente des Zeitgeists gehören, ist Sache nüchterner Wahrnehmung und wohl auch manch rhetorischer Anknüpfung, schwerlich jedoch inhaltlicher Antwortsuche: „Stellt euch nicht dieser Welt gleich, sondern ändert euch durch Erneuerung eures Sinnes, auf dass ihr prüfen könnt, was Gottes Wille ist, nämlich das Gute und Wohlgefällige und Vollkommene“ (Röm 12,2).

---

[23] Dass und inwiefern der Begriff des Kulturprotestantismus (vgl. H. M. Müller [Hg.], Kulturprotestantismus. Beiträge zu einer Gestalt des modernen Christentums, Gütersloh 1998) auch noch heutzutage legitim Anwendung finden kann, zeige ich in „Evangelische Kirche“, a.a.O. S. 33ff.

[24] Vgl. z.B. Albrecht Grözinger, Homiletik, Gütersloh 2008; Wilhelm Gräb: Predigtlehre, Göttingen 2013.

[25] Vgl. Alexander Deeg/Martin Nicol, Im Wechselschritt zur Kanzel: Praxisbuch Dramaturgische Homiletik, Göttingen 2013². Ein Rezensent fragt, „ob Predigt überhaupt Kunst sein sollte oder nicht eigentlich vielmehr Trost, Ermutigung, Vergewisserung. Oder auch Erkenntnisgewinn in einer Zeit, in denen bei Menschen nicht die Basics über Jesu Botschaft vorhanden sind. Diese Predigtlehre marginalisiert mehr oder weniger explizit das Evangelium zur Randerscheinung und ist ein Beitrag zur Selbstsäkularisierung der Kirche“ (www.amazon.de/product-reviews//B084C14MVR/ref=acr_dpx_hist_3?ie=UTF8&filterByStar=three_star&reviewerType=all_reviews#reviews-filter-bar – Zugriff 1.6.2021).

[26] Vgl. insgesamt W. Thiede (Hg.), Karl Barths Theologie der Krise heute, Leipzig 2018; B. Dahlke/H.-P. Großhans (Hg.): Ökumene im Denken. Karl Barths Theologie und ihre interkonfessionelle Rezeption, Leipzig 2020.

[27] Vgl. Karl Barth, Die Theologie der reformierten Bekenntnisschriften (1923), in: E. Busch (Hg.): Karl Barth Gesamtausgabe II.30, Zürich 1998, S. 321-326.

[28] Vgl. näherhin Harmut Genest, Karl Barth und die Predigt. Darstellung und Deutung von Predigtwerk und Predigtlehre Karl Barths, Neukirchen-Vluyn 1995.

2. Ethisches

Protestantische Theologie und damit auch Predigt kennt in ihrem Zentrum die Unterscheidung von Gesetz und Evangelium.[29] Das heißt: Den Indikativ der Heilszuspruchs gibt es nicht ohne den Imperativ des göttlichen Anspruchs an die zur Freiheit Berufenen – ohne dass der Imperativ mit dem Indikativ vermischt werden darf, weil sonst eine Beeinträchtigung der Rechtfertigungsgnade droht.

Landesbischof i.R. Gerhard Müller fragt in unserer Zeit allerdings: „Ist die Lutherische Kirche heute in der Lage, Gesetz und Evangelium Gottes verständlich zu unterscheiden? Oder gibt es heute Wichtigeres?"[30] Wo nämlich scheinbar „Wichtigeres" dieses theologische Unterscheiden verblassen oder vergessen lässt, dort kann dies nur zu einer Verzerrung des Evangeliums, einer Verbiegung der Gnadenbotschaft und einer Verderbnis der Freiheit eines Christenmenschen führen.

Die „Gute Nachricht" erhält dann einen gesetzlichen Klang. Und sie wird womöglich vermischt mit dem Gesetz des Staates, folglich stark befrachtet mit Fragen der Gesellschafts- und Tagespolitik[31], die doch nicht im Fokus der Reich-Gottes-Botschaft stehen. Schon Jesus selbst hat bei aller „prophetischen" Vollmacht politische Ambitionen und namentlich Gewaltanwendung abgelehnt (z.B. Joh 18,36), wurde aber das Opfer eines entsprechenden Missverständnisses – man könnte gewissermaßen sagen, einer unterbliebenen Unterscheidung von Gesetz und Evangelium.[32]

Innerhalb der protestantischen Theologie gibt es zu Luthers bekannter Bestimmung des Verhältnisses von Gesetz und Evangelium eine von Karl Barth entwickelte Alternative: Im Unterschied zur lutherisch geprägten Theologie votiert der reformierte Schweizer entschieden für eine Umkehrung der Reihenfolge, also für eine prononcierte Voranstellung des Evangeliums vors Gesetz.[33] Der nachvollziehbare Sinn seiner Argumentation besteht im Unterstreichen des befreienden Indikativs, der zu allererst die spirituelle Basis für ein befreites, also dem Imperativ gemäßes Handeln bildet. Allerdings hat auch die lutherische Abfolge ihren spirituellen Sinn: Erst wenn das Gesetz den „alten Adam" getötet, also dem „fleischlichen" Subjekt jede Möglichkeit einer Selbstrechtfertigung vor

---

[29] Vgl. Albrecht Peters: Gesetz und Evangelium, Gütersloh 1994^2.

[30] Gerhard Müller, „Es weiß ein Kind von sieben Jahren, was die Kirche ist..." Wirklich?, in: CA 2/2016, S. 47-53, hier S. 51.

[31] So hat sich laut Karl Richard Ziegert „innerhalb der EKD-Kirchenwelt ein neuer christlicher Totalitarismus etabliert, der Politik und Theologie, Religion und Gesellschaftssteuerung in einem sein will" (Dieses Spiel ist aus. Über das verdrängte Sterben der EKD-Kirchenwelt, in: DtPfrBl 10/2014, S. 558-563, hier S. 558). Vgl. auch Reinhard Junghans, Kirche im Spannungsfeld gesellschaftlicher Interessen, in: DtPfrBl 4/2021, S. 201-205.

[32] Im Alten Testament waren „Gottesherrschaft" und Politik freilich in anderer Weise verwoben, weshalb Jesu Messiasanspruch sowohl von jüdischer als auch von römischer Seite missverstanden werden konnte.

[33] Vgl. Karl Barth, Evangelium und Gesetz (1935), Neuabdruck in: ders., Rechtfertigung und Recht. Christengemeinde und Bürgergemeinde. Evangelium und Gesetz, Zürich 1998.

Gott genommen und das Gericht[34] angesagt hat, erschließt sich diesem die Rechtfertigungsbotschaft in rechter Weise.

Auf die protestantische Predigtlehre angewandt, sollten beide theologisch legitimen Aspekte als wichtige Einsichten in der Verkündigung möglichst auf einen Nenner gebracht werden. Das bedeutet in der Konkretion für ungefähr jeden Predigtaufbau: In den Hauptteilen ist die Reihenfolge Gesetz – Evangelium grundsätzlich sinnvoll und angebracht, also zunächst das Aufzeigen von unlösbarer Situation, Verzweiflung, Ausweglosigkeit vor Gott und der Welt, bevor dann die Versöhnungs- und Erlösungsbotschaft befreiend Trost und Verheißung formuliert.[35]

Doch in der Einleitung der Kanzelrede sollte die hörende Gemeinde bzw. die jeweils betreffende Hörerschaft zunächst unbedingt auf andere, positive Weise aufgeschlossen werden, nämlich durch eine im Predigttext selbst ja oft auch schon anklingende Betonung des Indikativs, der uns vorauseilenden, entgegenkommenden Heilsbotschaft (gemäß Röm 5,10).

Erst diese gnädige Voraussetzung macht wiederum seelisch die Wahrnehmung der Unheilssituation erträglich und in guter Weise überhaupt möglich, so dass hier nicht etwa verdrängende und verleugnende Impulse die Vorherrschaft gewinnen. Formelhaft ausgedrückt, sollte also die angemessene Reihenfolge im Aufbau einer gut evangelischen Predigt lauten: Evangelium – Gesetz – Evangelium. Anders ausgedrückt: Indikativ – Imperativ – Indikativ. Dies schließt übrigens ein, dass am Ende in der Regel tatsächlich der Indikativ in seiner Lieblichkeit und Herrlichkeit erklingt – und nicht, wie man das gewöhnlich erlebt, der Imperativ.

Das Gesetz am Ende – auch im Sinne Barths oder schon Melanchthons als tertius usus legis verstanden,[36] mithin als aus dem Indikativ gespeister Imperativ – lässt oft genug den schalen Eindruck aufkommen, als sei nun der „Zweck" der Predigt erreicht und zugleich durchschaut: gewissermaßen eine Funktionalisierung der Adressatenschaft zur Auftragserledigung. So steht dann ein doch wieder irgendwie belastendes statt befreiendes Element am Ende. Darin spricht sich aber ein mangelndes Vertrauen in die Kraft des Evangeliums, des so wunderbaren Indikativs aus.

Es ist ja richtig, dass der Indikativ den Imperativ sozusagen aus sich heraus setzt, dass die Frohe Botschaft die Hörenden freudig animiert, Gutes zu tun – das war auch Luther

---

[34] Vgl. Werner Thiede, Am Ende keine Gerechtigkeit? Probleme neuzeitlicher Resonanz auf die Vorstellung vom Endgericht, in: Chr. Raedel u.a. (Hg.), Die biblische Rede vom Gericht Gottes als Herausforderung für Theologie und Gemeinde (Biblisch erneuerte Theologie 4), Holzgerlingen 2020, S. 35-58.

[35] Vgl. z.B. Heribert Arens u.a., Die Predigt vom menschenfreundlichen Gott. Gebote und Leid als Prüfstein der Verkündigung, München 1980.

[36] Vgl. Wilfried Joest, Gesetz und Freiheit. Das Problem des tertius usus legis bei Luther und die neutestamentliche Parainese, Göttingen 1951; Werner Thiede, Im Aufblick zur himmlischen Kirche. Melanchthons ökumenischer Einsatz aus evangelischer Sicht, in: M. Fricke/M. Heesch (Hg.), Der Humanist als Reformator. Über Leben, Werk und Wirkung Philipp Melanchthons, Leipzig 2011, S. 345-370.

schon klar.[37] Doch dies geschieht eben bei einem guten, gesunden Baum bzw. bei einem innerlich geheilten Menschen wie von selbst. Gewiss kann eine Predigt in diesem Sinn des tertius usus legis auch den Imperativ aussprechen und situationsgemäß formulieren. Aber das sollte dann quasi im Rahmen der indikativischen Ausführungen wie selbstverständlich erfolgen. Einleitung und Schluss evangelischer Predigt aber dürfen ganz im Zeichen der Freudenbotschaft stehen. Ein Gotteslob macht sich da allemal besser als ein Handlungsappell.

Damit bleibt aber homiletisch das Problem, wie denn nun das „Gesetz" bzw. der Imperativ als ethisches Gebot inhaltlich auszugestalten wäre. Sowohl in der lutherischen Theologie als auch in der reformierten haben sich nicht ganz zufällig enge Bande zwischen Kirche und Staat, zwischen Christen- und Bürgergemeinde ergeben – sicher auch im Gefolge der jeweiligen Auffassung von Gesetz und Evangelium im weiteren Sinn. Hier spielt die sogenannte Zwei-Regimenten-Lehre Luthers, oft (zu) vereinfacht „Zwei-Reiche-Lehre" genannt, eine folgenschwere Rolle. Ihr zufolge treibt Gott sozusagen mit der rechten Hand sein eigentliches Werk durch die Predigt des Evangeliums voran, während er mit der linken Hand das Weltregiment durch die politischen Mächte führt.[38] Diese Theorie hat das Luthertum bis tief ins 20. Jahrhundert hinein folgenreich geprägt und „eine oft gefährliche Untertanen- und Gehorsamsmentalität hervorgebracht".[39] Auch in reformiert bzw. barthianisch geprägten Gefilden trägt die positive Verhältnisbestimmung von Christen- und Bürgergemeinde mitunter zu einem stärkeren Einfluss des Zeitgeistes auf kirchliche Entscheidungen bei.

Wie kann nun aber der Imperativ in der evangelischen Predigt so formuliert werden, dass er nicht zur partei-, national- oder regionalpolitischen Handlungsanweisung mutiert?[40] Eine Versuchung in dieser Richtung drängt sich gewiss nicht selten auf – so wie schon einer der Jünger versucht war, sein Schwert zu Gunsten des Herrn zu ziehen, was allerdings Jesus offenbar missfiel (Mat 26,51f.).

Verführende Anreize zu politischen Stellungnahmen auf der Kanzel gibt es einigermaßen regelmäßig dort, wo die Zwei-Regimenten-Lehre (ZRL) im Hinterkopf des Redners sitzt, so dass das Politische als „linke Hand Gottes"[41] allzu rasch und gleichsam automatisch Predigtgegenstand wird.

---

[37] In seiner berühmten Schrift „Von der Freiheit eines Christenmenschen" (1520) heißt es unter Punkt 23: „Wie nun die Bäume eher da sein müssen als die Früchte, und wie nun die Früchte die Bäume weder gut noch schlecht machen, sondern die Bäume die Früchte machen – so muss auch der Mensch in seiner Person zuvor gerecht oder böse sein, ehe er gute oder böse Werke tut" (https://www.luther2017.de/martin-luther/texte-quellen/lutherschrift-von-der-freiheit-eines-christenmenschen/index.html).

[38] Vgl. näherhin Werner Elert, Morphologie des Luthertums. Bd. 2: Soziallehren und Sozialwirkungen des Luthertums, München 1931, S. 313 ff; Bernhard Lohse, Luthers Theologie, Gütersloh 1995, S. 168 ff und 333 ff.

[39] Frieling u.a., Konfessionskunde, a.a.O. S. 190.

[40] Vgl. S. Keller (Hg.), Parteiische Predigt: Politik, Gesellschaft und Öffentlichkeit als Horizonte der Predigt, Leipzig 2017.

[41] Hierbei gilt es zu beachten, dass die naiv-fromme Auffassung, Gott sitze bei allem und jedem

Freilich lässt sich das auch gar nicht generell vermeiden – insbesondere nicht, sobald es um die Auslegung von Gottes Gebot(en) geht.[42] Doch ein Grundproblem der ZRL besteht darin, dass sie beide Regimente bzw. „Reiche“ als letztlich gleichberechtigt nebeneinander stehen sieht, indem sie beide als von Gottes Hand regiert betrachtet, so dass der Unterschied zwischen rechter und linker Hand in der Gewichtung mehr oder weniger vernachlässigbar erscheint. Angesichts dieser Gleichgewichtung gibt dann oft genug der Umstand, dass das Regiment zur „linken Hand“ den sichtbaren, „handgreiflichen“, allgemein erfahrbaren, ja nahezu auch philosophisch fassbaren Bereich betrifft, den Ausschlag zu dessen Gunsten, wenn es um eine ethische Entscheidungsfindung oder Handlungsanweisung geht. Damit aber gerät das noch „eigentlichere“ Regiment Gottes, nämlich das zur „rechten Hand“, konkret vielfach ins Hintertreffen – was bei genauerer theologischer Betrachtung doch sehr nachdenklich stimmen muss.

Die Lösung des Problems liegt in einer evangelischen „Drei-Regimenten-Lehre“: Kann man symbolisch das „weltliche“ Reich zur „Linken“ eher Gott dem Vater als dem Schöpfer[43] zuordnen und das Reich zur „Rechten“ eher dem Sohn als dem Versöhner und „Bergprediger“, so ist es der Heilige Geist in den Gläubigen, der im Entscheidungsfall deutlich macht, welcher Weg eingeschlagen werden sollte. Da ja zwischen den beiden ersten Regimenten eine Art Gleichgewichtigkeit besteht, gibt der Geist Christi, der den Herrn im Geist seiner Anhängerschaft vertritt, den Ausschlag auf der Waagschale; hier sollte der innere Mensch hinhören um den Geist nicht zu „dämpfen“ (1. Thess 5,19).

Kommt diese „trinitarische“ Regimentenlehre theologisch zum Tragen, so erhält das Regiment des Sohnes wieder eine größere Chance, ernsthaft berücksichtigt zu werden. In der Folge wird das Politische und Ethische als solches relativierend seinem Platz zugewiesen und die Königsherrschaft Jesu Christi weniger als in diesseitige Strukturen zu übertragende, sondern vor allem als geistliche, individuell ankommende und wie von selbst Frucht bringende verstanden. Solche Früchte werden sich indirekt auch politisch auswirken. Doch sind Staat und Politik in der Regel kaum selbst Gegenstand der Predigt – allenfalls in extremen Situationen oder sehr grundsätzlichen ethischen Fragen.[44] Die Drei-Regimenten-Lehre (DRL) entspricht dabei der Bindung evangelischer Verkündigung an die Schrift, insofern sie „Christum treibet“ und das beschenkende, erhellende Wirken seines Geistes in den jetzt schon mit Gott Versöhnten heilvoll ins Zentrum rückt.

„im Regiment“, an dem biblischen Tatbestand vorbei geht, dass das universale Reich Gottes Zukunft ist (1. Kor 15,28). Vgl. Günter Klein, „Über das Weltregiment Gottes“. Zum exegetischen Anhalt eines dogmatischen Lehrstücks, in: ZThK 90 (1993), 251-283; Werner Thiede, Der gekreuzigte Sinn. Eine trinitarische Theodizee, Gütersloh 2007.

[42] Vgl. T. Braune-Krickau/Chr. Galle (Hg.), Predigt und Politik. Zur Kulturgeschichte der Predigt von Karl dem Großen bis zur Gegenwart, Göttingen 2021.

[43] Bei dieser vereinfachenden Symbolik darf freilich nicht außer Acht gelassen werden, dass der Gottessohn schon im Schöpfungsakt und -Wirken als „kosmischer Christus“ bzw. präexistenter logos dabei war und ist (vgl. Werner Thiede, Wer ist der kosmische Christus? Göttingen 2001). Die Dreifaltigkeit bedeutet ja immer zugleich Einheit Gottes.

[44] Vgl. Wilfried Engemann, Einführung in die Homiletik, Tübingen 2020[3], bes. S. 371-380.

3. Theologisch-Praktisches

Protestantische Predigt ist im Fahrwasser einer direkt oder indirekt von Schleiermacher und liberaler Theologie geprägten Theologie vielfach zu einer rhetorischen, literarisch und psychologisch durchdachten Kunstrede geworden – und wo es zu solch anspruchsvoller Bemühung intellektuell nicht ganz hinreicht, zu einem umso belangloseren, immerhin mehr oder weniger „religiösen", aber nicht selten langweiligen Vortrag.[45] Zumal dieses Wortereignis im Zentrum des evangelischen Gottesdienstes steht, trägt es dort, wo es mehr geistige Leere als geistliche Lehre zu verbreiten pflegt, sicher eine Mitschuld an fast überall stetig schwindenden Kirchenbesuchszahlen.

Hiergegen hilft die Grundeinsicht: Wer auf eine Kanzel steigt, muss etwas zu sagen haben. Wie oft habe ich von Jugend an im Gottesdienst den Eindruck gehabt, der Prediger habe enttäuschend wenig Substanzielles bzw. Erbauliches zu vermitteln! Ich denke beispielsweise zurück an einen Pfarrer, der stets seine germanistischen Kenntnisse auf der Kanzel zum Besten gab; das war mitunter relativ unterhaltsam, aber keineswegs der Grund für meinen Gottesdienstbesuch gewesen.

Ein anderer, älterer Prediger schaute fast durchweg während seiner frommen Deklamationen hoch an die Kirchendecke: Hatte er denn nicht der Gemeinde unter der Kanzel etwas auszurichten? Ein Dekan ermahnte einmal streng schwätzende Konfirmanden mitten in der Predigt – könnte man sich Jesus während der Bergpredigt mit derlei Zwischengeplänkel vorstellen?

Es genügt eben nicht, wenn der Prediger formal seine handwerklichen „Hausaufgaben" gemacht und ja seine ordentlichen Weihen erhalten hat, um auf die Kanzel zu steigen. Er muss vielmehr von seinem geistlichen Auftrag beflügelt, ja inspiriert sein, um die viva vox evangelii überzeugend ausrichten zu können.

Freilich ist der Auftrag zu predigen kein leichter – das wussten schon die Propheten des Alten Testaments und später die neutestamentlichen Apostel. Das regelmäßige Reden-Müssen gehört zum ambivalenten Grundgefühl derer, die predigen; Predigten sind „geforderte Reden".[46]

Darum ist es wichtig, sich stets des eigentlichen Auftraggebers, seiner Gegenwart und Zukunft bewusst zu sein: Das ist letztlich nicht die Institution Kirche oder die Gemeinde, sondern deren himmlischer Herr.[47] Vor ihm besteht die hohe Verantwortung für das je und je Auszurichtende, und von ihm kommen nötige Kraft und beflügelnde Verheißung. Diese Verantwortlichkeit befreit übrigens gegebenenfalls auch von institutionellen Vorgaben, etwa von der mehr oder weniger bestehenden Verpflichtung auf be-

---

[45] Siehe Stuart Olyott, Predigen – fesseln oder faseln?, Bielefeld 2021, und mit Blick auf den britischen Prediger Charles Spurgeon (1834-1892) Arnd Schnepper, „Wir können die Menschen nicht ins Königreich schnarchen" (idea 16/2021, 21f.).

[46] Siehe http://www.aghonline.de/ (Zugriff 12.2.2021).

[47] Der Dogmatiker und Prediger Helmut Thielicke wusste um den schmalen Grad zwischen den Predigtadressaten und dem göttlichen Auftraggeber: „Wehe dem Theologen, der diesen schmalen Grad verläßt: Er kommt ins ‚Zungenreden', oder er wird liberal und säkular" (Auf Kanzel und Katheder, Hamburg 1965, S. 41).

stimmte Predigttexte oder Predigtordnungen; hier gilt es, sich in seelsorgerlicher oder evangelistischer[48] Absicht die Freiheit zu Änderungen zu nehmen.

Eine Bemerkung ist hier auch zur Auswahl des Predigtliedes und sonstiger Lieder im evangelisch-lutherischen Gottesdienst angebracht.[49] Es gilt da möglichst das lutherische Kirchenverständnis zu berücksichtigen, wonach „Kirche" als die „geistliche Versammlung der Seelen in einem Glauben", also als das Volk bzw. als Versammlung jener heiligen Menschen gilt, die das Evangelium hören und Christus angehören wollten.[50] Von daher sind grundsätzlich Lieder auszuwählen, die einer „Versammlung" angemessen sind – nämlich solches Liedgut, das einigermaßen bekannt und in der Gemeinde beliebt, jedenfalls gut singbar ist. Leider werden viel zu oft Lieder angesetzt, bei denen der größte Teil der Anwesenden wegen der kaum eingängigen oder schwierigen Melodie schweigt, vielleicht auch verkehrt mitsingt, so dass am Ende alle froh sind, wenn dieser musikalische Part vorüber ist. So sollte es insbesondere beim Predigtlied nicht sein: Auf eine frohe Botschaft muss ein fröhlich gestimmter Gemeindegesang antworten.[51] Das gehört zu einer würdigen Ausgestaltung des Gottesdienstes!

In welchem Maße ist bei der Predigtvorbereitung auch in anderer Hinsicht das evangelische Kirchenverständnis zu berücksichtigen? Durchaus dahingehend, dass der Versammlungscharakter „Kirche vor Ort" bedeutet! Diesbezüglich gilt es die gemeindliche Situation und auch vielleicht Einzelschicksale zu bedenken, kurz: die Adressatenschaft möglichst sorgfältig, wie es einem Seelsorger ansteht, zu meditieren und zu reflektieren.[52] Hier geht es um noch mehr als den von Paul Tillich hermeneutisch veranschlagten „religionsphilosophischen" und „theologischen Zirkel" zwischen Botschaft und Empfänger,[53] nämlich ganz praktisch und konkret um das liebevolle Aufeinander-Bezogen-Sein von Pastor und Gemeinde.[54] Wenn Predigt hier von Mal zu Mal auch konkret wird, trägt das gewiss nicht zu Langeweile bei. Im Übrigen ist eine theologische Selbstverständlichkeit, dass eine Berücksichtigung gemeindlicher Erwartungshaltung nicht so weit gehen darf, dass man dem eigentlichen Auftraggeber inhaltlich untreu wird: Sein Wort bleibt der entscheidende Maßstab.

---

[48] Vgl. Stephen Mcquoid, Die Gute Nachricht gut weitergeben. Evangelisation heute, Dillenburg 2021.

[49] Nicht zufällig war der Reformator auch ein gesegneter „Liedermacher" (vgl. Gerhard Rödding, Ein neues Lied wir heben an. Martin Luthers Lieder und ihre Bedeutung für die Kirchenmusik, Neukirchen-Vluyn 2015).

[50] Vgl. Martin Luther, WA 50, 624, 15-18 und 6, 296, 5.

[51] Manchmal empfehlen sich durchaus moderne Lieder (der Verf. hat selbst einige veröffentlicht), sofern sie nämlich gut singbar sind und die Predigtbotschaft sinnvoll unterstützen – was leider beim neuen Liedgut nicht immer gewährleistet ist. Vgl. Wolfgang Ratzmann/Peter Zimmerling, Predigen mit Liedern. Beispiele und Reklexionen, Göttingen 2021.

[52] Vgl. Dietrich Ritschl, Die homiletische Funktion der Gemeinde. Zur dogmatischen Grundlegung der Predigtlehre, Zollikon 1959.

[53] Vgl. Paul Tillich, Systematische Theologie Bd. I, Stuttgart 1977^{5}, S. 15-17.

[54] Ob und inwieweit das auf dem Weg der Digitalisierung möglich und sinnvoll ist? Dass hier Skepsis angebracht ist, zeige ich in dem Buch „Digitaler Turmbau zu Babel. Der Technikwahn und seine Folgen" (München 2021^{2}), das in 95 Thesen mündet.

Letzteres gilt auch für die exegetische Vorbereitung und textliche Ausarbeitung. Historisch-kritische Methodik hat ihren Ort, sofern das Eine oder Andere im Predigtabschnitt auch unter rationalen Gesichtspunkten intellektuell redlich zu erörtern ist. Hierbei muss aber immer bedacht werden, dass die historisch-kritische Methode selbst in einem bestimmten geschichtlichen und philosophischen Umfeld emporgewachsen ist und nicht das letzte Wort über das heilige Wort hat.[55]

Der Gemeinde auszurichten sind weder die Ergebnisse rationalistischer Umdeutungen (etwa der Oster-[56] oder der Wundererzählungen[57]) noch die je eigene Meinung darüber, sondern die Botschaft des Auftraggebers – verantwortungsvoll ins Heute und fürs Morgen übertragen. Es gilt hier der Versuchung zu widerstehen, sich über den Predigttext zu erheben: „Wir sind Bettler, das ist wahr" – so lautete bekanntlich Luthers Vermächtnis im Blick aufs Verstehen der Heiligen Schrift. Sich unter das Wort stellen bringt Segen.

Aus eigener Erfahrung möchte ich hinzufügen, dass es mitunter überraschend ertragreich und lehrreich sein kann, eine Vers-für-Vers- oder sogar Wort-für-Wort-Auslegung (Homilie) zu wagen. Zumindest in der Predigtvorbereitung ist es oft ergiebig, ungefähr jedes Wort auf den jeweiligen „Goldgehalt" hin abzuklopfen. Dass im Übrigen bildhafte und beispielhafte Veranschaulichungen für jede Verkündigung hilfreich sind, kann man schon bei Jesus lernen.

In Erinnerung bleibt besonders, wenn einmal ein Gegenstand auf die Kanzel mitgebracht wird – etwa ein Hammer (zu Jer 23,29) oder eine Gurke (zur Verdeutlichung eines sauren Gesichts, wo doch eher Lachen und Freude angebracht wäre[58]). – Noch vieles wäre zur homiletischen Praxis zu sagen, doch das sei hier schon aus Raumgründen einschlägigen Monographien überlassen.[59]

Schlussgedanken

Predigen dürfen ist weniger eine berufliche Sonntagspflicht als vielmehr ein heiliges Vorrecht, das in Dankbarkeit[60] und Verantwortung wahrgenommen werden sollte. Die protestantische Hochschätzung des zu verkündenden Gotteswortes bezieht sich zu allererst auf den logos in der Person Jesu Christi selbst, sodann auf die viva vox Evangelii in der Predigt und drittens – ja, in dieser Reihenfolge! – auf das sola scriptura im Blick auf die Bibel.

Alle drei Dimensionen des Wortes Gottes gehören urprotestantisch zusammen. Wo sich im Protestantismus Abzweigungen von dieser „dreifaltigen", theologisch-spirituellen Einheit ergeben haben, hat er sich nicht nur von seiner Anfangsgeschichte, sondern von seinem Wesenskern entfernt.

Insofern kann man im konkreten Hinblick auf den Neuprotestantismus und die liberale Theologie mit ihren bekannten Relativierungen von Schrift und Christus-Bekenntnis[61] durchaus sachlich von einer gewissen Selbstentfremdung evangelischer Kirche inclusive evangelischer Predigt in der Moderne und Postmoderne sprechen. Und es dürfte keineswegs abwegig sein, in solch (zu) wenig gewahrter Authentizität zumindest einen Teilfaktor für den seit Jahrzehnten anhaltenden Mitgliederschwund im Raum der EKD zu erkennen.[62]

Umso weniger lässt es sich als Randfrage abtun, ob protestantische Predigtlehre und Predigtpraxis in ihren Grundlinien künftig wieder mehr zu sich selbst finden wird. Schon Günther Dehn hat zurecht unterstrichen: „Die Evangelische Kirche steht und fällt mit ihrer Verkündigung, denn sie lebt vom Wort.“[63]

---

[55] Vgl. Ulrich Wilckens, Theologie des Neues Testaments Bd. III: Historische Kritik der historisch-kritischen Exegese, Göttingen 2016.

[56] Die bittere Erfahrung, an Ostern das „volle“ Grab gepredigt zu bekommen, habe ich selbst schon machen müssen – sachlich zu Unrecht, wie mein Aufsatz „Warum zur Auferstehungsbotschaft die Rede vom leeren Grab gehört“ zeigt (in: Informationsbrief der Bekenntnisbewegung „Kein anderes Evangelium“ Nr. 321 (April 2020, S. 34-38).

[57] Dazu mein Beitrag „Gottes Reich steht nicht nur in Worten. Zur Schwierigkeit heutiger Predigt über Heilungswunder“ in: Göttinger Predigtmeditationen 63 (2009), S. 295-305.

[58] Dass Humor in Predigten der Freudenbotschafter Jesu Christi nicht ganz fehl am Platze sein dürfte, hat sich mittlerweile herumgesprochen (vgl. Helmut Thielicke, Das Lachen der Heiligen und Narren, Freiburg i.Br. 1974; Werner Thiede, Das verheißene Lachen, Göttingen 1986; ders., „…um damit den Teufel zu foppen“. Luthers Humor aus Glauben, in: CA IV/2016, S. 67-74).

[59] Vgl. insbesondere die reichhaltige Monographie von Engemann (a.a.O. 20203) sowie diverse Artikel zu Predigt/Homiletik in evangelischen Lexika.

[60] Helmut Thielicke berichtet von seinen Anfängen als Prediger: „Nun gab ich mir große Mühe bei der Predigt und merkte schon bald, daß mir eine ganz neue und unsagbar reiche Welt aufging. … Ich kam mir wie der Botschafter einer ewigen Welt vor, von der die Jammertäler und dunklen Schluchten allenthalben umfangen sind. Ich hatte den Brunnen in einer großen Wüste zu verwalten“ (a.a.O., S. 26).

[61] Vgl. Werner Thiede, Evangelische Kirche, a.a.O., S. 52ff.

[62] Vgl. Werner Thiede, Austrittszahlen erreichen traurigen Rekord. Ein Kommentar, in: Informationsbrief der Bekenntnisbewegung „Kein anderes Evangelium“ Nr. 324 (Oktober 2020), 13. Freilich wird nicht um der kirchlichen Statistiken willen gepredigt…

[63] Günther Dehn, Predigt – heute, in: Verkündigung und Forschung 1947, S. 156-163, hier S. 156. Siehe auch Bryan Chapell, Die Auslegungspredigt mit Fokus auf Christus, 3. erweiterte und aktualisierte Aufl., Lage 2021.

Heimat und Transzendenz[1]

Metropolit Dr. Serafim Joantă, Nürnberg

1. Die „Heimat der Herkunft": Familie, Geburtsland und Volk

Jeder Mensch hat eine „Heimat der Herkunft" oder ein „Zuhause": Dazu gehören die Familie, in die er hineingeboren wurde, der Ort, an dem er das Licht der Welt erblickt hat, und das Volk, dem er angehört. Die Familie, das Geburtsland und das Volk verleihen dem menschlichen Dasein eine ganz eigene, bestimmte, unauslöschbare und unverwechselbare Prägung. Die Familie ist das vertraulichste Umfeld, in dem wir uns als Menschen formen, unser geographischer Geburtsort und das Volk, zu dem wir gehören, bedeuten für uns unsere Sprache, unsere Kultur, unsere Religion, unsere Erziehung und die Traditionen, in denen wir aufgewachsen sind. Die Bedeutung der Familie ist für die Bildung und Erziehung eines Menschen – vor allem in den ersten Lebensjahren – grundlegend. Im Rumänischen gibt es die Redewendung von den „Sieben Jahren zu Hause" als jenen Jahren, in denen der persönliche Charakter geformt und ausgebildet wird. Von einem Menschen ohne Charakter heißt es: „Ihm fehlen die sieben Jahre zu Hause!" Aus der Heiligen Schrift wissen wir, dass die Völker erst aufgetaucht sind, nachdem Gott der Herr nach dem Turmbau zu Babel die Sprache verwirrt und die Menschen auf dem ganzen Erdkreis verstreut hat (vgl. Genesis 11,9).

Auch wenn es eine innere Einheit der Völker gibt, weil Gott „aus einem Menschen das ganze Menschengeschlecht gemacht hat" (Apostelgeschichte 17, 26), so hat doch jedes Volk im Laufe seiner Genese eine eigene Physiognomie oder ein eigenes „Antlitz" entwickelt: eine gemeinsame Geschichte und Sprache, eine einheitliche Kultur und eine gemeinsame Religion, die das Gefühl der Zugehörigkeit zum entsprechenden Volk vermitteln. Es gibt keinen Menschen auf der Welt, der nicht einem sozialen Kollektiv angehört, das wir „Volk" nennen. Jeder hat ein „Zuhause": in der Familie, in die er hineingeboren wurde, in dem Land, in dem er das Licht der Welt erblickte und in der Kultur und Religion, die sein Wesen geformt und geprägt haben. Auch wenn jemand im Laufe seines Lebens durch Ansiedlung unter anderen Völkern ein neues „Zuhause" findet, dann bleibt sein erstes „Zuhause" doch aus seinem Wesen unauslöschlich. Jeder trägt, wo immer er sich auch befindet, in sich die Welt, die Familie und das Volk, aus denen er stammt. Der heilige Evangelist Matthäus sagt uns, dass „vor Ihm alle Völker" zum Jüngsten Gericht versammelt werden (25, 32). Dieser Aussage haben wir zu entnehmen, dass es bis zum Ende der Welt Völker geben wird, auch wenn im Laufe der Geschichte manche verschwinden und andere sich neu herausbilden.

---

[1] Festrede zur Verleihung des Abt-Emmanuel-Heufelder-Preises, Benediktinerabtei Niederalteich, 9. August 2021.

Wie alle anderen Völker hat auch das rumänische Volk seine eigene Genese.[2] Es erwuchs aus der Vermischung der Urbevölkerung der Daker auf dem Gebiet des heutigen Rumäniens und römischer Kolonisten, die von 106 bis 275 einen Teil des Territoriums nördlich der Donau besetzt hatten. Der Prozess der Romanisierung der Daker setzte sich auch nach dem Abzug der römischen Armeen im Jahr 275 durch die Verkündigung des christlichen Glaubens in lateinischer Sprache durch Missionare fort, die aus der Gegend südlich der Donau gekommen waren. So tauchte zum Ende des 7. Jh. ein neues Volk mit einer vornehmlich lateinischen Sprache auf, das im Rahmen seiner ethnischen Entwicklung und Nationsbildung allmählich christianisiert worden war. Die Historiker gehen davon aus, dass die Latinität und das Christentum die zwei grundlegenden Koordinaten der Genese des rumänischen Volkes darstellen. Sie sprechen vom „rumänischen Wunder": Auch wenn die Rumänen beginnend mit dem 8. Jh. von einem Meer von slawischen Völkern umgeben waren, so haben die doch niemals ihre Identität als lateinisches Volk verloren. Gleichzeitig standen sie fortwährend unter dem Einfluss von Byzanz und bewahrten die orthodoxe ostkirchliche Tradition.

In Siebenbürgen, das 1688 zum Bestandteil des Habsburger Reichs wurde, waren die Rumänen – auch wenn sie immer die absolute Mehrheit der Bevölkerung dieser Provinz bildeten – 200 Jahre lang weder als Rumänen ethnisch-staatsbürgerlich, noch als Orthodoxe religiös anerkannt, sondern waren dem Status nach nur „toleriert". Die drei offiziell anerkannten Ethnien waren Ungarn, Szekler und Sachsen, die vier „rezipierten" Religionen der Katholizismus, Lutheraner, Kalvinisten und Unitarier. Die Rumänen gerieten zudem unter den Druck des Phänomens des Uniatismus, so dass ein Teil von ihnen griechisch-katholisch wurde.[3]

Jede ethnische Gruppe bzw. Volksgruppe identifizierte sich mit ihrer „Religion" (bzw. Konfession). Die Rumänen identifizierten sich mit der Orthodoxen Kirche, von der der größte rumänische Dichter Mihai Eminescu (1850-1889), der in Wien und Berlin studiert hat, sagte, dass sie „die Mutter des rumänischen Volkes" sei. Und in der Tat war die Kirche wie auch im Falle anderer Völker die Förderin der Sprache, der Kultur und der Künste. Die rumänische Schule (das Bildungswesen) nahm ihre Anfänge in früher Zeit in der Vorhalle der Pfarrkirchen und in den Klöstern und entwickelte sich unter dem Schutz und der Obhut der Kirche bis in die modernen Zeiten. Darüber hinaus ist die Orthodoxie tief in die rumänische Seele eingedrungen und hat diese nach den Werten des Evangeliums geformt und geprägt. Der große rumänische Theologe Dumitru Stăniloe (1903-1993) sagte einst: „Die rumänische Orthodoxie zeichnet sich durch ein besonders umfassendes Gleichgewicht aller Werte aus, welches das Wesen der Orthodoxie noch besser hervorhebt. Sie besitzt die Klarheit der Latinität und jenes dem Osten eigene Gefühl für das Geheimnis des Lebens, für den Wert der Person und die Notwendig-

---

[2] Vgl. Ioan-Aurel Pop, Die Rumänen und Rumänien. Eine kurze Geschichte; aus dem Rumänischen übers. v. Rudolf Gräf, Cluj-Napoca/Klausenburg, 2. verb. Auflage 2007, S. 13-71.

[3] Vgl. Jürgen Henkel, Einführung in Geschichte und kirchliches Leben der Rumänischen Orthodoxen Kirche, Berlin 2007 (=FOTh 6), bes. S. 14-21, 121-134. Grundsätzlich Mircea Păcurariu, Geschichte der Rumänischen Orthodoxen Kirche, Erlangen 1994 (=Oikonomia 33).

keit des Dienens; für das Gebet in der Stille und ein offenes Herz für den Nächsten; für die Hinwendung zu Gott und die Sorge für den Menschen."[4] Diese besondere Spiritualität hat aus dem rumänischen Volk ein friedliches, tolerantes und fremdenfreundliches Volk gemacht. So konnten sich auf rumänischem Boden im Laufe der Geschichte viele Volksgruppen ansiedeln – unter anderem Roma, Juden und Armenier, mit denen die Rumänen in Harmonie lebten. Der Volksmund besagt: „Unsere Erde bietet genug Platz für alle." In Rumänien gibt es bis heute einen echten Kult um Fremde, die unser Land besuchen. Rumänien ist ein christliches Land par excellence. Im Jahr 1992, also nur zwei Jahre nach der Befreiung von der atheistischen kommunistischen Diktatur haben sich 97 Prozent der Bevölkerung Rumäniens für Christen erklärt, 86,8 Prozent der Gesamtbevölkerung für orthodox. Lediglich 0,05 Prozent der Menschen haben sich als nicht-gläubig bzw. Atheisten deklariert. Bei den folgenden Umfragen blieben diese religiösen Zahlen im Allgemeinen nahezu gleich.[5] Das religiöse Gefühl ist im Wesen des Rumänen tief verwurzelt! Und das gilt auch für die anderen Volksgruppen Rumäniens wie zum Beispiel Siebenbürger Sachsen oder Banater Schwaben.

2. Kirche und Volk

Bei ihrer territorialen Organisation hat die Kirche auf die Lebenswirklichkeit der Völker geachtet und hat entsprechend nach dem Apostolischen Kanon 34 (5. Jh.) festgelegt:

> *„Die Bischöfe jedes Volkes sollen wissen, dass einer von ihnen der Erste (Primus) sein müsse, und sollen ihn als ihr Haupt ansehen und weiter nichts ohne seine Zustimmung tun; nur das allein soll jeder tun, was auf seine eigene Gemeinde und die ihr untergeordneten Orte Bezug hat. Aber auch jener (der Primus, der Metropolit) darf nichts ohne die Zustimmung aller tun; denn so wird Eintracht herrschen und Gott verherrlicht werden durch Christus im Heiligen Geist."*[6]

Dieser Kanon hatte einen großen Einfluss im Christlichen Osten. So haben sich die Orthodoxen Kirchen als Lokalkirchen auf Territorien entwickelt und herausgebildet, die im Allgemeinen von ein und demselben Volk bewohnt werden.

---

[4] Zit. bei Metropolit Serafim, Hesychasmus. Rumänische Tradition und Kultur, aus dem Rumänischen und Französischen übersetzt von Hans Glaser, Würzburg 2003, S. 24. Vgl. ausführlich Jürgen Henkel, Dumitru Stăniloae. Leben – Werk –Theologie, Freiburg i. Br. 2017, S. 354-469.

[5] Daten vgl. Henkel, Einführung, S. 154-158. Überblick bei Alexandru Duţu, Religion und Gesellschaft in Rumänien, in: Religion und Gesellschaft in Südosteuropa, hg. v. Hans-Dieter Döpmann, München 1997 (=Südosteuropa-Jahrbuch 28), S. 201-211; Berthold Köber, Das Recht der Religionsgemeinschaften in Rumänien, in: Wolfgang Lienemann/Hans-Richard Reuter, Das Recht der Religionsgemeinschaften in Mittel-, Ost- und Südosteuropa, Baden-Baden 2005, S. 355-392; Karl W. Schwarz, Religion und Kirchen in Rumänien. Ein Überblick, in: Thede Kahl u.a. (Hg.), Rumänien, Berlin/Wien 2006, (Österr. Osthefte, Jg. 48/2006), S. 581-599.

[6] Heilige Kanones der heiligen und hochverehrten Apostel. Zusammengestellt, übersetzt und eingeleitet von Anargyros Anapliotis, St. Ottilien 2009 (=Liturgische Texte und Studien 6), S. 43.

Die Tatsache, dass die Orthodoxie kein universales Zentrum hat wie der Katholizismus, sondern lokal in Form voneinander unabhängiger bzw. autonomer Kirchen organisiert ist, vor allem aber die Tatsache, dass orthodoxe Völker hunderte von Jahren ihrer Freiheit beraubt waren und in Isolation lebten, ließen das Bewusstsein um die Universalität der Kirche zu einem großen Teil verlorengehen.

Die lokale Autonomie der Orthodoxen Kirchen und ihre Identifikation mit einem bestimmten Volk schufen zugleich das Gefühl der Selbstzufriedenheit und der Isolation gegenüber den anderen Schwesterkirchen; und die besonders übertriebene Bindung an die Werte der eigenen Nation führte zum religiösen Phyletismus, der die Kanones der Kirche bezüglich ihrer territorialen Organisation ignoriert, besonders in der Diaspora. Der Phyletismus wurde bei der Synode von Konstantinopel von 1872 verurteilt.

Das Bewusstsein der Universalität der Kirche und ihrer ortsüberschreitenden Wirklichkeit wird viel besser in der Katholischen Kirche bewahrt, dank des römischen Zentralismus und des Fehlens der Autonomie der Ortskirchen, aus denen sie sich zusammensetzt. Trotzdem dürfen sich die lokale und die universale Dimension der Kirche nicht ausschließen. Du kannst nicht universal sein, ohne lokal verwurzelt zu sein. Gleichzeitig kannst Du Dich nicht im Lokalen verschließen und das Universale ignorieren, denn Isolation bedeutet den Tod. Die Identität der Person wie auch die Identität des Volkes müssen offene Identitäten sein. Der Mensch als Person wie auch das Volk werden durch Offenheit gegenüber anderen Personen und Völkern bereichert. Keine Person und kein Volk können sich an sich selbst genug sein. Im Blick auf die Einheit der Menschheit brauchen alle alle. Ja mehr noch: Jeder Mensch trägt in sich eine universale Verantwortung, jeder ist verantwortlich für alle und alles, was existiert.

3. Die Diaspora oder das Leben in der Zerstreuung

Die Geschichte kennt Völker, die über Jahrhunderte oder sogar Jahrtausende eine große und zahlreiche Diaspora hatten, ohne dass deren Angehörige ihre ethnische, religiöse und kulturelle Identität verloren hätten. Das Volk der Juden ist dafür zweifellos das beste Beispiel. Die Globalisierung unserer Tage bewirkt große Veränderungen und ruft Migrationsbewegungen hervor, vor allem aus ökonomischen Gründen. Millionen von Menschen verlassen auf der Suche nach einem besseren Leben und günstigeren Lebensbedingungen ihr Heimatland und lassen sich unter fremden Völkern nieder. Selbstverständlich tragen die Emigranten immer ihr ursprüngliches „Vaterland“ im Herzen mit sich und die Integration in neue Gesellschaften und das Finden eines neuen „Zuhause“ gehen nicht ohne Schmerz und manches Leid vonstatten.

Was das rumänische Volk betrifft, so ist festzuhalten, dass sieben Millionen Rumänen, also ein Drittel der Bevölkerung des Landes, aus wirtschaftlichen Gründen emigriert sind, besonders nach Westeuropa und in die USA. Allein in Deutschland leben heute über eine Million Rumänen. Die Massenemigration der Rumänen bringt die Existenz des rumänischen Volkes selbst in Gefahr. Rumänische Dörfer, die bis vor nicht allzu langer Zeit blühende Orte waren, sind dabei auszusterben und von der Landkarte zu verschwinden. Die rumänische Industrie, die fast gänzlich nach 1990 zusammengebrochen ist, bietet nicht genügend Arbeitsplätze, die den Menschen ein Leben in Würde garantieren. Von daher rührt der Massenexodus der Rumänen.

Im Widerspruch zu den Kanones der Kirche ist die orthodoxe Diaspora überall auf der Welt nach ethnischen Prinzipien statt nach dem Territorialprinzip organisiert, so dass wir überall eine Überschneidung orthodoxer Jurisdiktionsgebiete auf einem und demselben Territorium festzustellen haben, was eine kanonische Anomalie darstellt.[7]

In den USA, wo die orthodoxe Diaspora seit über 200 Jahren besteht, wurde versucht, diese Situation zu überwinden durch die Gründung einer Autokephalen Orthodoxen Kirche (OCA) im Jahre 1970, die heute über 500 Pfarreien zählt; allerdings anerkennen nicht alle orthodoxen Ortskirchen diese neue Entität, die aber die einzige Lösung für dieses kanonische Problem darstellt.

Nachdem über 86 Prozent der Bevölkerung Rumäniens – wie gesagt – orthodox getauft sind, hat die Rumänische Orthodoxe Kirche für die Rumänen in der Diaspora acht Eparchien gegründet. Die Hierarchen und die Priester dieser Bistümer versuchen, unter den Gläubigen den Glauben lebendig zu halten und zu kultivieren und diesen dabei zu helfen, sich in die neue Gesellschaft zu integrieren, in der sie leben. Die größte Schwierigkeit bei der Betreuung der Diaspora besteht im Mangel an geeigneten Räumen zur Feier unserer Gottesdienste und Liturgien sowie für Bildungsarbeit, Katechese und Gemeindetreffen. Von den rund 130 rumänischen orthodoxen Pfarreien in Deutschland besitzen nur 20 ein eigenes Gotteshaus. Die anderen Pfarreien und Gemeinden sind zu Gast in Gotteshäusern der Katholischen Kirche und der Evangelischen Kirche, denen wir für ihre Gastfreundschaft nicht genügend danken können, die sie uns erweisen. Genau dies ist wahre christliche Liebe, die offen und sensibel ist für die Bedürfnisse des Nächsten.

4. Das „Vaterland" oder die Welt, in der wir leben, und die Transzendenz

Der Mensch ist als Abbild und Ebenbild Gottes für die Ewigkeit geschaffen.[8] Das Streben nach dem ewigen Leben ist in die Natur des Menschen eingeprägt, die den Tod nicht als letzte und endgültige Wirklichkeit akzeptiert. Niemand will sterben. Auch wenn der Tod als eine natürliche Wirklichkeit erscheint, so ist er doch das unnatürlichste Phänomen im Leben des Menschen und des Universums.[9] Dies deshalb, weil der Tod

---

[7] Details bei Metropolit Serafim von Deutschland, Zentral- und Nordeuropa, Die Orthodoxe Diaspora – die Autonomie und der Modus ihrer Proklamation, in: HoLiKo, Neue Folge, Nr. 120/34. Jg. (2016), S. 25-30.

[8] Eine konzentrierte Darstellung der orthodoxen Anthropologie bietet S. E. † Dr. Teodosie Petrescu, Erzbischof von Tomis, Der Mensch als Ebenbild Gottes – Grundlage des ökumenischen Dialogs, in: † Metropolit Serafim von Deutschland, Zentral- und Nordeuropa / Hermann Schoenauer / Jürgen Henkel (Hg./Ed.), „Was ist der Mensch?" Theologische Anthropologie – ein lutherisch-orthodoxer Dialog / "Ce este omul?" Antropologia teologică – un dialog ortodox-luteran, Hermannstadt / Bonn 2013 (=DRThB 5), S. 65-74.

[9] Zum Verständnis des Todes vgl. Die Orthodoxie zwischen Tradition und Moderne, Gesammelte Beiträge von Metropolit Serafim von Deutschland, Zentral- und Nordeuropa zur orthodoxen Theologie und Glaubenspraxis. Zum 25-jährigen Amtsjubiläum herausgegeben von Jürgen Henkel, Bonn / Sibiu 2019 (=DRThB 10), S. 179-185.

von Gott weder erschaffen noch gewollt war, sondern eine Konsequenz ist aus dem Bruch der Gemeinschaft mit Gott durch die Sünde der ersten Menschen. Der Tod als Trennung von Gott wurde von Christus durch Seinen Tod und Seine Auferstehung aufgehoben, besiegt und überwunden. So wird für die in Christus Vereinten der Tod zum Passa, also zum Übergang oder Sprung zum ewigen Leben und zur vollkommenen Vereinigung mit Gott. Ohne das irdische Leben auf welche Weise auch immer geringzuschätzen oder abzuwerten, zeigt uns die christliche Offenbarung, dass das irdische Leben seinen Zweck nicht in sich selbst hat: *„Wir haben hier keine bleibende Stadt, sondern die zukünftige suchen wir."* (Hebräer 13, 14). *„Unsere Heimat ist im Himmel."* (Philipper 3,20) Oder auch: *„Was hülfe es dem Menschen, wenn er die ganze Welt gewönne und nähme doch Schaden an seiner Seele?"* (Matthäus 16, 26).

Die Selbstverschließung in dieser Welt oder die leidenschaftliche Bindung an die Welt führen zum ewigen Tod. Der moderne Mensch will autonom und unabhängig sein von allem, was seine Freiheit einzuschränken scheint, vor allem gegenüber Gott. Doch die Unabhängigkeit von Gott schafft eine Abhängigkeit von Seiner Schöpfung und geschaffenen Dingen, die jedoch seinen Durst nach Ewigkeit nicht stillen können. Die wahre Freiheit finden wir nur in der Gemeinschaft mit Gott und mit unseren Nächsten. Wir können nur in Gott frei sein durch unsere Bemühung um Befreiung von den Dingen dieser Welt, die uns beherrschen. Der Herr selbst sagt: *„Wer Sünde tut, der ist der Sünde Knecht."* (Johannes 8, 34) Und die grundlegendste Sünde schlechthin ist das Vergessen Gottes und die sündhafte Bindung an diese Welt. Die Welt soll nach dem Plan Gottes erhöht werden durch die Öffnung der Herzen, damit die Gnade Gottes sie verwandelt (transfiguriert), denn die Verwandlung ist die endgültige Bestimmung des Menschen und der Schöpfung.

Dies ist nur möglich durch Gebet und Askese.[10] Das konstant von Askese – also einem in jeder Hinsicht maßvollen Leben – begleitete Gebet vereint uns mit Gott, wenn es *„mit geängstetem Geist und mit einem geängsteten, zerschlagenen Herzen"* (Psalm 51,19) und im Wissen um die Sünde, in der wir leben, verrichtet wird. Die Heilige Schrift und die geistliche Tradition legen großen Akzent auf das Herz, denn im Herzen konzentriert sich wie in einem Fokus das gesamte menschliche Wesen: die Vernunft, die Intuition, der Wille, alle dem Menschen eigenen psychischen und physischen Energien, sowohl die ganze Menschheit, als auch die gesamte Schöpfung. Und ebenfalls im Herzen wohnt auch die Gnade Gottes; sie entzündet in ihm durch das Gebet die Liebe zu Gott, zu den Menschen und zur gesamten Schöpfung. So erfährt der Mensch seine ontologische Einheit mit allem, was existiert. Alles lebt in unserem Herzen, wie auch in Christus, dem „universalen Menschen", dem „totalen Adam". Wir sind von nichts und niemand mehr getrennt, denn alles lebt in uns! *„Ihr aber seid der Leib Christi und jeder Einzelne ein Glied."* (1. Korinther 12, 27) Denn in Christus *„ist nicht Jude noch Grieche, ist nicht Sklave noch Freier, hier ist nicht Mann noch Frau"* (Galater 3, 28), denn alle sind eins in Christus. So verstehen wir auch die Verantwortung eines jeden für alle und alles, denn *„wenn ein Glied leidet, so leiden alle mit"* (1. Korinther 12, 26).

---

[10] Vgl. dazu ausführlich: Orthodoxie zwischen Tradition und Moderne., bes. S. 43-52, 148-172.

In uns existiert eine unaufhörliche Spannung zwischen unserem ontologischen Streben nach Gott, das mit der Schöpfung in unsere Seele eingepflanzt wurde – „Du hast uns zu Dir hin erschaffen, o Herr, und unruhig ist unser Herz, bis es Ruhe findet in Dir!", wie schon der selige Augustinus sagt (*Bekenntnisse I, 1,1*) – und der Sünde, die unsere Dynamik auf Gott hin pervertiert und auf das Geschöpfliche hin umkehrt, also auf Leibliches und Materielles.

Der heilige Apostel Paulus spricht von zwei Gesetzen, die in uns aufeinanderprallen: dem Gesetz des Guten und dem Gesetz der Sünde, von dem uns Christus befreit hat, wenn wir uns mit Ihm vereinen. Doch bis zu unserer vollendeten Vereinigung mit Christus hört das Wirken der Sünde in uns niemals auf. Nur durch Askese befreien wir uns vom Gesetz der Sünde, wie Paulus schreibt: *„Ich schinde meinen Leib und bezwinge ihn, dass ich nicht andern predige und selbst verwerflich werde."* (1. Kor. 9, 27)

Die Tragödie des modernen Menschen ist es, dass er im Namen der Freiheit nichts mehr von Sünde und Askese wissen will, weil ihm das als Versklavung erscheint. Es ist deshalb so weit gekommen, weil von der Sünde vor allem in juridischen Begriffen gesprochen wurde und die Askese als Pflicht und Auflage präsentiert wurde. Im klassischen kirchlichen Sprachgebrauch bedeutet die Sünde das Übertreten des Willens Gottes und das Nichterfüllen Seiner Gebote, was den Zorn und die Strafe Gottes über den Sünder kommen lässt.

Die Askese wiederum – also das Fasten, das Beten und die Selbstzügelung – werden als Pflicht oder als Mittel zur Wiedergutmachung von Sünden präsentiert. Dabei muss die Sünde eher als Zurückweisung der Gemeinschaft mit Gott verstanden werden, als Egoismus und Selbstverschließung, die zum Tode führt. Ohne das Licht des Glaubens übertritt der Mensch leicht die Gesetze, die die Schöpfung leiten und regieren, schützen und bewahren.

Das Wort „Kosmos" hat im Griechischen auch die Bedeutung von Harmonie. Im Kosmos herrscht Harmonie, weil die Sterne die von Gott in die Natur eingeschriebenen Gesetze respektieren. Im Psalm heißt es: *„Der Herr gab eine Ordnung, die dürfen sie nicht überschreiten."* (Psalm 148, 6) Nur der Mensch, den die Kirchenväter einen „Mikrokosmos" nennen, respektiert die Gesetze der von Gott in sein Wesen und die Natur eingeschriebenen Schöpfungsordnung nicht; und genau deshalb herrscht in seiner Seele, in der Gesellschaft und in der Welt mehr Chaos als Ordnung. Von daher rühren auch die Naturkatastrophen, die Krankheiten und alles Leid, das die Menschen prüft. Ein weises Sprichwort besagt: „Gott vergibt immer, die Natur vergibt nie!"

Wir Christen müssen unterstreichen, dass Gott niemals jemanden direkt bestraft, denn Er ist die Liebe! Jeder Mensch richtet sich durch seine Sünden selbst und trägt die Konsequenzen aus dem Nicht-Respektieren der von Gott in sein Wesen und die ihn umgebende Natur eingeschriebenen Gesetze. Als das Bemühen, unser Leben konform der unabänderlichen Gesetze zu führen, von denen die Schöpfung Gottes regiert wird, wird die Askese unsere wahre Freiheit als Kinder Gottes bewahren. Das bedeutet, dass wir von allem befreit sind, was uns knechtet, von allem, was uns auf leidenschaftliche Weise an diese Welt bindet. Zugleich ist die Askese ein großer Segen für die seelische und körperliche Gesundheit.

Nur in der Selbstzügelung beim Essen und Trinken und durch ein in allen Dingen maßvolles Leben können wir den Verlockungen der Konsumgesellschaft widerstehen, die uns täglich mehr in Beschlag nimmt. Wenn wir das Kreuz, also die Askese, aus dem Evangelium entfernen, dann werden wir nach einem Wort von Vater Vladimir Zielinski ein „Evangelium für fromme Konsumenten" erhalten.

Auch der evangelische Märtyrer-Theologe Dietrich Bonhoeffer warnt vor *„billiger Gnade"* als *„Todfeind der Kirche"*. In einer Kirche der „billigen Gnade" findet die Welt „billige Vergebung der Sünden ohne Reue". Diese „billige Gnade" bedeutet „eine Rechtfertigung der Sünde und nicht eine Rechtfertigung des Sünders".

Dem evangelischen Theologen Richard Niebuhr aus den USA (1894-1962) wird der Satz nachgesagt: „Ein Christus ohne Kreuz führt Menschen ohne Sünde durch ein Gericht ohne Strafe in einen Himmel ohne Gott."

Auch das Mönchtum stellt eine Weltentsagung dar, allerdings nicht als Ablehnung der Welt als Schöpfung Gottes, die gut ist, noch von den Menschen, die auf der Welt leben, sondern als Abkehr von der Sünde, die die Harmonie der Welt zerstört.

Durch die drei monastischen Voten der Keuschheit, der Armut und des Gehorsams, die vom Gebet und von der Askese unterstützt werden, versuchen die Mönche und Nonnen, sich über die Sünde zu erheben und das Evangelium maximal zu leben, also ein Evangelium ohne Kompromisse, das ihr Leben heiligt. Und weil im Blick auf die ontologische Einheit der Menschheit und der Schöpfung jeder Mensch alle Menschen und die ganze Schöpfung in sich trägt, bedeutet die persönliche Heiligung durch das geweihte Leben gleichzeitig die Heiligung für die ganze Menschheit und die ganze Welt. Daher ist das Mönchtum eine Gabe für die Kirche und für die ganze Welt![11]

Schlussbemerkung

Zum Abschluss möchte ich zunächst ein Wort des heiligen Gregor des Theologen zitieren: „Ich teile alles mit Christus: den Leib, die Seele, die Nägel, die Auferstehung. Christus ist für mich mein Heimatland, meine Tugend, meine Ehre, alles!" Ich denke, dieses Wort ist ein gutes Resümee für unser Thema: Christus, der durch die Auferstehung Verherrlichte, ist für uns Christen alles: unser Leben, unsere Familie, unser Volk, unser Heimatland. In Christus sind wir „zu Hause", wo auch immer wir uns auf Erden befinden! Nicht umsonst heißt es auch im Psalm: *„Die Erde ist des Herrn und was darinnen ist, der Erdkreis und die darauf wohnen."* (Psalm 24, 1)

Der zu den „Apostolischen Vätern" gerechnete Diognetbrief bringt schon früh all diese Zusammenhänge auf den Punkt, wenn es dort heißt:

> *„Die Christen nämlich sind weder durch ein Land noch durch eine Sprache noch durch Sitten von den übrigen Menschen verschieden. Denn weder bewohnen sie irgendwo eigene Städte, noch bedienen sie sich irgendeiner abweichenden Sprache, noch führen sie ein auffälliges Leben. (...)*

---

[11] Zum Mönchtum vgl. Abt Archimandrit Melchisedek Velnic, Der Mönch – eine Gabe Gottes für die Welt, in: Jürgen Henkel / Nikolaus Wyrwoll (Hg.), Askese versus Konsumgesellschaft. Aktualität und Spiritualität von Mönchtum und Ordensleben im 21. Jahrhundert, Hermannstadt-Sibiu / Bonn 2013 (=DRThB 4), S.211-221.

Sie bewohnen vielmehr griechische und auch barbarische Städte, wie immer es einen jeden traf, und sie folgen den einheimischen Sitten in Kleidung und Essen und in der übrigen Lebenspraxis, und sie legen anerkanntermaßen eine wunderbare Beschaffenheit ihrer Lebensführung an den Tag. Sie bewohnen jeder sein Vaterland, aber wie Nichtbürger; sie haben an allem Anteil wie Bürger, und alles erdulden sie wie Fremde. Jede Fremde ist für sie Vaterland, und jedes Vaterland Fremde. Sie heiraten wie alle und bekommen Kinder; aber sie setzen die Neugeborenen nicht aus. (…) Sie existieren ‚im Fleisch', aber sie leben nicht ‚nach dem Fleisch'. Auf Erden weilen sie, aber im Himmel haben sie Bürgerrecht. Sie gehorchen den erlassenen Gesetzen, und mit der ihnen eigenen Lebensweise überbieten sie die Gesetze."
(Diognetbrief 5, 1-10)[12]

Das ist eine wunderbare Zusammenfassung und Beschreibung des christlichen Lebens zwischen Himmel und Erde, zwischen irdischer Heimat und ewiger Transzendenz, zwischen der jetzigen und der künftigen Welt, zwischen Alltag und Eschaton. Wir Christen leben in der Welt und sind doch nicht von der Welt. Unsere irdische Heimat und unsere ewige Heimat gehören für uns zusammen. So leben und erleben wir als Christen Heimat und Transzendenz.

[12] Diognetbrief, S. 311 f., in: Die Apostolischen Väter. Griechisch-deutsche Parallelausgabe, neu übers. und hrsg. von Andreas Lindemann und Henning Paulsen, Tübingen 1992, S. 304-324.

DIE KANZEL – HOMILETICA

Predigthilfen und Predigtentwürfe

28.11.2021
Erster Sonntag im Advent

Katholisch
Lk. 21, 25-28. 34-36: Vom Blick auf den gnädigen Richter

Das Evangelium von heute lenkt unseren Blick auf die Endzeit, wenn Jesus zum Gericht kommen wird. „Er wird wiederkommen in Herrlichkeit, zu richten die Lebenden und die Toten", heißt es im Nicäno-Konstantinopolitanischen Glaubensbekenntnis. Niemand wird diesem Richter entrinnen können. Auch im Evangelium ist vom Entrinnen die Rede, aber interessanterweise in einem anderen Sinn: Jesus ist nicht derjenige, dem wir entrinnen müssten, sondern jener, zu dem wir entrinnen können. Er ist unser Retter in der Not. Denn wir flüchten zu ihm vor all den schrecklichen Ereignissen, die dem Ende vorausgehen: dem Toben und Donnern des Meeres, der Angst vor dem Kommenden, der Erschütterung der Himmelskräfte. Wir können all dem entrinnen, indem wir vor den Menschensohn hintreten, wie es im Evangelium heißt. Deshalb werden wir ermutigt, uns aufzurichten und unsere Häupter zu erheben, denn unsere Erlösung ist nahe. Christus wird hier also als unser Erlöser geschildert, der kommt, um uns aus der Falle zu befreien, die jener plötzlich hereinbrechende Tag für uns darstellen wird.

Es gibt allerdings eine Bedingung für diese Erlösung: Unser Herz darf nicht beschwert sein. Stattdessen sollen wir wachen und beten. „Beten" bedeutet, das Herz zu Gott erheben. „Sursum corda" („Erhebet die Herzen"), heißt es im Einleitungsdialog zur Präfation. Was ist es, das unser Herz beschwert und uns daran hindert, es zu erheben? Rausch und Trunkenheit und die Sorgen des Alltags werden genannt. Das ist der Inbegriff all der Dinge, die unser Herz gefangen nehmen. Der letzte Tag wird deshalb nur für jene zu einer unentrinnbaren Falle werden, deren Herz sowieso schon in der Falle ist. Jene Dinge herrschen über unser Herz kraft der ungeordneten Neigungen, die wir zu ihnen haben. Immanuel Kant definiert Freiheit als "Unabhängigkeit von Neigungen" (KpV A V, 117). Sie herrschen über uns, indem sie unseren Willen bestimmen. Das ist Fremdherrschaft, Heteronomie. Sie entwürdigt uns. Der Mensch macht sich selbst zur Sache, wenn er sich zum „Spiel bloßer Neigungen" macht, schreibt Kant (MS A VI, 420).

Doch was ist die Alternative? Das Gegenteil von Heteronomie ist Autonomie. Diese ist, wie Kant richtig sieht, der Grund unserer Würde. Ähnlich wie Aristoteles und Thomas von Aquin sieht Kant diese Würde dann gegeben, wenn wir der Vernunft gemäß handeln, d.h. wenn wir uns dem Sittengesetz unterwerfen, welches ein Gesetz der Vernunft ist. Nur durch den Gehorsam gegenüber dem Sittengesetz wird unser Wille gut und gerecht. Die Achtung vor ihm ist deshalb für Kant die einzige moralische Triebfeder. Das Sittengesetz ist nach ihm der Grund aller Heiligkeit und Gerechtigkeit.

So anspruchsvoll Kants Ethik auch sein mag, sie bleibt weit hinter der Erhabenheit der christlichen Lehre zurück. Aus dieser erfahren wir, dass am Anfang nicht ein Gesetz, sondern eine Person steht, nämlich Gott. Autonomie besteht in der Unabhängigkeit von unseren sinnlichen Neigungen, aber nicht in der Unabhängigkeit von Gott, so wenig wie in der vom Sittengesetz. Der Fehler Kants liegt darin, dass er das Sittengesetz unabhängig von der Idee Gottes denkt. Dadurch bekommt es einen gottähnlichen Status, dem wir bedingungslos gehorchen müssen, ohne dass wir ihm gleichzeitig auch bedingungslos vertrauen könnten, wie es nur einer Person gegenüber möglich ist. Die erste Lesung aus dem Propheten Jeremias mündet in die Aussage, dass der Herr unsere Gerechtigkeit ist. ER ist der Ursprung aller Gerechtigkeit und Heiligkeit. Wir gehorchen nicht einem abstrakten Gesetz, sondern einer konkreten Person. Gott ist die Heiligkeit in Person. Er ist nicht nur fordernd wie ein Gesetz, sondern auch schenkende Güte, die uns liebt und die wir wiederum lieben dürfen. Deshalb ist nicht Achtung, sondern Liebe die tiefste moralische Gesinnung, die über den Wert unseres Herzens entscheidet. In der Lesung spricht Paulus einen Segenswunsch aus: "Der Herr lasse euch wachsen und reich werden in der Liebe zueinander und zu allen, (...) damit ihr ohne Tadel seid, geheiligt vor Gott..." Diese Liebe ist das Wertvollste, was jemand uns wünschen kann. Wir werden einmal, wie der hl. Johannes vom Kreuz sagt, nach der Liebe gerichtet werden. Liebende Hingabe an Gott bedeutet nicht Verlust der Würde, sondern ihre Vollendung.

Wenn Paulus uns in der Lesung außerdem ermahnt, so zu leben, dass wir Gott gefallen, dann ist damit ausgedrückt, dass Gott als die oberste moralische Instanz gleichzeitig auch um unser Herz weiß und daran Wohlgefallen hat. Wir sind als bedürftige Menschen darauf angewiesen, dass wir geliebt werden und dass das Gute, das wir tun, Anerkennung, das Schlechte Vergebung findet. All das fällt bei Kant weg: Das Sittengesetz ist bei ihm eine anonyme Macht, die von uns keinerlei Notiz nimmt. Es fordert von uns, schenkt uns aber nichts. Es ist gnadenlos.

Auf diesem Hintergrund erkennen wir, dass selbst die zuerst so bedrohlich anmutende Botschaft vom Weltende und vom Gericht letztlich eine Frohe Botschaft ist. Es wird deutlich: Jesus Christus ist Gesetzgeber, Richter und Erlöser in einer Person. Das ist kein Widerspruch. Er ist unser Erlöser, indem er unser Herz aus der Verstrickung befreit; er ist unser Gesetzgeber, indem er die Heiligkeit, zu der er uns befähigt, auch von uns fordert; er ist unser Richter, als den er sich in unserem Gewissen immer schon angekündigt hat.

Das Kommen des Herrn am Ende der Zeiten wird all diese Zusammenhänge sichtbar machen. Für die Erlösten wird Jesus der Erlöser bleiben. Er ist ihnen ein gnädiger Richter. Sie brauchen sein Kommen nicht zu fürchten, sondern finden in Ihm ihre Zuflucht, um dem Schrecken der letzten Tage zu entfliehen.

Eines ist den Erlösten und den Unerlösten angesichts dieses Schreckens gemeinsam: die Erfahrung ihrer Ohnmacht. „Die Menschen werden vor Angst vergehen in der Erwartung der Dinge, die über die Erde kommen sollen.“ Sie werden der Gewalt dieser Ereignisse ausgeliefert sein. Doch diese Ohnmacht betrifft nur den äußeren Menschen. Schauen wir aufs Herz, sehen wir einen entscheidenden Unterschied. Paulus spricht in der Lesung davon, dass unsere Herzen gestärkt werden. Wodurch? Durch die Liebe, um die Paulus in der schon zitierten Stelle für uns gebetet hat. Wenn wir „in der Liebe festgewurzelt und gegründet" (Eph. 3, 17) sind, ist unser Herz stark. Es ist nicht unsere Stärke, sondern die des Herrn, die wir von ihm empfangen, indem er uns seine Liebe ins

Herz gibt. Für jene also, deren Herz mit Irdischem beschwert ist, wird der letzte Tag zur Falle. Sie sind nicht nur dem äußeren Menschen nach, sondern auch in ihrem Herzen den Schrecknissen hilflos ausgeliefert. Die Herzen der Erlösten dagegen sind in Sicherheit. Sie sind durch die Liebe so gestärkt, dass gilt: Denen, die Gott lieben, gereicht alles zum Guten – selbst der Weltuntergang.

P. Engelbert Recktenwald FSSP, Hannover

Evangelisch
Jeremia 23,5-9: Die Heilung unserer Existenz

Die AT-Lesung Sach 9, 9-10, die Epistel Röm 13, 8-12 und das Evangelium Mt. 21, 1-11 wie auch die vorgeschlagenen Wochenlieder EG 4 oder 11 sprechen vom Kommen des Heils, verkörpert in einem persönlichen Heilsbringer.

Zum Predigttext Jer 23, 5-9

Person und Situation: Jeremia ist mit seinem mutigen Auftreten und seinen Anfechtungen die uns am deutlichsten vor Augen stehende Gestalt des Alten Testaments. Schon sein Name 'Jirmejáhu' (Jahwe ist erhaben) ist Programm. Nichts und niemand kommt Jahwe gleich. Eine Aufwertung oder Anerkennung anderer Religionen kommt für Jeremia nicht in Frage.

Er war der Spross einer priesterlichen Familie in Anatot, einem fünf km nordöstlich von Jerusalem gelegenen Ort. Sozial dürfte er unter den gemäßigt Einflussreichen einzuordnen sein, denn er hatte Kontakte bis in die Oberschicht. Sein Wirken erstreckt sich über 40 Jahre von 627 bis 587, von der Mitte der Regierungszeit des Reformkönigs Joschija (639–609) bis zur Zerstörung Jerusalems.

Politisch war der Kleinstaat Juda von den Großmächten in Ägypten und dem Zweistromland abhängig. Zu der Zeit, in die der Predigttext fällt, dominierte Babylon. Die Babylonier hatten 597 v. Chr. Jerusalem eingenommen und den regierenden König durch Zedekia (Zidkija = Jahwe meine Gerechtigkeit) ersetzt, der dem babylonischen König Nebukadnezzar den üblichen Treueschwur eines Vasallen leisten musste. Dieser war mit beträchtlichen jährlichen Sachleistungen verbunden. Einen Großteil der Oberschicht – Beamte, Offiziere, Handwerker, etliche Tausende – hatten die Eroberer ins Zweistromland deportiert. Natürlich schien die babylonische Oberherrschaft den meisten Judäern unerträglich, und sie suchten nach Möglichkeiten diese abzuschütteln. Im Gegensatz zur herrschenden Meinung bezeichnete Jeremia die Herrschaft Nebukadnezzars als gottgewollt, mahnte zur Unterordnung und setzte sich so beträchtlichen Schikanen bis hin zu Mordversuchen aus. Gegen den Rat Jeremias entschloss sich Zedekia schließlich zur offenen Auflehnung. Die Folge war, dass die Babylonier 587 erneut Jerusalem besetzten, an Zedekia grausame Rache nahmen, die Stadt zerstörten und wieder eine große Zahl von einflussreicheren Judäern, nach manchen Schätzungen bis zu 10000, ins Zweistromland deportierten.

Jeremia übte mit Worten und Zeichenhandlungen heftige Kritik am König, an Hochgestellten und auch am einfachen Volk. Seine Vorwürfe lauteten auf Betrug, Rechtsbeugung, Habgier, Ausbeutung, Ehebruch und vor allem Götzenverehrung. Die Führer und das Volk waren für ihn religiös und moralisch verkommen. Entsprechend überwiegen in seiner Botschaft Drohsprüche gegenüber Verheißungen: Jerusalem und Juda würden ein schlimmes Ende nehmen. Die Heilspropheten, die das Volk mit Hinweis auf den Tempel in Sicherheit wiegten, bezeichnete er ebenso als Betrüger wie die Hochgestellten, die auf sie hörten.

Das Jeremia-Buch umfasst zwar fast den gesamten Lebenslauf Jeremias. Doch sind die Einzeltexte nicht chronologisch geordnet. Auch kann man nicht davon ausgehen, dass alle ursprünglich von Jeremia stammen. Wie bei anderen Prophetenbüchern sind auch einzelne Worte sonstiger Herkunft darin aufgenommen. Der Predigttext besteht aus zwei deutlich voneinander geschiedenen Textstücken.

Jer. 23,5-6: Die Verse sind mit einiger Wahrscheinlichkeit echt jeremianisch und gehören in die Zeit der Herrschaft Zedekias. Vers 5 verheißt einen „zämach zadiq", einen „gerechten Spross" aus der Dynastie Davids, was Zedekia trotz seines Namens offensichtlich nicht ist, und der im Gegensatz zu ihm Erfolg haben wird. Vers 6 stellt dem Namen Zedekia („Meine Gerechtigkeit ist Jahwe") den anderen Namen „Jahwe zidqenu" (Jahwe ist unsere Gerechtigkeit") entgegen. Die beiden Verse beinhalten eine Heilsverheißung: Im Gegensatz zur Gegenwart wird das Volk in Sicherheit und gerechten Verhältnissen leben.

Jer. 23,7-8: Auch diese beiden Verse muss man Jeremia nicht absprechen. Sie beziehen sich zwar darauf, dass sich Teile des Volkes im babylonischen Exil befinden, doch können sie sich auch tröstend an die Zurückgebliebenen wenden oder brieflich an die Exilierten gerichtet sein. Zentral für den Jahwe-Glauben ist die Erinnerung an die Befreiung aus der Sklaverei in Ägypten. Sie wird liturgisch vergegenwärtigt und weckt immer wieder die Hoffnung auf neue Heilstaten Gottes. Der Prophet stellt eine neue ebenso grundlegende Heilstat in Aussicht: die Befreiung aus dem babylonischen Exil und die Rückkehr nicht nur der Exilierten, sondern auch anderswohin zerstreuter Israeliten in ihre Heimat.

Zum Inhalt der Predigt

Die gegenwärtig unter uns herrschenden sozialen und politischen Verhältnisse sind bei weitem besser als die zur Zeit Jeremias. Dennoch sehen wir die unsrigen mit Recht ebenfalls kritisch: soziale Ungerechtigkeit (wieso verdient ein Manager 300 Mal so viel wie eine Krankenschwester?), Chancenungleichheit im Bildungswesen, Korruptionsfälle, Lieferung von Waffen an menschenrechtswidrige Regime wie Saudi-Arabien, Abtreibung usw. usf. Wir wünschen uns integere Politiker, das Aufhören des Terrors, das kritische Mitdenken des Bürgers in der demokratischen Gesellschaft und vieles mehr bis hin zur weltweiten Beachtung der Menschenrechte. Dennoch darf der Prediger nicht der Versuchung verfallen, eine fast ausschließlich politik- und sozialkritisch bestimmte Predigt zu halten. Dann wäre sie eine bloße politische Ansprache.

Vielmehr lesen wir alttestamentliche Texte durch die christliche Brille. Es geht nicht in erster Linie um die Veränderung irdischer Verhältnisse, sondern vielmehr um die zeitlich und ewig wirksame Heilung unserer gesamten Existenz. Die Befreiung der Israeliten aus Ägypten und Babylon ist ein Symbol für unsere Befreiung von Leid, Schuld, Sinnlosigkeit und Tod. Der Weg durch Ägypten und Babylon in die Freiheit entspricht dem Weg Christi durch das Kreuz zur Auferstehung. In diesen Weg nimmt er uns durch sein Wort und die Sakramente hinein und gibt uns Hoffnung für dieses Leben und über seine Grenze hinaus. In alttestamentlichen Texten geht es vordergründig um die Rettung aus einer jeweiligen irdischen Misere. Beim Lesen kann man aber oft spüren, dass diese konkrete Rettung über sich hinaus ins Grundsätzliche weist.

Zum Aufbau der Predigt

Folgende Impulse seien daher zur Predigt inhaltlich gegeben:

- Als Einstieg Hinweis auf den Wunsch nach Veränderungen im individuellen und kollektiven Leben;
- Verlesung und Kommentierung von Jer 23, 5-6 mit Gegenüberstellung der Gegenwartskritik und der Hoffnung, weltlicher Machthaber und des in Jerusalem einziehenden Christus, der sich weder durch sozialen noch durch politischen Druck beeinflussen lässt;
- Verlesung und Kommentierung von Jer 23, 7-8 im Sinne eines Exodus als möglicher Heilserfahrung;
- Reflexion konkreter Heilserfahrung in ihrer eschatologischen Bedeutung;
- zum Ausblick Hinweis auf erfahrenes und erhofftes Heil als Motivation zum Einsatz für individuelles und kollektives Wohl.

An etlichen Stellen der Predigt kann zitierend und illustrierend auf den Wochenspruch, das Wochenlied, die Epistel und das Evangelium des Ersten Advent Bezug genommen werden.

Pfarrer Prof. Dr. em Günter R. Schmidt, Erlangen

05.12.2021
Zweiter Adventssonntag

Katholisch
Phil. 1, 4-6.8-11; Lk. 3,1-6: „Bald erfüllet ist die Zeit" – Was uns der Advent über das christliche Zeitverständnis lehrt.

Eine Adventpredigt

Es gibt Worte und Vorstellungen, die typisch für den Advent sind. „Licht" und „Kerze" gehören dazu oder die Gottesdienste am frühen Morgen oder Abend, die man „Rorate" nennt. In manchen Gemeinden geht ein Marienbild auf „Herbergssuche" von Haus zu Haus.

Ein Adventswort, das weniger auffällt, ist „Zeit." „Bald erfüllet ist die Zeit, macht ihm euer Herz bereit", heißt es in einem Lied. Der Adventskranz teilt die Zeit ganz bewusst in vier Wochen ein, in denen sich das Licht immer mehr ausbreitet und schließlich den ganzen Kranz ausfüllt. Und die Lesung aus dem Philipperbrief spricht vom „Tag Christi" (Phil 1,10), an dem unsere Lebenszeit eintauchen wird in die Zeit Gottes und sein Gericht die Wahrheit über unser Leben zur Sprache bringt.

Der Advent macht uns also bewusst, dass wir als Christen eine eigene Zeitrechnung haben und wir deshalb auch in einer besonderen Verantwortung für unsere Zeit stehen. Was lehrt uns der Advent über die Zeit?

Erstens: Zeit kann man nicht selbst machen, nicht kaufen und nicht ansammeln. Zeit wird einem geschenkt, und man geht am besten mit ihr um, indem man sie gleich einsetzt und weiterschenkt. Heute nimmt einem die Technik vieles ab, wofür man früher viel Zeit brauchte. Trotzdem haben wir oft den Eindruck: die Zeit wird immer weniger, sie zerrinnt einem zwischen den Fingern, man kommt gar nicht mehr nach, die Tage müssten 36 Stunden haben.

Vielleicht liegt es daran, dass wir die Zeit zu wenig als Geschenk sehen, das uns gemeinsam mit allen anderen Lebewesen gegeben ist, sondern die Zeit nur für uns, für unsere Erledigungen, für unsere Feste und ihre Vorbereitung haben und verbrauchen wollen. Dann ist die Zeit zwar voll, aber nicht erfüllt, wir laufen ihr nach und holen sie doch niemals ein. Die Zeit ist uns immer voraus, eben weil sie uns nicht gehört, sondern geschenkt ist, damit wir uns in ihr entfalten.

Das wäre ein zweites: „Kaufet die Zeit aus", sagt der Apostel Paulus einmal im Epheserbrief (Eph 5,16). Er meint wohl: Nutzt die Zeit so, dass sie euch nützt, dass ihr das Wesentliche in eurem Leben nicht verfehlt. Oft ist es doch so, dass wir zwar erkennen, wo wir in unserem Leben etwas verändern sollten, weil es uns nicht guttut, weil es uns abhängig macht, weil es auch andere Menschen belastet und beschädigt – aber dann schieben wir es auf die lange Bank, reden uns heraus, verdrängen unser schlechtes Gewissen, und schließlich ändern wir nichts.

Und so geht Jahr um Jahr vorbei, und wir bleiben weit unter dem menschlichen und geistlichen Niveau, das wir erreichen könnten. Aber der Advent sagt uns: wir Menschen können etwas verändern, und Gott hilft uns dabei!

Johannes der Täufer hat im Evangelium riesigen Zulauf, weil er nichts anderes verkündet als dies: „Bereitet dem Herrn den Weg“, indem ihr umkehrt und die Taufe empfangt „zur Vergebung der Sünden.“ (Lk. 3,3-4)

Immer, wenn wir eine Kirche betreten und uns mit Weihwasser bekreuzigen, sollten wir uns daran erinnern: durch die Taufe habe ich die Kraft zur Umkehr. Ich bin dazu berufen, dem Herrn den Weg zu bereiten, in mein Leben und so auch in diese Welt. Die Möglichkeit und die Fähigkeit zur Umkehr gibt der Zeit ihr Gewicht und ihre Bedeutung, sie gibt uns die Chance, unser Leben immer wieder neu auf Gott auszurichten und dadurch mitzuhelfen, die Zeit zu erfüllen.

Das dritte, was uns der Advent sagen will, ist etwas über Jesus Christus selbst. Der Täufer verweist ja nur auf sein Kommen, wir selber aber dürfen sein Kommen jedes Jahr neu erwarten und neu erleben. In Christus, in seinem Kommen, in seiner Menschwerdung ist die Zeit erfüllt, ist das Geschenk der Zeit wirklich beim Menschen angekommen, hat Gott sich selbst auf den Weg zu den Menschen gemacht und ihre Sünden auf sich geladen.

Die Zeit ist auf ihn hin, auf das göttliche Du hin gerichtet. Besonders schön kann man diese innere Zielrichtung der Zeit bei Kindern sehen. Sie teilen ja die Zeit noch nicht nach dem Zifferblatt der Uhr ein, sondern nach dem Dasein, dem Fortgehen und dem Wiederkommen von Menschen, die ihnen wichtig sind. Sie sagen zu ihren Eltern: „Wohin gehst du? Wann kommst du wieder? Ich habe schon auf dich gewartet…“ „Zeitlang haben“, sagt man in Bayern, wenn man sehnsüchtig nach jemandem Ausschau hält und die Wartezeit kein Ende nehmen will. Advent bedeutet: Zeitlang haben nach Christus, nach ihm fragen, auf ihn warten, sich auf ihn ausrichten und alles von ihm erhoffen.

Diese Erwartung, dieses innere Sich-Ausstrecken auf ein Du hin verändert unseren Umgang mit der Zeit und ein klein wenig auch uns selber.

Wer Christus in der Zeit erwartet, wer mit ihm lebt und sein Leben von ihm erhellen und gestalten lässt, in dem wächst das heran, was der Münsteraner Priester und Schriftsteller Heinrich Spaemann einmal „die Perle der Ewigkeit in der Muschel der Zeit“ genannt hat. In der Zeit unseres Lebens wächst etwas heran, was die Zeit überdauern wird. Glaube, selbstlose Liebe, Freigiebigkeit, Vertrauen, Zuversicht – all das wird zur kostbaren Perle, von der Kraft und Glanz ausgeht, auch für andere.

Bitten wir Gott, dass wir die uns geschenkte Zeit richtig nutzen und ihm in diesen Tagen näherkommen. Amen.

Literaturhinweise:

- Hans Maier, Die christliche Zeitrechnung. Ihre Geschichte – ihre Bedeutung, Freiburg-Basel-Wien 1991.
- Joseph Ratzinger, Der Geist der Liturgie. Eine Einführung, Freiburg-Basel-Wien 2000³, S. 47-54, 80-96.
- Heinrich Spaemann, Zeit geht vor Raum oder „Was für ein Haus wollt ihr mir bauen?“ (Apg 7,49), Meitingen-Freising 1971.

- ders., Gedanken über Zeit und zeitgerechtes Verhalten, Geist und Leben 53 (1980), S. 161-164 (abrufbar im Internet unter: www.geist-und-leben.de).

P. Dr. Manuel Schlögl, Köln

Evangelisch
Jes. 63,15-64,3: Vom Schrei nach der Wiederkunft Jesu

(Hinweis: Nachdem in dieser Predigt der – umfangreichere – Predigttext aufgeteilt eingebaut ist, geben wir ihn hier entgegen der sonstigen Gepflogenheiten wieder; J. H.)

So schau nun vom Himmel und sieh herab von deiner heiligen, herrlichen Wohnung! Wo ist nun dein Eifer und deine Macht? Deine große, herzliche Barmherzigkeit hält sich hart gegen mich. Bist du doch unser Vater; denn Abraham weiß von uns nichts, und Israel kennt uns nicht. Du, HERR, bist unser Vater; »Unser Erlöser«, das ist von alters her dein Name. Warum lässt du uns, HERR, abirren von deinen Wegen und unser Herz verstocken, dass wir dich nicht fürchten? Kehr zurück um deiner Knechte willen, um der Stämme willen, die dein Erbe sind! Kurze Zeit haben sie dein heiliges Volk vertrieben, unsre Widersacher haben dein Heiligtum zertreten. Wir sind geworden wie solche, über die du niemals herrschtest, wie Leute, über die dein Name nie genannt wurde. (Jesaja 63,15-19a)

Gemeinde des Herrn Jesus Christus, Schwestern und Brüder,
die Babylonier haben Juda endgültig von der Landkarte ausgelöscht. Schon längst war von der alten Pracht nichts mehr übrig gewesen, die das Reich in den Tagen König Salomos gehabt hat. Nach seinem Tod war es zerbrochen. Der Norden – Israel – hatte danach nie mehr zur Ruhe gefunden. Herrscher hatten sich das Zepter aus den Händen geschlagen; Dynastien konnten nur wenige gründen, durchsetzen konnte sich auf Dauer keine; das Land war zwischen die Mühlsteine der Großreiche geraten; der Glaube an den Gott Abrahams, Isaaks und Jakobs hatte schwer gelitten… Als Pufferstaat überdauerte Israel gut 200 Jahre – bis die Assyrer ihm im 8. Jahrhundert ein Ende bereiteten.

Die Nachfahren des großen Königs David behaupteten sich 150 Jahre länger auf dem Thron Judas. Die Menschen im Süden hingen an der Dynastie und am Jerusalemer Tempel – aber die Lage war auch hier schlimm genug: Intrigen, politische Morde, ein starkes Gefälle zwischen Reichen und Armen, die Religion im Niedergang …

Eine „Nachthütte im Gurkenfeld" – so nennt Jesaja Jerusalem an anderer Stelle (Jes. 1,8) und damit ist alles gesagt. Der König ein Nachtwächter, seine Residenz eine Baracke, ringsum Feld, das er vor hungrigem Viehzeug behüten soll, um die Ernte zu retten – aber nicht einmal dazu ist er fähig. In der Hauptstadt wurde zwar regiert – aber es gibt eigentlich kein Land mehr, über das der König in seinem Palast herrschte.

Und dann der Tag, an dem die letzten Träume vom König aus Davids Stamm, vom Reich, das ewig währt, von der Tochter Zion, zu der die Völker „wallen", also hin pilgern, vom Tempel, in dem Gott wohnt, ausgeträumt sind…: Der Tempel ist verbrannt, der König ein Gefangener des babylonischen Herrschers, Jerusalem liegt in Trümmern und das Reich, das längst nur noch eine Illusion war, gibt es nicht einmal mehr als solche! Ungezählte werden in die Ferne verschleppt… Hier sitzen sie und weinen, wenn sie an die Heimat denken.

Im Schrei des Propheten mischen sich Verzweiflung und Hoffnung, Anklage und Reue: „Warum, o Gott, hockst du im Himmel steif auf deinem Thron, während auf Erden alles zum Teufel geht?! Wie kannst du nur so unbeteiligt sein, während wir vor Schmerz vergehen? Sind wir denn nicht dein Volk, deine Kinder? Warum lässt du zu, dass wir dich verlassen? Nimm dich unserer Not an!"

Schwestern und Brüder,

2.000 Jahre später, während der Dreißigjährige Krieg in Deutschland wütet, Städte, Dörfer und Weiler verwüstet werden, Menschen der Soldateska und der Pest zum Opfer fallen, Kirchen gebrandschatzt werden und Frauen als angebliche Hexen auf Scheiterhaufen sterben, wird der Jesuit Friedrich von Spee die Worte Jesajas als Beschreibung seiner Zeit lesen! Fremde Mächte marschieren in Deutschland auf, Kaiser und Fürsten führen Krieg, die Prediger der verfeindeten Konfessionen hetzen gegeneinander – sie verwandeln das Heilige Römische Reich deutscher Nation in ein Schlachtfeld. Das Elend ist unbeschreiblich!

Das Flehen des Propheten, seine Vision, die an die Grenze führt zwischen der Lust am Untergang und der Sehnsucht nach Erlösung, ergreift ihn angesichts der selbst erlebten Not:

> *Ach dass du den Himmel zerrissest und führest herab, dass die Berge vor dir zerflössen, wie Feuer Reisig entzündet und wie Feuer Wasser sieden macht, dass dein Name kund würde unter deinen Feinden und die Völker vor dir zittern müssten, wenn du Furchtbares tust, das wir nicht erwarten – und führest herab, dass die Berge vor dir zerflössen! - und das man von alters her nicht vernommen hat. Kein Ohr hat gehört, kein Auge hat gesehen einen Gott außer dir, der so wohltut denen, die auf ihn harren. (Jesaja 63,19b-64,3)*

Der Liederdichter Friedrich Spee nimmt die Worte des Propheten auf – und macht aus ihnen ein gewaltiges Adventslied, darin sind die Verse enthalten:

> *1. O Heiland, reiß die Himmel auf, / herab, herab vom Himmel lauf, / reiß ab vom Himmel Tor und Tür, / reiß ab, wo Schloss und Riegel für.*
> *4. Wo bleibst du, Trost der ganzen Welt, / darauf sie all ihr Hoffnung stellt? / O komm, ach komm vom höchsten Saal, / komm, tröst uns hier im Jammertal.*
> *5. O klare Sonn, du schöner Stern, / dich wollten wir anschauen gern; / o Sonn, geh auf, ohn deinen Schein / in Finsternis wir alle sein.*

Friedrich Spee erkennt in der Prophetie die Voraussage des Erlösers Jesus, der den verschlossenen Himmel, in dem – bildlich gesprochen – Gott hinter einer schwarzen, undurchdringlichen Wolkenwand thront, zerreißt und herabfährt, hinunter in das Elend, dorthin wo die Menschen leiden. Er, der Immanuel, der „Gott mit uns"! Der menschliche Gott, der Mensch wird; der Allmächtige, der sich der Ohnmacht ausliefert, der Liebe ist und Liebe hat für eine lieblose Welt! Der die, die vom Weg abgekommen sind, zurückruft! Der versteinerte Herzen erweicht und die Gottverächter Demut lehrt! Der die Sünde trägt – und Versöhnung schenkt denen, die ihm vertrauen! Der das Licht des Lebens ist, das die Finsternis des Todes erhellt!

Und doch stimmt er in den Schrei des Propheten ein: Denn trotz der Erlösung am Kreuz auf Golgatha, trotz der Vergebung der Sünden im Sterben des Gottessohnes, trotz der Ostersonne, die das leere Grab beschienen hat, und uns Gläubigen in der Ewigkeit strahlt – auf dieser Erde geht es immer noch höllisch zu, der Schnitter Tod fährt noch immer reiche Ernte ein, die Tränen der Leidenden sind noch nicht getrocknet.

Gemeinde des Herrn Jesus Christus, Schwestern und Brüder,

die Nachrichten zeigen uns noch täglich vom Krieg verheerte Landschaften, brennende Gotteshäuser, Menschen auf der Flucht, Gräber über Gräber. Die Pandemie hat uns alle ausgelaugt! Naturkatastrophen – auch in Deutschland – haben Menschen das Leben, die Gesundheit, den Besitz geraubt! *So schau nun vom Himmel und sieh herab von deiner heiligen, herrlichen Wohnung! Wo ist nun dein Eifer und deine Macht?... Ach dass du den Himmel zerrissest und führest herab…:* Genau so wollen wir auch heute immer wieder schreien – voll Verzweiflung und doch mit Hoffnung im Herzen!

Ja, der Advent ist letztlich ein einziger großer Schrei nach der Wiederkunft Jesu in Herrlichkeit, nach der Reinigung der Welt im Gericht Gottes und nach dem Reich der Himmel, das die Erde erlöst! Und so rufen wir mit Friedrich Spee heute:

O komm, ach komm vom höchsten Saal, / komm, tröst uns hier im Jammertal!

Amen, komm Herr Jesu! Amen.

Predigtlied: EG 7,1-7 (O Heiland, reiß die Himmel auf)

Pfarrer Martin Fromm, Rüdenhausen

08.12.2021

Katholisch: Hochfest der ohne Erbsünde empfangenen Jungfrau und Gottesmutter Maria
Gen 3,9-15.20; Mt 18,12-14: Jeder Mensch erhält von Gott seine ganz persönliche Berufung

Meine lieben Schwestern und Brüder,

Die Kirche jubelt heute über die Frau, die Gott bei seinem Erscheinen auf Erden als Mutter gedient hat. Sie schaut sie bewundernd an und singt voller Rührung: *„Ganz schön bist du, Maria, und der Makel der Erbsünde haftet nicht an dir. Du bist der Ruhm Jerusalems, du die Freude Israels, du die Ehre unseres Volkes. Dein Gewand ist leuchtend weiß wie Schnee, und dein Gesicht wie die Sonne“*. Sie und ich, meine lieben Freunde, wir tun nun das gleiche, was die Kirche tut, wir schauen uns nämlich Maria an und können unseren Augen nicht trauen: Maria ist von Gott ganz und gar durchdrungen, nichts gibt es in ihr, dass nicht vollkommen im Sinne Gottes wäre. Wer sie sieht, sieht Gott in ihr. In Maria kann der Christ Jesus Christus entdecken. Maria ist ein Offenbarungsort christlichen Lebens. Durch ihre Lebensart, besonders seitdem sie den Sohn Gottes in ihrem Schoß trug, zeigt Gott dem Menschen die genau richtige Art und Weise, das Leben – besonders das Leben im Alltag – zu gestalten.

Maria ist der Mensch, der Gott immer Freude bereitet hat. Sie war ohne Sünde, ihr Leben spielte sich stets im Bewusstsein einer tiefen und herzlichen Verbindung mit Gott ab. Sie war mit Gott befreundet, sie mochte ihn. Ihm Freude zu bereiten, war ihr eine ständige Motivation zum Handeln. Sie war keine von dieser Welt abgesondert lebende Frau, als würde sie das Weltliche nicht interessieren. Nein, so war es bestimmt nicht. In den weltlichen Dingen sah sie Werke Gottes, und sie widmete sich ihnen mit Freude und gewiss mit guter Laune, ist diese, die gute Laune nämlich, doch eine Folge des Seelenfriedens, der sie durchdrang.

Wenn wir uns dies alles vor Augen führen, zugleich aber an uns denken, an unsere Unvollkommenheiten, ja an unsere Sünden, dann kann es sein, dass wir zu dem Schluss kommen, Maria sei wirklich zu bewundern, doch leider nicht nachzuahmen. Ist es so? Nein! Auf gar keinen Fall! Wenn wir Maria nicht nachahmen könnten, dann bestünde eine Trennwand zwischen ihr und uns. Und das passt wirklich nicht zu dem, was Jesus beabsichtigte, als er uns Maria als unsere Mutter gab: *„Siehe, deine Mutter“* (Joh 19,27) hat er vom Kreuz aus jedem einzelnen von uns gesagt. Also wollte Jesus offensichtlich eine innige Verbindung zwischen uns und Maria in Gang setzen, sonst hätte er sie uns nicht als Mutter gegeben. Und trotzdem bleibt Maria in ihrer Sündenlosigkeit unnachahmbar. Wie ist das zu verstehen? Die Lösung des Rätsels ist gar nicht schwer: In Maria muss man Zweierlei unterscheiden: ihre Person und ihre Aufgabe. Die Aufgabe Mariens, also ihre Berufung, ist natürlich einmalig und unnachahmbar, denn nur diese eine Frau hat Jesus geboren und sonst niemand. Die Beschaffenheit der Person Mariens aber, d.h. die Natur ihres Menschseins, ist keineswegs etwas Exzeptionelles, das uns von ihr trennen müsste. Im Gegenteil: Maria ist durch und durch Mensch. So wie Maria ist, so sollten eigentlich alle Menschen sein. Und sie wären tatsächlich so, wenn die Erbsünde nicht dazwischengekommen wäre. Wenn man von dem Fakt ihrer Gottesmutterschaft wie auch von der damit verbundenen Befreiung von der Erbsündenschuld absieht, war Maria in ihrem Menschsein ein durch und durch *„normaler"* Mensch, den wir sicher versuchen sollen nachzuahmen, wenn wir auch ihren Vollkommenheitsgrad niemals werden erreichen können, eben weil wir die Folgen der Erbsünde noch in uns tragen. Fazit: Die Herzensreinheit Mariens, ihr erfülltes Leben, ihr gott- und menschenorientierter Lebensstil wie auch ihre absolute Verfügbarkeit für all das, was Gott will, diese Vollkommenheit trennt sie in keiner Weise von uns. Im Gegenteil: sie führt uns zur Erkenntnis des wahren Menschseins. Denn die Beschaffenheit Mariens wie auch ihr Lebensstil wären auch bei jedem anderen Menschen das Normale gewesen, wenn die Erbsünde nicht begangen worden wäre. Und – das ist wirklich eine gute Nachricht! – diese Beschaffenheit der Gottesmutter, die wir bewundern und zu Lebzeiten nicht erreichen, wird wieder einmal das Normale für einen jeden Menschen sein, wenn wir nach dem Jüngsten Tag unser Leben in der neuen Erde fortsetzen werden. An der Vollkommenheit Mariens erkennen wir, wie der Mensch in der Ewigkeit sein und leben wird. Darum sind wir gut beraten, oft auf Maria zu schauen. Und wir tun gut daran zu versuchen, sie nachzuahmen, d.h. uns ihren Lebensstil, soweit es geht, anzueignen. Denn ihr Lebensstil ist offensichtlich die richtige Richtung auf dem Weg zur Vollendung des Menschseins.

Nachzuahmen haben wir sie besonders in ihrer Verfügungsbereitschaft gegenüber Gott. Gott konnte sich auf sie verlassen. Sie hat Gott nicht im Stich gelassen, als er sie fragen ließ, ob sie bei der Erlösung der Schöpfung mitmachen wolle. *„Mir geschehe, wie du es gesagt hast"* (Lk 1,38), sagte sie. Erst nach dieser Bereitschaftserklärung konnte die Erlösung ihre Fahrt durch die Geschichte der Menschheit aufnehmen! Was für eine große Leistung! Als sie dieses Wort sprach – *„Mir geschehe, wie du es gesagt hast"* –, da freute sich die ganze Dreifaltigkeit. Wie könnten nicht auch wir uns darüber freuen? Wie könnten wir sie nicht feiern? Ja, Maria feiern! Das machen wir Katholiken gern, es kommt uns aus dem Herzen.

Unser Marienlob ist ein Ausdruck der Dankbarkeit, dass sie ihrer Berufung zur Freude Gottes und zu unserem Nutzen voll entsprach. Die Berufung Mariens war es, in dem Plan Gottes für die Erlösung der Schöpfung Gott als leibliche Mutter zu dienen.

Meine lieben Freunde, ist das nicht etwas Grandioses, dass eine Frau aus dem Volk Gott als Mutter dienen darf? Wer hätte gedacht, dass Gott sich eines Menschen würde bedienen wollen, um sein Hauptwerk auf Erden zu vollziehen! Wie vollendet und lieb zugleich muss diese Frau sein, die Gott sich als Mutter erwählt hat! Vor der Erhabenheit dieses Geschehens müssten eigentlich alle Uhren stehen bleiben! Ein Mensch, ein Geschöpf, jemand aus unserer Mitte, eine Frau, wird so innigst an den Kreis der Gottheit herangezogen, dass sie, ohne selbst Gott zu werden, ihm doch so nahe kommt, dass sie ihm das menschliche Leben als Mutter schenken darf. Oh, was für eine Größe! Eine Größe übrigens, in der die Größe eines jeden Menschen bereits durchschimmert, die ihm eines Tages zuteilwerden kann, wenn er erfährt, dass Gott auch ihn in Anspruch nehmen will, um sein Hauptwerk auf Erden zu vollziehen. Das nennen wir *„Berufung"*. *„Jeder Mensch erhält von Gott seine ganz persönliche Berufung, seinen besonderen Heilsauftrag"*, sagte einmal Johannes Paul II. in Osnabrück bei seinem ersten Deutschlandbesuch (Verlautbarungen des Apostolischen Stuhls, Nr. 25, S. 57). Die Berufung Mariens war sage und schreibe, Mutter Gottes zu werden, die unsere, uns am großen Werk Jesu zu Gunsten der Menschen zu beteiligen, an der Erlösung also. Wie diese Beteiligung aussehen soll, ist unterschiedlich und passt sich der persönlichen Situation in Familie, Beruf und Gesellschaft an.

Die junge Maria – die Jungfrau Maria! – erfuhr ihre Berufung zwar erst bei der Verkündigung durch den Erzengel Gabriel in Betlehem „als die Zeit erfüllt war" (Gal 4,4), diese Berufung hatte Gott jedoch vor langer Zeit bereits ausgesprochen, als er zur Schlange sagte: *„Feindschaft setze ich zwischen dich und die Frau, zwischen deinen Nachwuchs und ihren Nachwuchs. Er trifft dich am Kopf und du triffst ihn an der Ferse"* (Gen 3,14). Und so ungefähr ist es mit jeder Berufung in der Kirche: sie wird vom Betroffenen erst in seiner aktuellen Zeit erfahren, sie liegt jedoch im Herzen Gottes schon seit langem fest (vgl. Eph 1,4). Die Berufung definiert somit die Identität des Menschen. Jedem Menschen kommt eine Teilaufgabe bei der Verwirklichung des großen Projektes Gottes zu, das ja kein anderes ist, als die Schöpfung mit Gott zu versöhnen.

Wie könnten wir dieser Frau, die Jesus, also Gott, geboren hat, nicht dankbar sein? Wie könnten wir uns nicht zu ihr hingezogen fühlen? Das christliche Volk hat jedenfalls von Anfang an nicht aufgehört, ihr zu danken, und man kann wohl sagen, je bewusster einem Menschen die Bedeutung der Erlösung durch Jesus Christus ist, desto größer wird seine Dankbarkeit und mithin seine persönliche Liebe zu Maria sein. Das hat jene Frau gut verstanden, die während einer Predigt Jesu aus der Menge heraus spontan und begeistert rief: *„Selig die Frau, deren Leib dich getragen und deren Brust dich genährt hat"* (Lk 11,27).

Schöne Worte! Sie haben Jesus bestimmt gut gefallen, und auch in den Jüngern wuchs dadurch ihre Bewunderung, Sympathie, Liebe und Zuneigung zu der Mutter Jesu, die sie faktisch als ihre Mutter verehrten. Und nachdem Jesus am Karfreitag vom Kreuze aus den Jüngern seine Mutter als deren Mutter vorstellte – *„Siehe, deine Mutter"* (Joh 19,26–27), so sagte er zu Johannes und mithin zu uns allen – erhielt die Liebe, die die Apostel ohnehin schon zu ihr hegten, eine zusätzliche innige Prägung. Maria war nunmehr nicht nur die Mutter Gottes, sondern auch ihre Mutter! Und so kam es, dass sich zwischen Maria und den Jüngern ein inniges, schönes, kindliches Verhältnis entwickelte, das auf die nachfolgenden Generationen in der Kirche übergegangen ist, bis zum heutigen Tag.

Maria ist also unsere Mutter, und zwar auf der geistlichen, d.h. übernatürlichen Ebene. Sie ist uns also nicht symbolisch Mutter, sie ist es real, nur nicht biologisch. Wie das möglich ist, hat Papst Paul VI. in seinem feierlichen Glaubensbekenntnis folgendermaßen ganz präzise geäußert: *„Wir glauben, dass die heiligste Gottesmutter ... für die Glieder Christi* (d.h. für die einzelnen Christen) *ihre mütterliche Aufgabe im Himmel fortsetzt, indem sie bei der Geburt und Erziehung des göttlichen Lebens in den Seelen der Erlösten mitwirkt"* (zitiert in der Enzyklika Redemptoris Mater von Johannes Paul II, Nr. 47, Verlautbarungen des Apostolischen Stuhls Nr. 25, S. 55). Ist das nicht ergreifend, meine lieben Schwestern und Brüder? Ja, das ist es auf jeden Fall! Zu wissen, dass diese wirklich einzigartige Frau, der Gott offenbar nichts verweigert – das Wunder der Verwandlung des Wassers in guten Wein in Kana in Galiläa stellt dies unter Beweis (vgl. Joh 2,1-12) –, sich heute im Himmel um mich kümmert, und zwar als Mutter – das vermag uns Menschen zuversichtlich zu stimmen.

Damit ist gesagt, dass die Mitwirkung Mariens bei der Erlösung der Welt nicht mit der leiblichen Mutterschaft Jesu endet. Die Mitwirkung Mariens erstreckt sich vielmehr durch die gesamte Menschheitsgeschichte hindurch in der Form, dass sie jedem einzelnen Menschen im geistlichen Leben Mutter ist, d.h. dass sie einem jeden von uns zum Entstehen und Wachstum des christlichen Lebens in der Art einer Mutter verhilft. Darum können wir sagen, und damit schließen wir: Als Maria in Bethlehem Jesus dem Leibe nach gebar, gebar sie auch uns alle in der Ordnung unserer geistlichen Beziehung zu Gott mit. Seitdem stehen wir unter dem Schutz und Schirm der Gottesgebärerin. Danke, Herr, dass du uns sogar deine Mutter gegeben hast. Amen.

Monsignore Dr. Cesar Martinez, Köln

Aus: Cesar Martinez, "Ich bleibe bei euch alle Tage bis zum Ende der Welt. Stimmt das?", Christiana-Verlag im Fe-Medienverlag, Kisslegg im Allgäu 2021, S. 389-393; vgl. Rezension S. 149 f. Wir danken dem Verlag und dem Autor für die Erlaubnis zum Abdruck in unserer Zeitschrift.

12.12.2021
Dritter Advent

Evangelisch
1. Kor 4,1-5 (für musikalischen Gottesdienst): Der Grundtenor des Lebens zwischen zwei Liedern

Liebe Gemeinde,

Dafür halte uns jedermann! Kann man das verordnen oder erzwingen, dass ich für irgendjemand bestimmten gehalten werde? Sicherlich kann man es versuchen. Eine schmerzhafte Erinnerung kommt mir da in den Sinn.

Bei einer der ersten Begegnungen mit meiner zukünftigen Frau habe ich viel dafür getan, um sie zu beeindrucken. Ich meinte sogar, mein Ziel erreicht zu haben. Und in diesem Glauben wog ich mich lange Zeit, bis sie mir einige Monate später offenbart hat, dass sie mich einfach unmöglich arrogant und selbstverliebt fand. Das gab mir sehr zu denken und tut es auch bis heute noch.

Wie oft passiert es tatsächlich, dass wir etwas darstellen wollen, es kommt aber gar nicht so an, wie wir es wünschten? Auch Paulus wird diese Erfahrung nicht ganz fremd sein. Besonders in der Gemeinde in Korinth, wo er einiges auszutragen hatte, wo er so massiv in seinem Apostelamt hinterfragt wurde. Versucht Paulus manchen Gruppen in der Gemeinde das Recht auf jegliche Kritik abzusprechen? Oder ist seine Aufforderung „dafür halte uns jedermann" eine Sehnsucht, ein Wunsch mit wenig Aussicht auf Erfolg? Es wäre doch so erstrebenswert, wenn die Menschen Paulus, Sie oder mich für den halten würden, der wir immer schon sein wollten oder sollten. Ich wäre bereit einiges dafür zu geben. Auch Paulus ist es und führt daraufhin seine Treue ins Feld. Er scheint aber schon beim Schreiben zu merken, dass es wenig Sinn hat. Und dann, dann stellt er in aller

Deutlichkeit fest, dass ihm jedes Urteil über ihn völlig gleichgültig ist. Er wehrt sich gegen Idealbilder, die sich die Gemeinde in Korinth ausgemalt hat um ihn daran zu messen. Er scheint in einem Bereich zu sein, wo die Ansprüche dieser Welt ihre Geltung verlieren. Es scheint ihm alles einfach egal zu sein.

Wie einzigartig ist das denn? So nur für einen Tag leben zu können. Was für eine unermessliche Freiheit, was für eine Immunität von der Meinung der Anderen. Eine Impfung gegen die oft giftige Wertigkeit, die von außen kommt. Irgendwo nimmt Paulus sich den Mut diese Anfragen aus Korinth nicht mehr beantworten zu müssen und löst sich aus der krankhaften Abhängigkeit, die uns allen wohl bekannt vorkommt. Die Last des Fragens abwerfen, damit niemand mehr beansprucht mir sagen zu wollen, wer ich bin oder wer ich sein soll: weder das gehorsame Kind, noch ein starker Mann oder eine hübsche Frau, erfolgreich, beliebt, sogar fromm. Alles egal, alles.

Das erinnert mich an ein Lied. Ein Lied von Kazim Akboga mit dem Titel „Ist mir egal". Ein musikalischer Genuss für die Ohren, die mehr mit der klassischen Musik vertraut sind, ist dieses Lied nicht. Auch der Text wird manchem intellektuellen Anspruch nicht genügen. Es ist ihm aber egal, wenn man das Lied sch... findet, so singt er. Es muss aber nicht immer alles korrekt, klassisch und intellektuell sein, besonders wenn es um das Existenzielle geht. Da singt ein Mensch von seiner Sehnsucht nach Freiheit, der alles egal ist. Wie sich aber später herausstellte, war ihm das alles andere als egal. Stark zweifelnd daran, ob das, was er tut, den Ansprüchen der Anderen und seinen eigenen genügt, lebte er nur 34 Jahre und nahm sich das Leben. Man sagte ihm nach, dass er psychisch labil gewesen sei...

Sollte etwas mehr innere Stärke in einem Menschen vorhanden sein, um das Leben zu leben? Ein anderes Lied in diesem Zusammenhang wäre wahrscheinlich passender. Ein Lied, das Ihnen sicherlich bekannter vorkommt: von Udo Lindenberg „Mein Ding". Da heißt es im Refrain:

Und ich mach mein Ding
Egal, was die ander'n sagen
Ich geh meinen Weg
Ob gerade, ob schräg, das ist egal

Ich mach mein Ding
egal was die ander'n labern.
Was die Schwachmaten einem so raten das ist egal.
Ich mach mein Ding

Stark, wenn man es tatsächlich so tun kann. Wenn einem Menschen vollkommen klar ist, was sein Ding ist und wie weit es tatsächlich sein Ding ist, die Art zu leben, seine Werte und Lebensinhalte.

Wenn mein Ding mit den Dingen der Anderen nicht kollidiert und ein Schlachtfeld hinterlässt. Und wenn die unschönen Früchte meines Dings mir nachschleichen, wenn ich mich für mich unendlich schäme, könnte man da tatsächlich dem inneren Richten entkommen? Oder könnte gerade das noch eine größere Hürde auf dem Lebensweg sein als die Stimmen, die von außen kommen?

Paulus versucht diesen Weg erst gar nicht. Auch wenn er sich seiner Schuldigkeit nicht bewusst ist. Um sie geht es aber gar nicht; die Schuldlosigkeit und Gerechtigkeit ist nicht das Gleiche. Denn wer sind wir, um ein gerechtes Urteil sprechen zu können, wir sehen ja nur wie in einem dunklen Spiegel. Dabei freuen wir uns insbesondere, wenn in ihm nur die Verfehlungen der Anderen zu sehen sind und schicken sie dafür jetzt schon in die ewige Verdammnis. Paulus warnt davor: *„Richtet nicht vor der Zeit, bis der Herr kommt, der auch ans Licht bringen wird, was im Finstern verborgen ist"*. Wie mag es uns nur gelingen, dem Urteil Gottes nicht vorzugreifen? Im Gegenteil: Zu begreifen, was eigentlich offensichtlich ist: Gericht und Strafe bewirken wenig Änderung, im Alten Testament nicht und in dieser Welt mit ihrem Rechtswesen.[1]

Aber auch fern von der Diskussion über unser Justizsystem und dem „Auge um Auge, Zahn um Zahn" stellt sich die bohrende Frage wie man dem Auftrag Jesu – nicht richten und den Nächsten lieben – nachkommen kann. Wie soll es gehen: nicht nur aus Pflicht- oder Schuldgefühlen oder weil es in der Bibel steht?

Paulus lässt einige Töne dieser Grundmelodie des christlichen Lebens erklingen. Zunächst geht es ihm nicht um sein „Ding". Auch als Apostel beansprucht er nicht die Herrschaft über die Gemeinde, die nicht ihm, sondern Gott gehört. Haushalter nicht der Inhaber, Diener und nicht der Herr. Er scheint da ganz nüchtern diesen wichtigen Unterschied zu machen und bleibt doch bei den erklärbaren Dingen nicht stehen.

Fast rätselhaft kommt er auf die Geheimnisse Gottes zu sprechen, die es treu zu verwalten gilt. Wie kann man Geheimnisse verwalten ohne davon etwas zu offenbaren? Geheimnisse Gottes zu verwalten, heißt nichts anderes als um die Existenz der Geheimnisse zu wissen und behutsam damit umzugehen. Ein Mysterium lässt sich nicht in ein theologisches Konstrukt einsperren, banalisieren und in einen Tun- und Ergehens-Zusammenhang pressen. Es geht auch nicht um Wissen in dem Sinne, über alles Bescheid zu wissen – und doch keine Ahnung zu haben. Denn je mehr wir von den Geheimnissen Gottes umgeben sind, desto weniger brauchen wir zu wissen. Christus in Brot und Wein, Christus, wo zwei oder drei in seinem Namen versammelt sind – manche sprechen da von der Einwohnung Gottes im Glauben, die Anderen von Vergöttlichung oder Rechtfertigung. Es sind die Geheimnisse Gottes, aus denen das Leben entsteht. Und das geschieht auch, wenn uns manchmal die Worte fehlen, um diese Geheimnisse Gottes zu beschreiben.

Und doch wird das, woran wir glauben, für die Menschen erfahrbar. Denn nicht wir, nicht „Ich lebe, doch nun nicht ich, sondern Christus lebt in mir. Denn was ich jetzt lebe im Fleisch, das lebe ich im Glauben an den Sohn Gottes, der mich geliebt hat und sich selbst für mich dahingegeben." (Gal 2.20). So kann Jesus Christus eine wunder- und geheimnisvolle Wirkung durch uns in dieser Welt entfalten. In einer Welt des Richtens und Urteilens, der Schuld und der Scham. All das ist die Verfehlung der Bestimmung des Lebens, welche es zu verhindern gilt. Nicht durch Gehorsam und Fügsamkeit sondern durch das Wort der Gnade, die in den Menschen eine Sehnsucht nach Gottes Liebe weckt und ihnen Mut macht im Sinne Christi zu leben und zu handeln. Die Liebe, die

---

[1] Mehr als die Hälfte der Verurteilten in Deutschland werden laut Statistiken rückfällig.

sie an ihre Herkunft und ihre Bestimmung erinnern kann, die sie aus den Augen verloren haben. So eine Art des Gerichts kann aufrichten und unsere Blicke zu dem richten, dem wir unsere Gerechtigkeit zu verdanken haben, zu unserem Herrn Jesus Christus.

Unser Predigttext endet auf eine so unerwartete wie wunderbare Weise: Dann wird auch einem jeden von Gott Lob zuteilwerden. Einen Klang von dem, was da geschieht, höre ich aus folgendem seltsamen Vorgehen eines Naturvolkes heraus: Bei einer Straftat wird die Person, die sie begangen hat, in die Mitte eines Kreises gestellt, umringt von den Menschen, die diese Person kennen. Und sie verbringen den ganzen Tag damit, dass jede und jeder einzelne aus der Gruppe dieser Person erzählt, durch welche wunderbaren Dinge, die sie getan hat, ihr oder sein Leben bereichert wurde.[2] Was wenn Paulus von so einem gnädigen Gericht spricht? Nicht mein Ding, sondern Sein Ding, ein Ding der Gnade und wenn ich daran festhalte, dann ist alles andere tatsächlich egal. Amen.

Literaturhinweise:

- Josuttis, Manfred. Offene Geheimnisse. Predigten, Gütersloh, 1999
- Mendland, Hans-Dietrich, Die Briefe an die Korinther, Göttingen 1946
- Nissiotis, Nikos A., Die Theologie der Ostkirche im ökumenischen Dialog, Stuttgart 1968.
- Klaus Schwarz (Hg.), Rechtfertigung und Verherrlichung (Theosis) des Menschen durch Jesus Christus, Hermannsburg 1995 EKD Studienheft 23.
- Rosenberg, Marschall B., Konflikte lösen durch Gewaltfreie Kommunikation, Freiburg in Breisgau 2004.

Pastor Andreas Hamburg, Bremen

[2] Rosenberg, Marschall B., Konflikte lösen durch Gewaltfreie Kommunikation, Freiburg in Breisgau 2004.

19.12.2021
Vierter Advent

Katholisch
Mi. 5, 1-4a; Hebr. 10, 5-10; Lk. 1, 39-45: Der Herr kommt unerwartet

Einordnung im Kirchenjahr

Seinen kirchenjahreszeitlichen Ort hat das Sonntagsevangelium eigentlich am Tag Mariae Heimsuchung (2. Juli), dort jedoch ist es um das folgende Magnifikat Mariens erweitert. Der Vierte Advent indes legt den Akzent auf den Besuch Marias bei ihrer Verwandten Elisabeth und die „Kontaktaufnahme“ der beiden ungeborenen Kinder, die in den Lobpreis der Elisabeth mündet. Die adventliche Evangeliumslesung mit der Akzentuierung der Worte vor dem Magnifikat öffnet einen Raum, der unserer eigenen Vorbereitung dienen kann: im Überlegen, worauf wir uns vorbereiten, im preisenden Gebet und in der fragenden Erwartung mit Blick darauf, dass Gott in die Welt gekommen ist, woran die Kirche am Weihnachtsfest erinnert. Das Evangelium des Vierten Advents wird in der darauffolgenden Woche noch mehrfach berührt: am Montag der vorangehende Abschnitt, am Dienstag die gleiche Perikope und am Mittwoch und Donnerstag die jeweils folgenden Verse. Eine Akzentuierung könnte hier durch die zugeordneten alttestamentlichen Lesungen erfolgen.

Exegetische Einordnung

Der Evangelist Lukas umschreibt das Geheimnis der Gottesgeburt in zwei miteinander korrespondierenden Doppelschritten: zunächst parallelisiert er die Verkündigung der Geburt des Täufers (Lk. 1,5-25) mit der Verkündigung der Christgeburt (Lk. 1,26-38), um diese dann durch die Verknüpfung zweier Bekenntnisse, einmal von Elisabeth (Lk. 1,42-45) und einmal von Maria (Lk. 1,46-55), kunstvoll aufeinander zu beziehen. Das Evangelium des Vierten Advents ist dazu eine Art „Scharnier“, erzählt es doch von der vorgeburtlichen Begegnung des Täufers mit Jesus und mündet in das Bekenntnis der Elisabeth, das seinerseits weiterleitet auf das hymnisch gefasste Gebet der Maria. Im jahrhundertealten liturgischen Gebet der Kirche, dem „Ave Maria“, werden beide Ereignisse – die Verheißung des Engels an Maria („Gegrüßest seist Du, Maria“; Lk. 1,28) und ihre Anerkennung als Gottesmutter durch Elisabeth („Du bist gebenedeit unter den Frauen“, Lk. 1,42) – geistlich verdichtet und sprachlich vereint. Auf diese Weise haben alle Katholiken den Bekenntnisdialog der beiden Mütter quasi mit der „Muttermilch aufgesogen“.

Liturgisch-homiletische Einordnung

In diesem Jahr liegen zwischen dem Vierten Advent und der heiligen Zeit der Weihnacht noch einige Tage, so dass die eigene Prägung des Vierten Adventssonntags stärker hervortreten kann als in den Jahren, wo der Heilige Abend schneller folgt und Gedanken und Stimmungen vorwegnimmt. Die alttestamentliche Lesung des Vierten Advents aus dem Propheten Micha richtet den Fokus auf Bethlehem und setzt in der Betonung der Kleinheit der Stadt den Akzent darauf, dass sich das Wunder der unvergleichlichen Gottesnähe nicht an große innerweltliche Bedeutungen bindet, sondern sich gerade in Paradoxien ereignet. Damit korrespondiert das Evangelium des Sonntags, wenn auch nur in hinführender Weise. Es erzählt vom Besuch der schwangeren Maria bei ihrer Verwandten Elisabeth. Auch Elisabeth ist schwanger, und bei der Begegnung der werdenden Mütter beginnen die beiden ungeborenen Kinder miteinander zu kommunizieren: der ältere Johannes hüpfte [...] in ihrem Leib (Lk. 1,41). Johannes erkennt nicht nur, dass Maria schwanger ist, sondern darüber hinaus auch, wen sie empfangen hat. Stellvertretend für ihn formuliert daraufhin seine Mutter Elisabeth: Gesegnet bist du unter den Frauen und gesegnet ist die Frucht deines Leibes (Lk. 1,42). Das Sonntagsevangelium bricht kurz darauf ab, dass es aber auf den folgenden Lobgesang Mariens (das Magnifikat) hinführt, ist bekannt. Es öffnet somit den Blick auf die Frage, wie wir uns auf die Christusbegegnung vorbereiten und welches Gebet, welches Lied, welchen Hymnus unsere Lippen formulieren werden. Das Magnifikat Mariens wiederum ist das traditionelle Abendgebet der Kirche, das in die Nacht hineinnimmt.

Somit könnte man einen Dreischritt beschreiben: Die Hinführung am Vierten Advent mit unseren eigenen Überlegungen, das Abendgebet der Kirche (als Tagesevangelium am folgenden Mittwoch) und die Öffnung in die Heilige Nacht.

Assoziationen

1. Das Evangelium erzählt von einer pränatalen Kommunikation zweier Kinder und ist damit ein wichtiges biblisches Zeugnis für die auch in unserem Land immer wieder diskutierte Frage nach dem Beginn des Lebens und nach Voraussetzungen, Möglichkeiten und Zeiträumen für mögliche Abtreibungen. Zwar werden diese Diskussionen vielfach parteipolitisch geführt, aber sie gehen auch an christlichen Familien nicht vorüber. Schwangerschaften – gewollt und ungewollt – sind Teil von Familien- und Berufsplanungen, nicht nur der unmittelbar Betroffenen. Was wird wichtig für die Zukunft? Wie stehen Kinder dazu, sind sie willkommen oder im Weg? Ist es nicht wichtig, erst sein Studium abzuschließen oder das Haus zu bauen und dann erst an Kinder zu denken? Auch Großeltern und Freunde sind in diese Fragen eingebunden, und oftmals fehlen Argumente im Werben für das Leben. Das Evangelium ist ein wichtiger Hinweis zu diesem Fragenkomplex, und er geschieht gerade nicht mit erhobenem Zeigefinger als Verbot oder Gebot, sondern in seiner erzählenden Weise wirkt es werbend: siehe ein Kind, wir spüren es schon – und das kurz vor Weihnachten!

2. Maria wird ihre eigenen Gedanken im Magnifikat reflektieren und damit auf das preisende Bekenntnis ihrer Cousine Elisabeth reagieren. Elisabeth wiederum reagiert auf die freudige Bewegung des eigenen Kindes Johannes. Sie nimmt seine Begrüßung auf, spürt die Freude, formuliert sie in einem Lobpreis, in dem aber auch die überraschte Frage mitschwingt: Wer bin ich, dass die Mutter meines Herrn zu mir kommt? (Lk. 1,43) Wir selbst können die jahrhundertealten, geformten und theologisch verdichteten Worte der Kirche aufnehmen – im Magnifikat, im Ave Maria – und so auch unsere eigene Gottesbegegnung vorbereiten. Wenn wir aber selbst Worte suchen müssten, welche fänden wir? Wo blieben wir stumm, weil wir keine Worte finden oder finden wollen?

3. Die Evangeliumsabschnitte rund um das Magnifikat werden auch immer wieder akzentuiert, um Frauenrollen ins Gespräch zu bringen. Auffällig ist, dass beim Besuch von Maria bei Elisabeth Männer überhaupt nicht erwähnt werden. Selbst über den Hausherrn fällt kein Wort; was Joseph während der immerhin vierteljährigen Abwesenheit seiner schwangeren Frau getan und gedacht haben wird, bleibt der Phantasie überlassen. Maria besucht Elisabeth, um die Begegnung derer, die sie tragen, zu ermöglichen. Geschah die Zuordnung der Hebräerstelle als neutestamentliche Brieflesung, um den Aspekt der Hingabe des Leibes in den Blick zu nehmen?

4. Das Bild der beiden schwangeren Frauen spricht auch von Erwartungen und ihren Erfüllungen. Beide wurden vermeintlich zu spät bzw. zu früh schwanger. Auch hier gibt es Anknüpfungspunkte zu unserem eigenen Erleben. Oftmals passen Schwangerschaften vermeintlich nicht in die jeweilige und anders gedachte Lebensplanung (siche auch die erste Assoziation). Ähnlich unpassend zu gängigen Erwartungen ist auch die kleine Stadt Bethlehem (vgl. die erste Lesung), von der namenlosen Anhöhe, wo das Haus des Zacharias zu stehen scheint und in der das bedeutsame Aufeinandertreffen stattfindet, ganz zu schweigen. Wenn man offen für Gottes Plan bleibt, mag es wiederum doch passen, denn die Gottesbegegnung geschieht vielfach im Paradoxen.

5. Im populären Gewand begegnet man dem Phänomen von Erwartung und Erfüllung in der Frage nach der Selbstverwirklichung: wie verwirklicht man sein Selbst? Wie bringt man sein Selbst in die Wirklichkeit? Was ist das Wirkliche meines Selbst? Interessanterweise agieren die beiden Knaben bereits vor ihrer Geburt wie später auch: Johannes zeigt an, Jesus erzeugt Wohlgefallen und wirkt Heil. Alles andere dazu passt eben nicht: die zu alten bzw. die zu jungen Mütter, die jeweiligen Orte und die deshalb hintangestellten Selbstverwirklichungen. Erst durch das Aufgeben der eigenen Pläne (*„Mir geschehe, wie du es gesagt hast“*, Lk. 1,38) ist die Aufgabe der Verwirklichung des Selbst verstanden und gelöst. Dem Motiv, sich selbst zu verlieren, um zu finden, begegnet man auch später vielfach in der Verkündigung Jesu (bspw. Mt. 16,25).

6. Von dieser Umkehrung wird auch das Magnifikat singen, und dieses Motiv mag auch unsere adventlichen Vorbereitungen bereichern oder gar auf den Kopf stellen.

Damals dachten alle, Speise- und Sühneopfer wären der rechte Weg (vgl. die zweite Lesung). Es sind aber nicht die Vorschriften, die sich darin erschöpfen, akribisch alles so zu machen, wie „die Alten sungen“ (GL 243, EG 30), sondern darüber hinaus die hingebungsvolle Suche, um deinen Willen, Gott, zu tun (Hebr. 10,7). Das ist die adventliche Aufgabe der Festbereitung: in aller Erwartung des Festes, bei allen Plänen und Phantasien, wie es sein würde und soll: nicht zu vergessen, wie unerwartet der Herr kam, wie er die Welt heimsuchte – genauso wie Maria, als sie „übers Gebirg'“ ging und ihre „Bas' Elisabeth“ besuchte (so im Lied von Johann Eccard [† 1611] nach dem Text von Ludwig Helmbold [† 1598]).

Liedvorschlag: „Wie soll ich dich empfangen“ (GL 726, EG 11)

Kaplan Dr. Jens Bulisch, Ostro

Evangelisch
Lukas 1, 26-38: Christus im Gehorsam des Glaubens empfangen – wie die Gottesmutter

I.

Im Advent warten wir auf die Ankunft unseres Herrn und Heilandes Jesu Christi. Und wir schauen dabei nicht nur auf die Geschehnisse in der Allerheiligsten Nacht Seiner Geburt zurück, sondern wir fragen dabei immer auch: Wie kommt Christus zu uns? Wie kommt Er in unser Leben? Wie kommt Er in unser Herz und in unsere Seele? Und vor allem: Wie empfangen wir Ihn? Wie kommt Er in unserem Leben vor? Bei der seligen Jungfrau und Gottesmutter Maria war das eine ganz besondere Sache. Es war keine Routine, kein religiös verbrämter Alltag wie bei vielen Menschen heute. Und wir wollen heute ganz bewusst überhaupt nicht bei dem „Konsumterror" verweilen, den viele heute in der Advents- und Weihnachtszeit erleben, ja der die Advents- und Weihnachtszeit regelrecht erstickt.

Nur so viel: Maria wusste, was ihr am Heiligen Abend geschehen sollte. Viele Menschen heute wissen das oft nicht mehr. Da bringt der Weihnachtsmann die Geschenke, so wie an Ostern der Osterhase die Ostereier bringt und die Geschenke versteckt, weil Schenken so sozial ist und so viel Freude macht. Und das war's dann mit der Weihnachts- und der Osterbotschaft. Und es weiß auch keiner mehr in unserer kunterbunten Welt, warum die Ostereier früher nur rot gefärbt waren, weil sie nämlich die Blutstropfen Christi am Kreuz symbolisieren. Schauen Sie ruhig in die Regale: spätestens ab dem 2. Januar können Sie dort wieder bunt gefärbte Ostereier kaufen.

Doch es geht im Advent und an Weihnachten natürlich um etwas ganz anderes. Und heute wollen wir bewusst darauf schauen und bewusst nicht über die schlimmen Zeiten schimpfen, in denen wir leben! Das kann sich nämlich alles schnell ändern, wenn Menschen mit Gott und dem Reich Gottes in Berührung kommen.

Maria hat das am eigenen Leib erlebt. Sie bekommt einen besonderen Besuch: Der Erzengel Gabriel schlägt bei ihr auf. Und er, der hohe Engel aus dem himmlischen Hofstaat Gottes, er begrüßt die einfache Frau aus Fleisch und Blut Maria als „Begnadete": *„Sei gegrüßt, du Begnadete! Der Herr ist mit Dir!"* Unsere katholischen Schwestern und Brüder, die der Mutter unseres Herrn mehr Aufmerksamkeit schenken als wir Evangelischen dies heute leider tun – ganz anders übrigens als Luther, der ein großer Marienverehrer war, haben das aufgegriffen im Rosenkranz:

> *„Gegrüßet seist Du Maria, voll der Gnaden,*
> *der Herr ist mit Dir.*
> *Du bist gebenedeit unter den Frauen*
> *und gebenedeit ist die Frucht Deines Leibes, Jesus.*
> *Heilige Maria, Mutter Gottes, bitte für uns Sünder,*
> *jetzt und in der Stunde unseres Todes.*
> *Amen."*

II.

Und Maria tut nun zwei Dinge, die heute viel zu wenige Menschen tun: sie lässt sich auf Gott ein – und sie gehorcht. Das Einlassen auf Gott bis in die tiefste Tiefe der eigenen Existenz, bis in die letzte Pore und Zelle unseres eigenen Leibes – das ist Tiefe des Glaubens, die Maria hier zeigt und vorführt. Der Engel verheißt ihr die Geburt von Jesus mit den Worten: *„Siehe, du wirst schwanger werden und einen Sohn gebären, und du sollst ihm den Namen Jesus geben. Der wird groß sein und Sohn des Höchsten genannt werden; und Gott der Herr wird ihm den Thron seines Vaters David geben, und er wird König sein über das Haus Jakob in Ewigkeit, und sein Reich wird kein Ende haben."*

Liebe Gemeinde,

das ist die Botschaft vor Weihnachten, das ist der Advent: das Warten auf Christus. Nicht die Hektik und der Stress und all das, was wir heute mit Advent und Weihnachten verbinden bis hin zu den Geschenke-Orgien. Und Maria lässt sich darauf ein. Sie gestaltet nicht Advent und Weihnachten nach ihren Wünschen und Vorstellungen. Sondern sie lässt sich auf Gott ein.

Sie sagt: „Siehe, ich bin die Magd des Herrn; mir geschehe, wie du gesagt hast." Wer sagt denn das heute noch: „Mir geschehe nach Gottes Willen"?

Wir sind es heute als sogenannte „mündige Christen" doch gewohnt, unseren eigenen Glauben zu zimmern, unser eigenes Bild von Kirche zu malen. Wir sind es gewohnt, Gott und die Bibel nach unseren menschlichen Vorstellungen zu beurteilen, sie daran zu messen an dem, was wir verstehen können und vor allem was wir hören und verstehen wollen. Unsere Vorstellungen und das, was wir für möglich halten, werden dann schnell zum Maßstab für unseren Glauben und die Beurteilung dessen, was in der Bibel steht, statt dass die Bibel und der Wille Gottes der gültige und unverrückbare Maßstab sind für unseren Glauben und unser Leben, statt dass wir unser Leben vor Gott und Seinem Wort verantworten. Wir wollen die Bibel auslegen und interpretieren, statt dass wir uns und unser Leben von der Heiligen Schrift und Gottes Wort auslegen lassen.

Maria führt uns vor, wie wir Gott, Seinem Wort und Seiner Botschaft richtig gegenübertreten: in Demut und Gehorsam. Sie hat ihre Begegnung mit Gott über den Boten Gottes, seinen Erzengel Gabriel. Und das Wort „Engel" kommt ja von Angelos – der Gesandte oder der Bote. Sie hört auf Gott – und sie gehorcht Gott: „Mir geschehe nach Gottes Willen." Diese Haltung ist ein Vorbild für uns, Maria und ihr Glaube werden zum Modell für unseren Glauben. Deswegen ist die Gottesmutter Maria auch so wichtig. Sie ist die wichtigste und am meisten verehrte Person der ganzen sichtbaren und unsichtbaren Schöpfung. Sie steht höher als die Engel, weil sie begnadet war und den Sohn Gottes geboren hat.

Das alles, was viele Menschen – auch getaufte Christen – heute aus Weihnachten oft machen, hat nun in der Tat mit dem nicht mehr viel zu tun. Und das wird ja von Jahr zu Jahr schlimmer. Manche Weihnachtsmärkte öffnen am Samstag vor dem Totensonntag. Manche „Weihnachtsfeier" in Vereinen findet in der Woche nach dem Totensonntag noch vor der Adventszeit statt. Manche wollen Weihnachten und die Botschaft von der Geburt unseres Herrn Jesus Christus völlig totschweigen. Angeblich aus Rücksicht auf andere Religionen, vor allem aber aus eigenem Unglauben. Echte Moslems erwarten und verstehen es gerade nicht, wenn wir unsere Botschaft verschweigen oder verheimlichen.

So soll der Weihnachtsmarkt nicht mehr Weihnachtsmarkt heißen, sondern Wintermarkt, das Osterfest soll zum Frühlingsfest werden. Seit langem führt uns dies auch die Banalisierung von Christi Himmelfahrt zum sog. „Vatertag" mit Bollerwagen und allgemeinem Besäufnis vieler vor. Ich bin gespannt, wie lange noch „Himmelfahrt" in den Fernsehzeitungen an diesem Tag zu lesen sein wird und wann es nur noch „Vatertag" heißt. Es heißt ja schon nur noch „Himmelfahrt", nicht mehr Christi Himmelfahrt. Das alles blüht uns auch zu Weihnachten. Der Christstollen soll zum „Jahresendgebäck" erklärt werden.

Wir dürfen als Christen neu zum Glauben und zum Gehorsam der Maria finden. Zu ihrem tiefen Gottvertrauen, zu ihrem Gehorsam gegenüber Gott und Seinem Wort. So können auch wir dahin kommen, dass wir Herz und Seele frei haben für das Kommen Christi in unser Leben. Das ist ein ganz anderes Programm als das, was uns die Welt bietet. Wenn wir Advent und Weihnachten auf das reduzieren, wie uns das die Welt vorlebt, wo Christus nicht mehr vorkommt, dann sind wir geistlich nur im Stand-By-Modus. Es leuchtet dann wie am Fernseher ein kleines winziges Licht und zeigt uns an: Hier könnte Ihre Verbindung zu Christus sein – wenn Sie einschalten.

Wenn wir uns aber für Gott voll öffnen, wenn wir uns nicht von den Weihnachtsartikeln in den Regalen ab September und den Weihnachtsmärkten ab Totensonntag und den vielen Weihnachtsgeschenken blenden lassen, dann sind und bleiben wir geistlich eingeschaltet. Dann steht unsere Verbindung zu Gott, unsere Hotline, dann haben wir geistlichen Funkkontakt zu Gott und seinem Wort. Dann glauben wir in Offenheit für Gott und im Gehorsam zu Gott ganz in der Tradition und nach dem Vorbild der Maria.

Christus ist in unserem Leben gegenwärtig. Nicht immer sichtbar, nicht immer offensichtlich. Aber Er kommt in unser Leben, so wie Er in das Leben von Maria gekommen ist. Er war der Maria angekündigt, Er ist uns angekündigt. Die Zeit dafür ist gekommen, die Zeit ist reif. Deshalb feiern wir Advent. Amen.

Pfarrer Prof. h. c. Dr. Jürgen Henkel, Selb

24.12.2021
Heiliger Abend

Christvesper
Evangelisch
Micha 5, 1- 4: Ein beunruhigender Friede

I.

Die Weihnachtsgeschichte wird schon für Kinder in Kinderbibeln anschaulich und verstehbar gemacht: Maria mit dickem Bauch erwartet ein Kind. Der Kaiser Augustus braucht Geld und zählt die Menschen in seinem Land. Josef muss nach Bethlehem, um sich bei der Militärbehörde zu melden. Er sattelt seinen Esel und macht sich mit der schwangeren Maria auf den Weg. Das nächste Bild zeigt Josef im Gespräch mit einem Wirt. Josef klopft an die Tür eines Hotels. Es gibt kein Zimmer, keinen Platz für das heilige Paar und ihr ungeborenes Kind.

Ja, ausgerechnet an Weihnachten wird Gott Mensch. Ausgerechnet dann, wenn unsere Zimmer und Herzen belegt sind, entschließt sich Christus, in unsere Welt zu treten. Ja, ausgerechnet dann, wenn wir mit unseren Familien und unseren Geschenken beschäftigt sind, betritt Gott die Bühne dieser Welt. *„Und du, Bethlehem Efrata, die du klein bist unter den Städten in Juda, aus dir soll kommen, der in Israel Herr sei.“*

Der Fingerzeig des Propheten Micha weist in eine kleine Stadt jenseits der großen Weltpolitik. Gott bindet sich an Menschen und Orte am Rande dieser Welt. Doch *„sage, wo ist Bethlehem, wo die Krippe, wo der Stall?“* Fünf Kilometer südlich von Jerusalem mitten im judäischen Bergland liegt eine kleine verschlafene Stadt. Eine Stadt mitten in der Provinz, eingeschlossen und abgeschlossen von einer Mauer. Verdreckt, besiedelt von Flüchtlingen und aufdringlichen Straßenhändlern, warnt das deutsche Auswärtige Amt davor, diese Stadt ohne militärischen Begleitschutz zu betreten. Wer sich heute in die Straßen von Bethlehem wagt, ist dem Bethlehem des ersten Weihnachtsfestes auf erschreckende Weise nahe.

Staub und Dreck, Bauruinen und die Spuren von Krieg, Korruption und Besatzung an allen Enden. Da wirkt das ganzjährige „Stille Nacht, Heilige Nacht“ aus dem Mund ungezählter Touristen wie ein trauriger Kontrast zur Realität der Bewohner. Da verhallt der Lobpreis der Engel im Kampf um die bloße Existenz. Bethlehem, das sind Namen und Gesichter von Christen, die sich zwischen Existenzkrise und Mauer, zwischen muslimischen Flüchtlingen und militärischen Checkpoints, zwischen Hass und Widerstand verzweifelt an die Verheißung des Friedens klammern.

„Sage, wo ist Bethlehem?“ Bethlehem ist dort, wo alles begann. Damals, als die Moabiterin Ruth ihrer Schwiegermutter Noomi folgte und in *Bethlehem,* dem *Haus des Brotes*, Brot und einen Mann fand. Ruth gebar in Bethlehem Isai. Isai wurde zum Vater Davids. Und über David, dem Hirtenjungen aus Bethlehem und dem König Israels führt der Weg zum verheißenen Messias.

„Bethlehem", dieser Name steht für Hoffnung, für Zukunft und Frieden. Hier über Krippe und Stall kommt der Stern zum Stehen. *„Sage, wo ist Bethlehem? Komm doch mit, ich zeig es dir! Musst nur gehen, musst nur sehen - Bethlehem ist jetzt und hier."*

Das Bethlehem der Vergangenheit ist nicht Geschichte, nicht nur historische Kulisse der Geburt Jesu. Bethlehem, das sind unsere Namen und Gesichter. Menschen, die uns etwas oder alles bedeuten. Christen, die zwischen Konsum und Wirtschaftskrise, zwischen Leistungsdruck und Zukunftsangst den Frieden suchen. „Sage, wo ist Bethlehem? Liegt es tausend Jahre weit? Musst nur gehen, musst nur sehen - Bethlehem ist jederzeit."

Bethlehem bleibt Bethlehem auch über die Zeit hinweg. Von Bethlehem trennen uns nicht 2000 Jahre, sondern nur ein Augenblick. Bethlehem ist dort, wo Gott seine Geschichte mit uns Menschen schreibt. Bethlehem ist überall, wo Christus in unser Leben hineingeboren wird. Ein Ort wird zu Bethlehem, zum Haus des Brotes, wo Menschen mit ihrer Sehnsucht nach Frieden Gott begegnen. Wo Menschen mitten in der Krise ihres Lebens sich für Christus öffnen. Gott schreibt Weltgeschichte jenseits der großen Weltpolitik. Er bindet sich an Menschen und Orte am Rande dieser Welt. Ausgerechnet in Bethlehem berühren sich Himmel und Erde.

Ausgerechnet am Heiligen Abend betritt Er diese unheilige Welt. *„Er aber wird auftreten und weiden in der Kraft des Herrn und in der Macht des Namens des Herrn, seines Gottes. Und sie werden sicher wohnen."*

Die Verheißung des Weihnachtsfestes setzt den Frieden um uns und in uns nicht voraus. Sie gilt den Getriebenen und Umgetriebenen, den Ruhelosen und Wohnungslosen, den Kraftlosen und Machtlosen. Der Messias Israels wird die Irrenden weiden, die Getriebenen zur Ruhe bringen und den Heimatlosen Wohnung schenken. Er selbst ist und wird zum Frieden für die Menschen, die die Sehnsucht nach Frieden in sich tragen. Frieden meint hier mehr als den Waffenstillstand zwischen Erzfeinden. Frieden gibt es nicht hinter Mauern, die Menschen zwischen Menschen aufrichten.

Frieden, Schalom ist aber auch weit mehr als innere Zufriedenheit oder ein friedliches Weihnachtsfest im Kreise der Familie. *„ER ist unser Friede!"* Der Messias aus Bethlehem verkörpert diesen Frieden in Person, stiftet den Schalom zwischen Gott und Mensch. Es ist Weihnachten. Ehre sei Gott in der Höhe und Frieden auf Erden?

Bethlehem bleibt Bethlehem, bis heute. Eine Stadt, die Menschen Raum zum Leben bietet und in der Menschen verelenden. Das „Haus des Brotes" nährt Menschen und verschließt ihre Hoffnungen und Sehnsüchte hinter einer Mauer.

II.

„ER ist unser Friede!?" Dieses Hoffnungsbild des Friedens aus dem Buch des Propheten Micha ist alles andere als friedlich. Seine messianische Friedensvision beschränkt sich nicht auf eine „stille, heilige Nacht". Ohne ein Blatt vor den Mund zu nehmen, benennt Micha die soziale Kluft zwischen Arm und Reich und wettert gegen die Kriegstreiber seiner Zeit. Der Friedenskönig wird den einen nehmen, was den anderen zusteht. Er wird den Kriegstreibern ihre Waffen aus den Händen schlagen und den Heimatlosen Wohnung geben. Schwerter werden zu Pflugscharen und Spieße zu Sicheln. Kein Volk wird mehr lernen, Krieg zu führen. Der Messias Israels wird die Flüchtlinge zurück führen, die Getreidepreise festschreiben, Wucher und Spekulation beenden.

Die Aktualität dieser prophetischen Friedensvision ist in einer Welt der Korruption und Spekulation mit Händen zu greifen.

Den Frieden mit Gott gibt es nicht ohne den Frieden unter Menschen. Soziale Gerechtigkeit und die Würde des einzelnen Menschen sind unabdingbar mit Gottes Frieden verbunden. Ahnen wir die Sprengkraft dieses Friedens?

Ein Friede, der am Kreuz erkämpft und am Ostermorgen zum Leben erweckt wird. Ein Friede, der die Mauern der Schuld zerbricht und Menschen aus dem Netzwerk der Sünde befreit. Frieden, der die Mächtigen vom Thron stößt und den Machtlosen ihre Würde wiedergibt? Das ist ein Frieden, der das friedliche Fest und die feierliche Stimmung bedroht. Ein Frieden, der uns nicht in Ruhe lässt, sondern uns beunruhigt - und das ausgerechnet an Weihnachten.

Gott wird Mensch mitten unter Menschen,
jetzt und hier.
Ausgerechnet an Weihnachten
und ausgerechnet unter uns.
Ehre sei Gott in der Höhe
und Frieden auf Erden.
Amen.

Fürbittengebet

Gott, Du wurdest Mensch, mitten in Bethlehem. Wir danken Dir, dass keine Macht dieser Welt Dich abhalten kann, Mensch zu werden. Wir bitten Dich für die Christen, die heute wie in Bethlehem hinter Mauern der Angst Weihnachten feiern: Sei Du in Bethlehem und den Krisenregionen dieser Welt. Ehre sei Dir in Ewigkeit und Frieden auf Erden.

Gott, Du wirst Mensch mitten unter uns. Wir danken Dir, dass keine Mauer dieser Welt Dich abhalten kann Mensch zu werden. Wir bitten Dich, wo uns Mauern aus Streit und Gleichgültigkeit trennen, wir bitten Dich für alle Friedlosen und Umgetriebenen: Erfülle Deine Verheißung des Friedens an uns.

Jesus Christus, Du wurdest Mensch unter Menschen, wir danken Dir, dass kein Elend dieser Welt Dich abschrecken kann, unsere Nähe zu suchen. Wir wollen leben mit Dir, dem Kind in der Krippe und dem gekreuzigten und auferstandenen Herrn.

Sei Du unser Friede, erfülle Du unsere Häuser, unser Land und diese Welt, damit wir in Dir das Brot des Lebens finden. Amen.

Pfr. Br. Johannes Weigel, Bautzen, Kleinwelka

Katholisch
Theologische Erwägungen für eine Homilie zur Messe am Heiligen Abend
Lesejahr C: Jes. 62,1-5; Apg. 13,16-17.22-25; Ev.: Mt. 1,1-25

Allgemeine Charakteristik

Die Messe am Heiligen Abend (24.12.) eröffnet die Feier des Hochfestes der Geburt des Herrn (Weihnachten). Auf diese Messe folgen die Messe in der Heiligen Nacht, am Morgen sowie am Tag. Der Heilige Abend hat vorbereitenden Charakter und lässt in dieser Messe schon die Festfreude von Weihnachten anklingen. Dies zeigt sich im heilsgeschichtlichen Übergang vom Alten zum Neuen Testament in den Lesungen und im Evangelium.

Zur ersten Lesung (Jes. 62,1-5)

Manche Bibelwissenschaftler ordnen die Perikope dieser Lesung einem hypothetischen Autor namens Trito-Jesaja zu. Jedenfalls handelt es sich um Gotteswort im Menschenwort, und der Heilige Geist ist der eigentliche Verfasser der Heiligen Schrift, weshalb sie in ihrer Gesamtheit und in ihren Teilen als inspiriertes Gotteswort gilt, das uns die Wahrheit des Heiles auf sichere und getreue Weise lehrt.

Inhaltlich geht es um die prophetische Ankündigung einer großen Wende: In der Geschichte des Volkes Israel zeigt sich anfanghaft und exemplarisch, was Gott den Seinen zugedacht hat, die er in Jesus Christus aus allen Völkern und Nationen beruft. Die frohe Botschaft dieser Lesung bezieht sich daher als Prophetie auf das geschichtliche Kommen des Herrn in seiner Geburt in Bethlehem und auf die messianische Zeit insgesamt sowie auf deren Vollendung im Eschaton, also in den „Letzten Dingen".

Die Erfahrung des babylonischen Exils hatte das Volk Israel gedemütigt und die Heilsverheißungen Gottes in Frage gestellt. Das Exil war jedoch eine Zeit der Buße und der Läuterung und somit der Vorbereitung auf das kommende Heil Gottes gewesen, dessen Erfüllung im geschichtlichen Handeln Gottes grundgelegt ist, aber die innergeschichtliche Wirklichkeit wesentlich übersteigt. Das erwählte Volk Gottes ist jetzt bereit für eine neue Erfahrung: Gott selbst schafft Gerechtigkeit und Heil; er schmückt sein Volk mit der Krone des Heils und lässt auch die übrigen Völker erkennen, wie machtvoll er handelt. Gott tritt auf als Bräutigam seines Volkes, das er wie eine Braut heimführt ins „Gelobte Land". Das irdische Zion vollendet sich im himmlischen Jerusalem.

Zur zweiten Lesung (Apg. 13,16-17.22-25)

Der erste Teil der Predigt des Apostels Paulus in der Synagoge von Antiochia in Pisidien wird in den wesentlichen Zügen wiedergegeben. Paulus möchte für seine Zuhörer (das sind sowohl Israeliten als auch Gottesfürchtige, vgl. Apg 13,16) aufzeigen, dass es derselbe Gott ist, der sich am Volk Israel in dessen Geschichte als gnädig erwiesen hat und der jetzt aus dem Geschlecht Davids seiner Verheißung gemäß „Jesus als Retter" gesandt hat (vgl. Apg. 13,23). Johannes der Täufer ist dessen Vorläufer; er bereitet das Volk des Alten Bundes auf das Kommen des Messias vor und lädt zur Taufe der Buße und Umkehr im Jordan ein.

Zum Evangelium (Mt. 1,1-25)

Die Perikope besteht aus zwei Teilen: dem Stammbaum Jesu (Mt. 1,1-17) und der Verkündigung an Josef (Mt. 1,18-25).

(**1**) Der Stammbaum Jesu Christi, „des Sohnes David, des Sohnes Abrahams" (Mt. 1,1), bis hin zu Josef, dem „Mann Marias", wird aufgezeigt. Dreimal vierzehn Generationen (von Abraham bis David, von David bis zur Babylonischen Gefangenschaft, von der Babylonischen Gefangenschaft bis zu Jesus Christus) werden aufgezählt. Hervorgehoben wird im letzten Glied der Aufzählung, dass nicht – wie sonst dem Schema gemäß – Josef, der „Mann Marias", Jesus zeugte, sondern dass „von ihr ... Jesus geboren" (wurde), „der der Christus genannt wird." (Mt. 1,16)

Der Stammbaum Jesu bei Matthäus unterscheidet sich von dem bei Lukas (3,23-38). Die Kirchenväter und Exegeten haben unterschiedliche Erklärungen dafür gefunden und bieten verschiedene Schlussfolgerungen daraus an. Aus Sicht einer gläubigen, dem Wort Gottes verpflichteten Auslegung kann festgehalten werden: Der eigentliche Ursprung Jesu Christi ist in Gott, seinem Vater, zu finden. Weil er jedoch wahrer Mensch geworden ist durch die geistgewirkte jungfräuliche Empfängnis Marias, gehört er ganz zur Menschheitsfamilie und speziell zur Geschichte des von Gott auserwählten Volkes Israel. In seinem Stammbaum finden sich Heilige und Sünder. Der Sohn Gottes ist einer von uns geworden; er hat alles Menschliche angenommen, um uns Menschen ganz nahe zu sein und uns zu erlösen von Sünde, Tod und Teufel.

Der Stammbaum Jesu ist nicht lückenlos; dennoch ist er keine bloß symbolische Konstruktion. Er verweist auf wirkliche Menschen, die Gott in seiner Heilsgeschichte erwählt und miteinbezogen hat, um dann im Sohn der Jungfrau Maria, dessen gesetzmäßiger Vater Josef von Nazareth ist, das Heil zu wirken.

(**2**) Dieser Zusammenhang wird unmittelbar darauf in der Verkündigung an Josef in einer bemerkenswerten Parallele und Komplementarität zu Lk. 1,26-38 aufgezeigt. Josef von Nazareth wird vorgestellt als Inbegriff eines „gerechten" Mannes (vgl. Mt. 1,19). Er hört auf Gott und gehorcht ihm in allem; aus diesem vertikalen Bezug heraus ordnet er auch seine mitmenschlichen Beziehungen, insbesondere jene zu seiner ihm bereits verlobten künftigen Gemahlin Maria. Korrekt gesprochen handelt es sich gemäß dem jüdischen Verständnis um die erste Stufe der Eheschließung, die bereits erfolgt ist: Maria und Josef haben einander schon das Ja-Wort gegeben. Das eheliche Zusammenleben wird dann aufgenommen, wenn der Bräutigam die Braut in sein Haus heimführt.

In dieser Zwischenzeit zeigt sich jedoch, dass Maria ein Kind erwartet. Dies geschieht durch das Wirken des Heiligen Geistes. Josef, der von der Jungfräulichkeit Marias ausgeht, kann dies nicht fassen und einordnen; er denkt daran, Maria heimlich zu verlassen. Doch Gott selbst zeigt ihm durch seinen Engel die Wahrheit dieses Geheimnisses: Maria hat als Jungfrau den künftigen Erlöser vom Heiligen Geist empfangen. Josef soll Maria endgültig als seine Frau heimführen und zugleich ihr Geheimnis schützen. Er wird im rechtlichen Sinn bestellt zum Vater Jesu, auch wenn das Kind leiblich nicht von ihm kommt. Hier erfüllt sich die Prophezeiung des Jesaja (7,14), dass die Jungfrau ein Kind empfangen und einen Sohn gebären werde. In diesem Kind ist Gott uns nahe („Immanuel"; vgl. Mt. 1,23); der Name „Jesus" weist darauf hin, dass Gott sein Volk rettet und erlöst (vgl. Mt. 1,21).

Auf diese Weise wird der Sohn Gottes auf ehrenhafte Weise in diese Welt eingeführt: Er gilt als der Sohn Josefs, und Maria ist als seine Mutter anerkannt. Die Eltern Jesu wirken je auf ihre Weise mit am Heilsgeschehen; sie sind wesentlich einbezogen in das Geheimnis der Menschwerdung Gottes. Maria bewahrt in ihrem unbedingten Ja-Wort zur Botschaft des Engels ihre unversehrte Jungfräulichkeit und wird dennoch und zugleich die wahre Mutter des Sohnes Gottes, der in ihrem jungfräulichen Schoß empfangen und dann zu Bethlehem geboren wird.

Josef von Nazareth ist kein bloßer Statist, sondern auch er ist aktiv einbezogen in dic Menschwerdung des göttlichen Wortes. In seinem Handeln bejaht er den Willen Gottes, wo immer er sich zeigt. Er nimmt Maria als seine Frau an, und mit Maria, der Mutter Jesu, nimmt er auch ihr Kind als sein eigenes an, weil Gott selbst ihm dieses Kind anvertraut hat, um es in väterlicher Weise zu beschützen und für das Kind und dessen Mutter zu sorgen.

Aktualisierende Elemente einer Homilie am Heiligen Abend

Herausgestellt werden kann vom Prediger, dass der Sohn Gottes für uns alle Mensch geworden ist, ja in besonderer Weise auch für jede/n Zuhörer/in persönlich. Auch „wir" (der Prediger ist mit eingeschlossen) sollen und dürfen dem Jesuskind einen Platz in unserem Herzen bereiten. Wir sind eingeladen, ihm eine Stätte anzubieten, wo er auf geistliche Weise in uns geboren werden kann: „Und wäre Christus tausendmal in Bethlehem geboren, und nicht in dir: Du bliebest doch in alle Ewigkeit verloren" (Angelus Silesius).

Der heilsgeschichtlich bedeutsame Gehorsam sowohl Marias als auch Josefs kann hervorgehoben und entfaltet werden. Gott bezieht den ganzen Menschen mit ein: Wir sind nicht Marionetten im Schauspiel des Heils, sondern wir dürfen aktiv mitwirken. Den Anfang macht jedoch immer Gott, und ohne seine Gnade vermögen wir nichts zu unserem Heil beizutragen. Der Glaube Marias und Josefs kennt besondere Höhepunkte und Zeiten der Erneuerung und Bewährung; er trägt sich jedoch im ganzen Leben durch, und so wirken sie als Eltern Jesu mit, wenn Gott seinen Sohn einführt in die Welt, vor dem sich die Engel niederwerfen (vgl. Hebr. 1,6).

Ohne dass sich die weihnachtliche Predigt in bloßer Sozialkritik erschöpfen darf, brauchen aktuelle Bezüge nicht ausgeblendet zu werden: Die Friedlosigkeit der Welt zeigt sich in Kriegen, Konflikten, Verfolgungen, in Situationen der Flucht und der Bedrohung, der Armut und des Ausgesetztseins. Die Heilige Familie hat ähnliche Erfahrungen gemacht und im Glauben und Gottvertrauen durchgestanden. Wenn wir voll Freude im Glauben mit dem Jesuskind, seiner Mutter Maria und dem väterlichen Beschützer Josef verbunden sind, so empfangen wir zugleich die Kraft, Menschen in Not auf wirksame Weise beizustehen: vielleicht in unmittelbarer Nähe, aber auch mit Blick auf uns fremde und scheinbar ferne Menschen.

Weihnachten wird dann in rechter Weise gefeiert, wenn das Heil Gottes bei uns persönlich ankommen darf und das Licht von Bethlehem die Herzen der Menschen in ihrem konkreten Leben erleuchtet und verwandelt.

P. Prof. Dr. Josef Spindelböck, St. Pölten

24.12.2021
Heilige Nacht

Katholisch
Lukas 2,1-14: Weihnachten als Fest christlicher Identität

1. Methodische Vorbemerkung

Historisch-kritische Analysen zu Gattungen, Stilmitteln oder Quellenherkunft, welche uns literaturwissenschaftlich die politische Ausrichtung etwa des Lukasevangeliums o. a. biblischer Texte erklären wollen, werden für die konkrete Verkündigungshilfe grundsätzlich nur dann zurate gezogen, wenn sie kein bloßer Selbstzweck sind, sondern den Blick für das Geheimnis des christlichen Glaubens öffnen oder erhellen. Diese Vorbemerkung möchte ich dieser und auch allen folgenden Predigthilfen aus meiner Feder voranstellen.

2. Kontexte

Viele Menschen, die sich als Christen bezeichnen, glauben heute nicht mehr ernsthaft, dass Jesus wirklich Gottes Sohn ist. Seine Annahme als moralisches Vorbild und/oder wichtiger Prophet kann noch eher Zustimmung finden. Wichtiger Grund und auch Folge dieses Unglaubens ist eine langanhaltende Profanierung in der Verkündigung. Gerade an Weihnachten hören wir vielerorts moralische Botschaften zu mehr Frieden, Gerechtigkeit und zur Bewahrung der Schöpfung. Auch die Kritik an der weiter zunehmenden Kommerzialisierung des Festes ist ein beliebtes Predigtthema. All das ist richtig und wichtig. Für sich allein genommen aber trifft es alles nicht den Kern der Weihnachtsbotschaft. Die lautet nämlich, dass Gott wirklich Mensch geworden ist. Ohne das Bekenntnis zu diesem Geheimnis verlieren all die anderen moralischen Botschaften ihre weihnachtliche Begründung. Eine wachsende Vergessenheit des Geheimnisses der Inkarnation schneidet der christlichen Botschaft die Wurzeln ab. Deshalb sollten in der Predigt in der Heiligen Nacht wieder einmal – vor aller Sozialkritik – diese Fragen im Mittelpunkt stehen: Warum können wir glauben, dass Jesus Gottes Sohn ist? Und was bedeutet dieser Glaube für Verkünder und Verkündigung? Das Evangelium der Heiligen Nacht bietet uns dazu hochaktuelle Einsichten.

3. Predigtgedanken

Ist Jesus für uns wirklich der Sohn Gottes? Seien wir ehrlich zu uns selbst und stellen uns dieser Frage. Denn sie ist nicht nur der Schlüssel zum Verstehen der Heiligen Nacht, sondern auch zu unserer Identität als Christen. Weihnachten ist das Fest unserer christlichen Identität. Es gibt uns das Bekenntnis zu Jesus Christus als Sohn Gottes an die Hand, wenn wir gefragt werden oder uns selber fragen, wer wir eigentlich sind und was uns wichtig im Leben ist.

Und diese Fragen sind keineswegs theoretische Glasperlenspiele. Vielmehr sind sie von höchster Aktualität, mehr noch als manche politischen Botschaften, die Jahr für Jahr an Weihnachten verbreitet werden. Wir leben in einer Zeit verlorengehender Identität. Das gilt für Begriffe wie Heimat, Familie, Geschlecht und eben auch Religion. Wo solche Werte oder Natur in der Beliebigkeit verschwimmen, da fällt die Antwort schwer auf die Frage: Wer bist Du? Oder: Was ist Dir wichtig? Wer das nicht mehr weiß, ist schon immer anfällig gewesen für Ideologien jedweder Art. Nicht von ungefähr sehen wir immer wieder das Aufflammen islamistischer Fundamentalisten, wo Menschen einer falschen Ideologie hinterherlaufen, die ihnen Halt, Gemeinschaft und Identität verspricht. Nicht von ungefähr sehen wir die imperialistische Ausbreitung chinesisch-atheistischer Macht. Sie fasst überall dort Fuß, wo der Humus stabiler Gegenwerte abgetragen ist. Ehrliche christliche Identität ist ein solcher Humus, der also doch auch eine zentrale Bedeutung hat für die Zukunft von politischer Freiheit.

Wer die Frage nach der eigenen Identität weihnachtlich beantwortet, der ist immun gegen solche Verführung. Das lehren uns auch schon zahllose Beispiele von Märtyrern und Bekennern. Das Kerygma ist Grundlage einer solchen politischen Aktualität, nicht umgekehrt.

Wenn Jesus wirklich der Sohn Gottes ist, dann muss unser Bekenntnis zu Ihm unbedingt unser Sein und unsere Lebenssuche nach dem Guten bestimmen. Das lukanische Weihnachtsevangelium öffnet uns im Blick auf die dort auftretenden Akteure viele Türen zu diesem Mysterium, das jede menschliche Vernunft übersteigt und dennoch nicht unvernünftig ist.

- Schauen wir zuerst auf die Menschen, die die Botschaft der Hirten hörten und darüber staunten. Sie stehen heute für all die Menschen, die wir mit unserem Bekenntnis wieder ansprechen können und sollen. Die positive Reaktion im Evangelium setzt eine lebendige Sehnsucht nach dem Messias voraus. Wenn wir also heute wieder Sauerteig sein wollen, dann muss es unsere erste Aufgabe sein, in den Menschen neu solche Sehnsucht zu wecken. Ansonsten verpuffen weiter alle möglichen pastoralen oder strukturellen Konzepte.
- Schauen wir auf die verschiedenen Mittler der Botschaft. Damit sind heute wir gemeint in unserem Auftrag, Zeugnis von Jesus als Sohn Gottes zu geben. Die Hirten, die Mutter Gottes und auch Josef haben tiefes Vertrauen in die Botschaft des Engels. Die Hirten als aktive Verkünder überzeugen deshalb, weil sie Glaubenserfahrung weitergeben. Sie haben den Engel und die Heerscharen gesehen. Sie haben das Gehörte überprüft. Und mit dieser Kombination aus Erfahrung und Überprüfung können sie viele begeistern. Maria, die alles im Herzen bewegt und das Geheimnis

bewahrt, steht hier für die Bedeutung von Kontemplation, Herz und Tradition im Bekenntnis. Und Josef schafft mit seinem mutigen Handeln erst die Rahmenbedingungen dafür, dass sich alles so erfüllt, wie es vorhergesagt war. Vermittlung des Glaubens vollzieht sich also in der Trias von Verkündigung, Kontemplation und tätiger Praxis, ganz so wie es etwa die Steyler Ordensgemeinschaften mit ihren verschiedenen Berufungen leben.

- Schauen wir noch auf den Engel, der von den Heerscharen begleitet wird. Er öffnet die Tür der Transzendenz in die Welt, so dass Menschen das Geheimnis schauen können. Der Engel garantiert die Wahrheit, dass Jesus Gottes Sohn ist. Nur wer im Innersten damit rechnet, dass sich wirklich die Transzendenz für unsere Welt öffnet, so dass sie uns berührt, der kann diese Wahrheit erleben und glaubwürdig weitergeben.

Jesus ist für den gläubigen Christen wirklich der Sohn Gottes. Der Engel hat es bezeugt. Die Hirten, Maria und Josef haben es erlebt und vermittelt. Und die sehnsüchtigen Menschen haben es freudig aufgenommen. Unser erstes Anliegen muss es sein, die Menschen unserer Tage wieder zu sensibilisieren für die wichtigsten Fragen des Lebens: nach der eigenen Identität, danach, wer sie sind und was für sie zählt, und nach einem verlässlichen Kompass. Es muss uns gehen um das Entfachen neuer Sehnsucht nach Gott in einer Welt, die sich gottlos selbst zugrunde richtet. Ist dieser Boden erst bereitet, dann kann unser Zeugnis wieder Früchte tragen. Wir sind als Mittler berufen. Der Himmel öffnet sich auch uns, etwa in den Sakramenten, in der Heiligen Schrift, in der geistlichen Lektüre, im stillen Gebet, einer liebenden Tat oder Geste oder in einer überraschenden Begegnung. Wir müssen nur unser Herz dafür öffnen und vertrauen. Dann können wir auch heute unsere Seele vom geöffneten Himmel berühren lassen. Dann erfahren wir unmittelbar, dass Jesus wirklich Gottes Sohn ist. Dann können auch wir mit Leidenschaft Zeugnis geben, sei es im Wort, im Gebet oder in der Tat.

Unser weihnachtliches Bekenntnis zu Gottes Sein ist unsere Identität. Sehnsucht nach Gott zu wecken ist unsere Mission. Unser Zeugnis bereitet dann den neuen Humus der Freiheit heute und der Wiederkunft Christi morgen.

P. Prof. Dr. Dr. Elmar Nass, Köln

Evangelisch
Titus 2,11-14; Sieben Kerzen zur Christnacht

Zum Titusbrief

Der Titusbrief gehört mit 1./2. Tim zu den Pastoralbriefen. Sie werden heute in der Wissenschaft nahezu allgemein als pseudonyme Schriften angesehen. Bei den fingierten Adressaten handelt es sich um öfter genannte Mitarbeiter des Paulus. Die Briefe wollen als Schreiben gelten, in denen der Apostel Anweisungen und Ratschläge für Ihre Amtsführung gibt. Die Briefe geben die Entwicklung einer frühen Gemeindestruktur zu erkennen, deshalb mehren sich die Stimmen in der Wissenschaft, die Pastoralbriefe in die erste Hälfte des zweiten Jahrhunderts zu datieren, also zwischen 130 und 150 n. Chr.

Die Pastoralbriefe, also auch der Titusbrief, stehen in paulinischer Tradition. Es ist jedoch ein verblasster Paulinismus, den sie vertreten. Entscheidende Begriffe paulinischer Theologie wie Gerechtigkeit Gottes, Glaube, Gesetz oder Sünde spielen keine Rolle mehr oder besagen etwas anderes. Aus dem Wort vom Kreuz ist die gesunde Lehre geworden, aus dem Glauben die christliche Frömmigkeit, aus der Wahrheit die apostolische Lehre. Im Titusbrief werden zunächst Richtlinien für den Dienst der Ältesten oder Vorsteher gegeben und es wird zur entschiedenen Abwehr gegen Verführer und Anhänger von Irrlehren aufgerufen. Dann geht der Verfasser auf das Leben der Gläubigen ein, die durch ihr Leben die heilbringende Gnade Gottes bezeugen und durch gute Werke ihren Herrn und Erlöser ehren sollen.

Zum Predigttext Titus 2,11-14

„Die heilsame Gnade Gottes ist erschienen allen Menschen", so lautet die Überschrift des Predigttextes, die die Predigt aufgreifen sollte.
Als Stichworte für die Predigt können wir festhalten:

- die Erscheinung der heilsamen Gnade als Epiphanie;
- Verhältnis Gnade, billige Gnade, unverdiente Gnade;
- das Verhältnis von Heil und heilsam;
- Gnade für alle Menschen wird möglich, das schenkt Aussicht auf Erlösung;
- die Gnade nimmt uns in Zucht, damit wir Gottes Willen tun, daraus erwächst Frömmigkeit;
- das ganze Evangelium ist in diesem Textabschnitt zusammengefasst.

Zu Auslegung und Predigt

a) In der klassischen Auslegungstradition taucht immer wieder die Konzentration auf die Frömmigkeit auf: fromm in dieser Welt zu leben (Vers 12). Andererseits mahnen andere Ausleger, den Text nicht zu missbrauchen und die spezielle weihnachtliche Kasualgemeinde, die zu später Stunde besonders wegen der musikalischen Gestaltung der

Christmette gekommen ist, zu verprellen. Andere nehmen deshalb nur Vers 11 – und stehen dann in der Gefahr abzudriften in den üblichen weihnachtlichen Erzählduktus.

b) Die Christmette sollte musikalisch reich ausgestaltet sein (keine lange Predigt, nur eine Besinnung)

Ordnung: (Vorschlag)
Kirchenmusik
Begrüßung
Lied: Vom Himmel hoch EG 24,1-6
Kollektengebet
Psalm 100 im Wechsel mit Chor

9 Lesungen mit jeweils musikalischer Antwort:
Micha 5,1-4a EG 32
Jesaja 11, 1-9 EG 30
Lukas 2,1-6 EG 11
Lukas 2,7 (Chor)
Lukas 2, 8-9
Lukas 2, 10-12
Lukas 2,13-14 EG 26
Lukas 2,15-19
Lukas 2, 20 EG 29

Besinnung mit Anzünden von Kerzen
Lied O du fröhliche EG 44
Benedictus (Lobgesang des Zacharias)
Fürbittgebet
Vaterunser - Segen
Lied Stille Nacht EG 46

Besinnung

Liebe Schwestern und Brüder in dieser Heiligen Nacht!

Es ist spät. Wir haben einen langen Festtag hinter uns. Die einen werden im Kreis der Familie gefeiert haben, andere waren mit Freunden und Bekannten zusammen. Und wieder andere werden ihre Einsamkeit an diesem Abend besonders schmerzlich und drückend empfunden haben.

In diesem Gottesdienst wollen wir uns auf den Grund des Festes besinnen. Gott hat sich uns selbst gegeben. Gott will uns reich beschenken. Er will in unser Leben eintreten und unsere Einsamkeit überwinden. Deswegen „ist die heilsame Gnade Gottes allen Menschen erschienen“. So heißt es im Bibeltext für diese Nacht im Titusbrief:

Denn es ist erschienen die heilsame Gnade Gottes allen Menschen und nimmt uns in Zucht, dass wir absagen dem ungöttlichen Wesen und den weltlichen Begierden

> *und besonnen, gerecht und fromm in dieser Welt leben und warten auf die selige Hoffnung und Erscheinung der Herrlichkeit des großen Gottes und unseres Heilandes Jesus Christus, der sich selbst für uns gegeben hat, damit er uns erlöste von aller Ungerechtigkeit und reinigte sich selbst ein Volk zum Eigentum, das eifrig wäre zu guten Werken.*

Mit dieser Erscheinung (Epiphanie), liebe Gemeinde, ist kein unbestimmtes Ereignis gemeint, sondern die Menschwerdung Christi. Und dabei geht es um eine Gnade, die Gott uns erweisen will. Es ist unverdiente Gnade – und es ist heilsame Gnade.

Das Wort Gnade steht für eine Grunderfahrung menschlichen Lebens. Das, wovon wir eigentlich leben, können wir nicht kaufen, herstellen oder verdienen. Das gilt für die Liebe, die Freundschaft, die Anerkennung, die Vergebung durch andere Menschen. Die elementare Erfahrung, dass uns das Wesentliche im Leben geschenkt wird, das ist der Kern der christlichen Rede von der Gnade.

Gnade kann man sich nicht verdienen. Sie ist umsonst, „gratis". So geht Gott mit uns Menschen um. Er liebt uns und auch unser Versagen hindert ihn nicht daran, uns zu lieben. Es ist eine heilsame Gnade Gottes – aber was ist das genau? Es ist die unerschütterliche Liebe Gottes, uns Menschen aus unserer Verlorenheit und Sünde zu retten. Ja, die gestörte Beziehung zu ihm wieder herzustellen und neue Lebensmöglichkeiten zu eröffnen. Das alles und noch mehr geschieht in und durch die Person seines Sohnes Jesus Christus. Durch sein Leben, sein Wirken in Wort und Tat, durch seinen Tod am Kreuz, seine Auferstehung und schließlich durch die Sendung des Heiligen Geistes.

Erschienen ist diese heilsame Gnade Gottes, sichtbar geworden, erfahrbar in der Begegnung mit Jesus Christus. In den Evangelien wird darüber berichtet. Unzählige Menschen haben durch ihn Rettung, Hilfe und Heilung an Leib und Seele erlebt. Und die Wirkungsgeschichte der heilsamen Gnade Gottes geht weiter – bis in unsere Zeit.

Aus dem Kind in der Krippe wird der Mann am Kreuz. Er durchlebt Geburt und Tod. Er hat die Welt nicht aus den Augen verloren. Er ruft uns zu: Ich komme wieder und wische eines Tages alle Tränen von euren Augen. Was euch bedrängt, ich habe es selbst erlebt. Ich komme wieder, dann hat alles, was euch bedrängt, ein Ende.

Und wie gehen wir damit um? Wer die Gnade Gottes wirklich erfahren hat und glaubt, dass Gott ihn unfassbar liebt, der bleibt nicht derselbe Mensch, er wird verändert. Gott möchte uns durch seine heilsame Gnade verändern. Gnade ist also nicht wie ein frommes Ruhekissen oder Sofa, auf dem wir uns selbstzufrieden und gemütlich ausruhen. Gnade ist etwas, mit der Gott unser ganzes Leben dynamisch verändern möchte.

Nach den Worten aus unserem Bibeltext leitet uns Gnade dazu an, uns von aller Gottlosigkeit abzuwenden und solange wir noch hier auf Erden sind, verantwortungsbewusst zu handeln und uns nach Gottes Willen zu richten und so zu leben, dass Gott geehrt wird. Dabei ist aber nicht ein grundsätzliches Leben im Verzicht gemeint. Sondern: Ich brauche nichts mitzubringen, ich muss keinem etwas beweisen. Alles, was sich anmaßt, Macht über Menschen auszuüben, ist schon entmachtet. Die heilsame Gnade Gottes ist erschienen. Das gibt meinem Leben eine Ausrichtung nach vorne. Ich spüre, wie mich das langsam verändert.

Ja, Weihnachten verändert mich – und uns – und meine Beziehung zu anderen. Und ich denke dabei besonders an Menschen, die heute Abend vielleicht nicht hier sind.

Auch sie wollen wir mit hineinnehmen in unsere Gedanken. Wir wollen Kerzen anzünden und dabei an sie denken, weil sie uns wichtig sind.

1. Ich entzünde die erste Kerze: Sie ist gedacht für Menschen, die ich besonders gern habe, die aber im Augenblick nicht hier sind. Indem ich mir Zeit lasse, fallen mir viel mehr Namen ein, als ich ursprünglich dachte: Namen aus der Verwandtschaft, auch aus dem Beruf. Man möchte nicht glauben, welcher Reichtum sich hinter dieser Kerze verbirgt. Manchen habe ich geschrieben, bei anderen hat es dazu nicht gereicht. Übrigens bin ich ganz sicher, dass jeder von uns diese Kerze anzünden kann. Ich behaupte einfach einmal: es gibt keinen einzigen unter uns, der überhaupt niemanden hat, mit dem er in guten Gedanken verbunden ist. Und Gedanken sind Kräfte, die uns verbinden.

2. Ich entzünde die zweite Kerze für Menschen, die ich eigentlich gern habe, die mir aber entgleiten oder schon entglitten sind. Vielleicht habe ich mich zu wenig um sie gekümmert, vielleicht war auch der andere schuld. Das spielt letztlich keine entscheidende Rolle. Es kann sein, dass der Betreffende äußerlich noch ganz in meiner Nähe ist, nur innerlich will es nicht mehr klappen. Ich entzünde eine Kerze für ihn, er braucht es nicht zu wissen, auch später nicht zu erfahren.

3. Ich entzünde die dritte Kerze für Menschen, die nicht mehr am Leben sind, mit denen ich mich aber immer noch verbunden fühle. Ich habe gar keine Wahl, sie drängen sich meinen Gedanken auf, sie sind willkommen. Den Verstorbenen will ich eine besonders schöne Kerze geben. Ich will mich bewusst an sie erinnern. Sie sind Teil meines Lebens, sie sind Teil meiner Geschichte.

4. Die vierte Kerze ist für alles, was im zurückliegenden Jahr besonders schön war. Es soll noch einmal gegenwärtig werden. Diese Kerze braucht Zeit, aber das ist eine lohnende Zeit. Eine ganz einfache Deutung von Weihnachten heißt: Weihnachten ist das Fest der Freude und Danken ist der Weg dazu. Mir gefällt diese Deutung.

Es macht mir Freude, schöne Stunden aufzuspüren und an die Menschen zu denken, die dabei waren. Niemand kann sie mir nehmen. Sie gehören mir wie ein kostbarer Schatz, der allerdings Pflege braucht. Das Danken kann man sich vornehmen. Wenn ich wirklich dankbar sein will, dann kann mir diese Kerze dazu helfen.

5. Die fünfte Kerze ist für die kranken Menschen. Oft kann ich ihnen wenig helfen, sie sollen aber mit dabei sein, wenn wir feiern. Wenn Gott an Weihnachten zu einem Kranken sagt: Es ist alles gut, dann sagt er die Wahrheit, eine Wahrheit, die auch dann wahr bleibt, wenn äußerlich nicht alles gut ist. Manchmal spüren wir es vielleicht, dass das eigentliche Wunder göttlicher Liebe nicht darin besteht, dass uns eine Last abgenommen wird. Das Wunder besteht vielmehr darin, dass diese Last nicht mehr das Allerschlimmste ist, weil uns Kräfte zuwachsen, die wir vorher bei uns nicht kannten.

6. Die nächste Kerze ist für Menschen, mit denen ich es schwer habe. Mit Konflikten zu leben, das ist nicht jedermann gegeben. Manchmal geht man sich besser aus dem Weg. Vielleicht bin ich heilfroh, dass dieser schwierige Mensch jetzt nicht hier ist. Meine Stimmung wäre vielleicht dahin. Warum soll ich nicht ehrlich bleiben, auch an Weihnachten. Ich kann und muss ja nicht die ganze Welt umarmen. Aber diese Kerze brennt in guter Gesellschaft. Sie steht dicht neben den vielen anderen Kerzen, die mich an liebe, vertraute Menschen erinnern.

7. Mit der siebten Kerze denke ich an Menschen, für die ich verantwortlich bin. Vielleicht ergibt sich das aus meinem Beruf, weil ich die Rolle eines Vorgesetzten übernommen habe, vielleicht ergibt es sich aus meiner Familiensituation. Zur Verantwortung gehört Vertrauen, und Vertrauen ist nicht etwas, was man hat oder nicht hat, auch nicht etwas, was man früher einmal hatte und irgendwann endgültig verloren ist.

Liebe Schwestern und Brüder!

Die heilsame Gnade Gottes ist erschienen – und sie verändert uns.
Ich wünsche Ihnen allen ein gesegnetes Weihnachtsfest. Amen.

Pfr. Prof. Dr. h.c. Hermann Schoenauer, Nürnberg

25.12.2021
Erster Weihnachtsfeiertag/Christfest I

Katholisch
Jes. 52, 7-10; Hebr. 1,1-6; Joh. 1,1-18: Du bist der geliebte Mensch

I.

Aus einem mittelalterlichen Kloster wird folgende Episode berichtet: Die Brüder waren auf dem Feld, als sie plötzlich zu einer ungewohnten Zeit die Klosterglocken läuten hörten. Sie machten sich auf den Weg zum Kloster um nachzusehen. Im Glockenturm fanden sie den Pförtner. Er zog unentwegt am Glockenseil und sprach beständig vor sich hin: „Das Wort ist Fleisch geworden!" Befragt, was mit ihm los sei, antwortete er: „Die Erkenntnis, dass Gott Mensch geworden ist, kam plötzlich mit solcher Macht über mich, dass ich sie sofort in das Land hineinläuten musste, damit die Menschen wieder einmal darüber nachdenken".

Nicht nur damals, sondern auch heute sollen wir uns fragen: Warum wurde Gott Mensch? Viele – vor allem auch bedeutende Theologen – haben sich darüber schon den Kopf zerbrochen. Sie mussten erkennen: Mit der menschlichen Vernunft allein kommen wir in dieser Frage an kein Ende. Wir sind vor allem auf unseren Glauben verwiesen. Er gibt uns im Credo die Antwort: „Für uns Menschen und zu unserem Heil ist er vom Himmel gekommen …". Aus Liebe zu uns hat der Herr dies getan. So sagt er jeder und jedem Einzelnen von uns: „Du bist der geliebte Mensch". Du bist zutiefst geliebt, schon lange, bevor dich deine Eltern, Verwandte, Lehrer, dein Ehepartner, deine Kinder und Freunde geliebt haben.

Das ist die grundlegende Wahrheit deines Lebens. An ihr kannst du dich festhalten. Ich habe dich von Anfang an bei deinem Namen gerufen. Du bist von mir geliebt. Nichts soll uns voneinander trennen können. Du bist mein und ich bin Dein. Du sollst Anteil haben an meinem göttlichen Leben. Deinetwegen kam ich als Kind, schwach und hilflos zur Welt. Deinetwegen. So zeige ich dir, wie sehr ich dich liebe.

Im Gegensatz zu dieser Liebe unseres Herrn steht die Gewalt in unserer Zeit. Kein Tag vergeht ohne einen Angriff auf den Menschen, kein Tag verstreicht ohne Gewalt. Nicht nur in den sogenannten Krisenregionen unserer Erde, sondern auch bei uns ist Gewalt allgegenwärtig. Untersuchungen belegen: Die Gewaltbereitschaft nimmt zu, die Gewalt wird roher und die Gewalttäter immer jünger.

Gewalt beherrscht weithin das Fernsehen, die Berichte in Zeitungen, Videos und Werbung. Gewalt bestimmt aber auch immer mehr den Alltag in der Familie, in der Schule, im Beruf und in den sozialen Netzwerken. Mit gezieltem Psychoterror werden Schwächere ausgegrenzt, angeschwärzt, sexuell belästigt und fertiggemacht. Mit der Angst um den Arbeitsplatz nimmt diese Form der Gewalt – auch Mobbing genannt – zu. Gewalt hat viele Gesichter. Doch eines haben all ihre Spielarten gemeinsam: Gewalt schränkt Menschen gegen ihren Willen grundlos ein, bedroht, verletzt, vernichtet sie. Wer Gewalt über einen anderen Menschen ausübt, macht ihn zu einem Objekt, einem Ding, über das er nach Belieben verfügen und das er für seine Zwecke missbrauchen kann.

Ist die Gewalt in ihren vielfältigen Weisen nicht eine allgemeine gesellschaftliche Spielregel geworden? Worin wurzelt diese? Fragen wir uns: muss nicht alles perfekt funktionieren – immer schneller, immer höher, immer mehr? Unterwerfen wir uns nicht dem Diktat gnadenloser Hast und Geschäftigkeit? Lauten nicht die Imperative: Sei stark, setz dich durch, du darfst keine Fehler machen – Fehler sind unverzeihlich?

Hängen nicht die furchtbarsten Formen von Gewalt, nämlich die gegen Behinderte, Alte und Kinder eng mit unserem Denken zusammen, das andere zu bloßen Instrumenten erniedrigt? Bestimmt ein solches Denken nicht zunehmend auch unser Handeln? Und wird der Mensch dann nicht auch immer mehr zu einer Sache, die wir wegwerfen, wenn sie unbrauchbar geworden ist? Ist nicht diese Kultur des Herrschens und Beherrschtwerdens ein wesentlicher Grund für die Gewaltbereitschaft in unserer Gesellschaft?

Auch manches Misstrauen und unversöhnliches Gegeneinander innerhalb verschiedener Lebensgemeinschaften resultieren daraus, dass wir nach dem Gesetz des Stärkeren handeln, der sich mit Gewalt durchsetzt: Mach dich möglichst stark und unverwundbar, zeige keine Schwäche, um nie mit dem Rücken zur Wand stehen zu müssen. Aber ist in Wirklichkeit unser Machtgebaren nicht oft nur die Kehrseite eigener Geringschätzung?

Psychologen würden von Minderwertigkeitskomplexen sprechen. Besteht nicht ein Grund für das Demonstrieren von Stärke darin: Wir möchten nicht, dass uns jemand so sieht, wie wir uns selbst sehen. Wir haben Angst, als die, die wir sind, nicht bejaht, nicht willkommen zu sein. Ist nicht diese Geringschätzung unserer selbst das Gegenteil davon, was uns die Menschwerdung Christi offenbart: Du bist der geliebte Mensch! Du brauchst nicht ständig zu beweisen, dass du etwas wert bist! Du brauchst dich nicht zu Tode zu hetzen auf der Suche nach der Bejahung deiner selbst! Von Anfang an habe ich dich erwählt. Du bist von mir geliebt!

II.

Im Blick auf diese Zusage des Herrn dürfen wir es wagen, trotz unserer Schwäche und Verwundbarkeit unsere Fäuste zu öffnen, unsere Herzen aufzutun. Das Kind in der Krippe zeigt uns: In völliger Schutzlosigkeit und Verwundbarkeit offenbart sich die Liebe Gottes.

In dieser Ohnmacht der Liebe, in der Armseligkeit von Betlehem hat Gott das Denken der Welt in den Kategorien von Macht und Gewalt auf den Kopf gestellt. „Das Schwache in der Welt", sagt uns die Heilige Schrift, „hat Gott erwählt, um das Starke zuschanden zu machen" (1. Kor. 1,27). Was ist für die Welt schwächer als ein neugeborenes Kind, als dieses Kind in der Krippe?

Gott allein vermag eine solche Umkehrung dessen zu vollziehen, was wir Menschen an die Spitze unserer Werteskala stellen: Macht, Einfluss, Reichtum und Ehre. Wir hätten von uns aus niemals so gedacht, aber jetzt, da wir wissen, bekennen wir: „Du hast all das den Großen verborgen, aber den Kleinen offenbart (vgl. Mt. 11,25); du hast das Denken und Handeln der Gewalttätigen zuschanden gemacht. Du, Gott, bist machtvoll in der Schwäche eines Kindes; deine Kraft zeigt sich in der Ohnmacht deines Sohnes". Er „ist gekommen, um unsere Schwachheit anzunehmen und uns seine Kraft zu geben. Er hat für sich das Menschliche gesucht, um uns das Göttliche zu gewähren" (so Petrus Chrysologus).

Diese Botschaft von Weihnachten lässt uns darauf vertrauen, dass sich letztlich die Stärke in den liebenden Menschen erweist, dass die kleinsten Taten der Liebe die mächtigsten Zerstörungskräfte zu überwinden vermögen. Wir dürfen es deshalb riskieren, uns liebevoll zu umarmen, weil wir selbst in Gottes Liebe geborgen sind und weil in unserer Schwachheit Christi Kraft zur Vollendung kommt. Wir dürfen es riskieren, verletzlich zu sein, weil wir von der heilenden Gegenwart Christi umfangen sind. Sicher, ich wage viel, wenn ich mich öffne. Denn dies könnte von anderen gegen mich selbst missbraucht werden. Ich könnte als Verlierer dastehen. Deshalb legen sich viele lieber einen Panzer zu, als sich stets neu zu öffnen.

Aber es gibt keine Alternative zum Geheimnis der Liebe. Sie durchbricht den Teufelskreis der Gewalt und gibt dem Menschen wieder seine Würde. Gerade wir Christen haben im Blick auf das Weihnachtsgeschehen eine besondere Verantwortung für die menschliche Würde. Seien wir deshalb wachsam, wenn in unserer Umgebung Menschen Gewalt widerfährt und sie auf reine Sachobjekte reduziert werden. Beweisen wir Mut zur Menschlichkeit. Helfen wir mit, eine „Kultur der Anerkennung" der Würde des Menschen zu schaffen. Suchen wir das alle Menschen Verbindende und stellen wir es vor das Trennende. Die Menschwerdung Christi ermutigt uns, diesen Weg zu gehen. Und dir und mir gilt die Zusage des Herrn: „Hab keine Angst. Die Liebe ist stärker als alle Gewalt. Nicht die Gewalt hat das letzte Wort in der Geschichte und in deinem Leben, sondern die Liebe. Das sagt dir meine Geburt zu Betlehem; darauf kannst du dein Leben bauen: Du bist der geliebte Mensch!" Amen.

Erzbischof em. Karl Braun, Erzbistum Bamberg

Evangelisch
1. Johannes 3, 1-5: Begegnung mit dem Geheimnis des Lebens

Eingangsüberlegungen:

Wir haben in unserem Kirchenbezirk Mühlbach in Siebenbürgen, wo ich seit circa 14 Jahren als Dechant tätig bin, sehr intensiv über den Nutzen und mehr noch über die Problematik von sogenannten Predigthilfen nachgedacht. Es gibt ja tatsächlich eine Fülle meditativer und homiletischer Literatur, die viele Anregungen für gehaltvolle Predigten bieten soll und wahrscheinlich schon alle Feste, Daten und Gelegenheiten des kirchlichen Kalenders abdeckt.

Das Problem bei solchen Predigthilfen besteht darin, dass zwischen der Erfahrung und den Beobachtungen des jeweiligen Autors einerseits und der Situation der Rezipienten auf der anderen Seite eine große Kluft aufbrechen kann, welche die Gattung ‚Predigthilfe' geradezu gefährlich macht. Deshalb stelle ich hier einige Überlegungen voran, die die Aufgabe der Predigt im Gottesdienst und im Leben der Kirche in kurzen Strichen umreißen sollen.

Aufgabe der Predigt ist es nicht, den lieben Gott in einem intellektuellen Feuerwerk nach Art eines Zirkusjongleurs von der linken in die rechte Hand oder umgekehrt gelangen zu lassen, ein beeindruckendes Theaterstück aufzuführen oder gar diese oder jene Stellungnahme zur Tagespolitik zu verlautbaren. Sondern es ist einfach Aufgabe der Predigt, Gottes Wort unverkürzt und unverfälscht unter die Leute zu bringen und sie in diesem Sinn in ihrem geistlichen Kampf auf dem Weg durchs Leben zu begleiten und zu unterstützen. Das ist auch der Grund, warum die Kirche am Ort bleiben und sich als konkrete Gemeinschaft in der Zeit organisieren muss.

Von Anfang an hat es allerdings zwischen diesen konkreten örtlichen Gemeinschaften intensive Kontakte gegeben. Insbesondere das johanneische Schrifttum, zu dem das Evangelium nach Johannes, die Briefe und die Offenbarung des Johannes gehören, stellt dies gehörig ans Licht. Und allein das Bedürfnis und der Wunsch nach dieser größeren Gemeinschaft der Kirche rechtfertigt das Wagnis, hier einige Gedanken und Überlegungen zu der oben angegebenen Perikope aus 1. Johannes 3, 1-5 für den Ersten Christtag (Christfest I) vorzustellen. Auch der Jünger, Apostel und Evangelist Johannes hat genau dies als sein eigenes Anliegen benannt.

2. Exegetisch-homiletische und dogmatische Hinweise

Christentum und Kirche sind keine Buchreligion. Wir bekennen nicht, dass Gott Buch wurde, die Bibel ist nicht vom Himmel gefallen. Das bedeutet jedoch gerade nicht, dass die Heilige Schrift und der Kanon der Heiligen Schrift für uns Christen unwichtig wären: Christus selbst eröffnet für uns das Verständnis der Schrift. In ihr erkennen wir den HERRN des Lebens, der uns das Leben geschenkt hat, dem der Kosmos und somit die ganze geschaffene Welt das Dasein verdankt.

Das Verhältnis der Welt und der Menschheit zu ihrem Schöpfer ist jedoch kein harmonisches, wir leben in einer gefallenen, nicht selten gottvergessenen Welt. Weder religiöse Virtuosität noch der Mangel an religiöser Virtuosität helfen uns aus diesem Dilemma heraus. Einzig und allein echte Erfahrung aus der Begegnung mit dem lebendigen Gott kann da weiterhelfen. Die Kirche bezeugt diese Erfahrung, weil Christus ihr Mittel an die Hand gegeben hat, die uns helfen, dem Geheimnis des Lebens (als unserem eigenen Geheimnis) zu begegnen. Davon spricht Johannes in unserem Predigtwort.

Wir halten fest: Johannes spricht aus seiner eigenen, ureigensten Erfahrung heraus, und doch ist es zugleich die Erfahrung der Kirche, die er zum Ausdruck bringt. Dabei knüpft er an die Erfahrung des Betens an. Auf die Bitte seiner Jünger hin, sie beten zu lehren, hatte Jesus sie das ‚Vater unser' zu beten gelehrt. D. h.: ER lehrt sie, zu seinem himmlischen Vater ebenfalls Vater zu sagen. Sogar liberale protestantische Gelehrte wie Adolf von Harnack haben dies als Kernelement des Christentums erkannt (und anerkannt).

Der heilige Johannes sagt also, was er zu sagen hat, aus der Erfahrung der Gotteskindschaft, die der ganzen Kirche gemeinsam ist und die alle Christenmenschen teilen. Dabei geht es freilich nicht nur um den Namen, *Gottes Kinder zu heißen*, nicht nur darum, als solche *benannt zu werden*, sondern vor allem um den damit bezeichneten *Sachverhalt*, und das geht tief.

Der heilige Apostel Paulus sagt ja an einer Stelle, dass *„welche der Geist Gottes treibt, Gottes Kinder sind"* (Röm. 8,14). Die Geburt ‚von oben', eine ‚neue Geburt', die Erfahrung der Taufe, das *‚neue Leben in Christus'* eröffnen den Raum, von dem Johannes Mitteilung machen möchte. Das impliziert freilich auch die Erfahrung der Ablehnung, die schon im Evangelium nach Johannes angesprochen ist: *„ER kam in Sein Eigentum und die Seinen nahmen IHN nicht auf."* In unserm Predigtwort spricht der Evangelist und Apostel ganz im selben Sinn von der Erfahrung der Liebe des himmlischen Vaters, die sich darin zeigt, dass *„wir Gottes Kinder heißen sollen und wir das auch sind"*, was jedoch von der *‚Welt'* nicht erkannt wird, weil *„sie IHN nicht kennt"*. Für die Predigt ist diese Sicht von innen und außen wichtig. Gott wurde Mensch, damit wir gerettet werden und Anteil am göttlichen Leben bekommen. Aufgabe der Predigt ist es, diese Dynamik als den tieferen Sinn und Gehalt des Weihnachtsfestes für die konkrete Gemeinde, ihre Glieder und ihr jeweiliges Umfeld aufzuzeigen.

Die Boten des hl. Wladimir berichten in der Nestorchronik von der Erfahrung der göttlichen Liturgie und des Lebens der Kirche in Byzanz:

> *„Schließlich kamen wir zu den Griechen. Sie führten uns an die Stätte, wo sie ihrem Gott dienen, und wir wußten nicht, ob wir uns im Himmel oder auf Erden befänden: denn auf Erden haben wir so etwas noch nicht erlebt und so wunderbares Geschehen nicht geschaut; es ist unmöglich, das alles zu beschreiben. Eines aber wissen wir: mit jenen Menschen dort ist Gott; ihr Gottesdienst steht über dem aller anderen Völker. So etwas Herrliches können wir nicht vergessen, denn keiner, der einmal Süßes geschmeckt hat, will danach noch Bitteres schmecken. So wollen auch wir hier in Russland nicht mehr anders leben."* [1]

---

[1] Nestorchronik, in: Helmut Grashoff (Hg.), Altrussische Dichtung aus dem 11. bis 18. Jahrhundert, Leipzig 1971, S. 27-43, zit. S. 37 f.

Das, was das Weihnachtsfest ausmacht, ist die Erfahrung, dass Gott Fleisch wurde, dass ER Mensch wurde. Unser Predigtwort zeigt, dass und wie diese Erfahrung in unser Leben eingreift, es verändert, es neu macht. Luther hat die bleibende Gültigkeit des Evangeliums betont, die Boten des hl. Wladimir wussten nicht, ob sie sich im Himmel oder auf Erden befänden. Wer einmal Süßes geschmeckt hat, will danach nichts Bitteres mehr schmecken, und sie wollen nun auch nicht mehr anders leben.

3. Meditation

Den tieferen Sinn von Weihnachten aufzuzeigen, ist Chance und Aufgabe der Predigt zum Christfest. Gott wurde Mensch, damit wir gerettet werden, damit wir Heil finden, damit wir Anteil bekommen am Leben des dreieinen Gottes. Dass wir Gottes Kinder sind, bedeutet auch, dass sich Gott, der HERR des Lebens, in uns wieder erkennen möchte. Wir sind geschaffen nach Gottes Bild und – wie es die griechische Bibel ausdrückt – zu Seiner Ähnlichkeit. Diesen Sachverhalt drückt der heilige Evangelist und Apostel Johannes mit dem Gedanken aus, dass „noch nicht offenbar ist, was wir sein werden".

Darin liegt die Dynamik unseres Predigtworts. Weihnachten, das Weihnachtsfest, setzt in gewisser Weise einen Anfang. Paulus betont im Galaterbrief, dass Gott, „als die Zeit erfüllt war, seinen Sohn sandte, geboren von einer Frau und unter das Gesetz getan, damit er die, die unter dem Gesetz waren, erlöste, damit wir die Kindschaft empfingen" (Gal. 2, 4f.). Offensichtlich spricht Paulus hier von derselben Erfahrung, von der auch Johannes in unserem Predigtwort spricht: „Weil ihr nun Kinder seid, hat Gott den Geist seines Sohnes gesandt in unsere Herzen, der da ruft: Abba, lieber Vater! So bist du nun nicht mehr Knecht, sondern Kind; wenn aber Kind, dann auch Erbe durch Gott" (Gal. 4, 6f.).

Das Weihnachtsfest als Fest der Familie ist tiefer verstanden das Fest der Familie Gottes, zu welcher dazugehören möchte, wer einmal einen Geschmack davon erlangt hat. Was wir hier gewinnen, das ist ewiges Leben. Da beginnt etwas Neues. Amen.

Predigtlied: EG 27 (Lobt Gott, ihr Christen alle gleich)

Dechant Pfarrer Dr. Dr. Wolfgang Wünsch,
Petersdorf, jud. Alba, Rumänien

26.12.2021
Fest der Hl. Familie

Katholisch
Predigthilfe zu Lk 2,41-52 (Lesejahr C): Jesus ist Lehrer Israels und Sohn des Vaters

1. Zum Kontext und zur literarischen Eigenart der Perikope

Mit der Erzählung vom zwölfjährigen Jesus im Tempel (Lk 2,41-52) schließt Lukas die Kindheitsgeschichten seines Evangeliums ab.

Der Evangelist baut diesen Text kunstvoll auf, indem er die Begebenheiten um die Geburt des Täufers Johannes und Jesu parallel erzählt, auf bekannte alttestamentliche Erzählschemata zurückgreift und in die Geschichten Lieder einfügt. Durch diese erzählerische Gestaltung ist offensichtlich, dass diesen Geschichten zwar historische Ereignisse zugrunde liegen, ihre eigentliche Aussage aber auf der symbolischen Ebene zu suchen ist. Die Charakterisierung der Kindheitsgeschichten als symbolische Erzählungen verweist sie jedoch keineswegs in die Kategorie der Mythen und Märchen. Vielmehr setzt der Begriff des Symbolischen eine historische, reale Grundlage notwendig voraus.

Lukas betont daher im Vorwort seines Evangeliums, dass er über alle Ereignisse gründlich nachgeforscht hat, schriftliche Aufzeichnungen benutzt, und vor allem Augenzeugen befragt hat, die für die „Zuverlässigkeit" (griech. „asphaleia") des Berichteten bürgen (vgl. Lk 1,1-3).

In der antiken Literatur stellen Kindheitsgeschichten eine eigene Erzählsorte dar. Hinzuweisen wäre hier auf die Biographien des griechischen Schriftstellers Plutarch (45-125 n.Chr.), und ebenfalls im Alten Testament kommen solche Kindheitsgeschichten vor, zum Beispiel über Isaak (Gen 17-18), Mose (Ex 1-2) oder Samuel (1 Sam 1-3). Diese Geschichten über besondere Umstände bei der Geburt und außergewöhnliche Ereignisse in der frühen Kindheit haben die Absicht, die Charakter- und Wesenszüge des Erwachsenen vorzuzeichnen. Insofern lässt sich die Erzählung vom zwölfjährigen Jesus im Tempel am besten als Anekdote begreifen, deren tiefste Wahrheit in ihrer symbolischen Dimension zu finden ist: Es geht um den Lehrer Jesus und um die Christologie, und damit um genau das, was Lukas im gesamten Evangelium entfaltet.

2. Aspekte der Auslegung

Lukas schließt die Geburtsgeschichte Jesu mit der Notiz ab: *„Das Kind wuchs heran und wurde stark, erfüllt mit Weisheit und Gottes Gnade ruhte auf ihm."* (Lk 2,40) Mit diesem Satz enden auch die Parallelen zur Geburtsgeschichte des Täufers Johannes, an deren Schluss Lukas die Bemerkung setzt: *„Das Kind wuchs heran und wurde stark im Geist."* (Lk 1,80) Die Geschichte vom zwölfjährigen Jesus im Tempel hat keine Entsprechung beim Täufer. Hier geht Lukas also nicht mehr nach dem Prinzip der Überbietung der

Täufergestalt durch Jesus vor, sondern er illustriert das, was allein Jesus zu eigen ist: Er ist der Lehrer Israels und der Sohn des Vaters.

2.1. Jesus der Lehrer

In der Szene im Tempel Lk 2,46f zeichnet der Evangelist ein ausgesprochen ungewöhnliches Bild: Ein Zwölfjähriger sitzt *„mitten unter den Lehrern"*. Jesus hat sich nicht unter die Schüler der Schriftgelehrten gemischt, die – wie wir aus dem autobiographischen Zeugnis des Apostels Paulus wissen (vgl. Apg 22,3) – in der Regel „zu Füßen" ihres Lehrers studierten, sondern er hat in den Reihen der Schriftgelehrten Platz genommen. Damit deutet Lukas ganz unverblümt mindestens eine Gleichrangigkeit an.

Damit aber noch nicht genug: Der junge Jesus ist in dieser Gelehrtenrunde der einzige Protagonist: Er hört zu, er stellt Fragen – und er gibt die Antworten. Alle anderen nehmen die Rolle der Staunenden ein. *„Alle staunten"* – das ist auch die Reaktion auf die Worte des erwachsenen Jesus, als er zum ersten Mal öffentlich in der Synagoge von Nazareth die Schrift auslegt (vgl. Lk 4,22; ebf. Lk 9,43; 11,14). Lukas leitet zahlreiche Begebenheiten mit der Wendung ein: „Als Jesus lehrte" (vgl. Lk 4,15.31; 5,3.17; 6,6; 13,10.22; 20,21,; 21,37), und stellt ihn damit als den endgültigen Lehrer Israels vor: *„Du lehrst wahrhaft den Weg Gottes"* (Lk 20,21). Die Erzählung vom Zwölfjährigen im Tempel lässt dieses Motiv, das Lukas durch das ganze Evangelium hindurch entfaltet, wie in einer Ouvertüre zum ersten Mal erklingen.

2.2 Der Sohn des Vaters

Lukas erzählt eine Episode aus der Familie Jesu, in der es eigentlich gar nicht um seine Herkunftsfamilie geht. Die Familiengeschichte bildet lediglich den Rahmen um das, worauf es Lukas ankommt. Um klarzustellen, wer der Vater Jesu ist, erzählt Lukas die Geschichte von der Pilgerreise nach Jerusalem, dem unbemerkten Zurückbleiben Jesu und der Suche nach ihm, die dort, wo man ihn erwarten würde – in der Pilgergruppe, bei den Verwandten und Bekannten (vgl. Lk 2,44) – erfolglos bleibt, schließlich dem Auffinden des Kindes und dem verblüffenden Wortwechsel zwischen Jesus und seiner Mutter. Josef, der in dieser Geschichte nicht einmal mit Namen genannt wird, bleibt dabei ganz im Hintergrund. Jesus geht auf die sorgenvolle Äußerung seiner Mutter: *„Dein Vater und ich haben dich (...) gesucht"* überhaupt nicht ein, fast so, als hätte er *„dein Vater"* gar nicht wahrgenommen. Vielmehr hält er seinen Eltern die Frage entgegen: *„Wusstet ihr nicht, dass ich in dem sein muss, was meinem Vater gehört."* In dem Wort *„muss"* kommt – ganz und gar kompromiss- und alternativlos – zum Ausdruck, was Gottes Wille ist. Diese Formulierung findet sich in den Leidensankündigungen: *„Der Menschensohn muss vieles erleiden"* (Lk 9,22; 12,50; 17,25), aber auch in der Geschichte des Zöllners Zachäus: *„Heute muss ich bei dir zu Gast sein."* (Lk 19,5) Wenn Lukas in der Erzählung vom zwölfjährigen Jesus den Tempel als das Haus seines Vaters vorstellt, lässt er damit einerseits die besondere Beziehung Jesu zu Gott, seinem Vater, anklingen, die im weiteren Verlauf des Evangeliums vertieft zum Ausdruck kommt, angefangen beim Vaterunser (Lk 11,2) über die fast schon johanneisch anmutende Aussage der innigen Beziehung in Lk 10,22: *„Alles ist mir von meinem Vater übergeben worden; niemand erkennt, wer der*

Sohn ist, nur der Vater, und niemand erkennt, wer der Vater ist, nur der Sohn und der, dem es der Sohn offenbaren will", und schließlich in Jesu letztem Wort: *„Vater, in deine Hände lege ich meinen Geist*" (Lk 23,46).

Anderseits wirft Jesu Wort, das er an seine Eltern richtet, auch schon ein Licht auf die Relativierung der Bindungen und Beziehungen zur Herkunftsfamilie und Verwandtschaft, die der erwachsene Jesus von denen, die ihm folgen wollen, einfordert: *„Meine Mutter und meine Brüder sind die, die das Wort Gottes hören und es tun.*" (Lk 8,19-21; vgl. auch Lk 9,59-62; 12,51-53) Das Hören auf Gottes Wort bildet den Maßstab und den Rahmen für jede Art von Gehorsam, den Menschen einander entgegenbringen. Deshalb kann Lukas die Erzählung mit der Bemerkung abschließen, dass Jesus seinen Eltern nach Nazareth folgte und ihnen gehorsam war (vgl. Lk 2,51).

2.3 Jesus suchen und finden

In den Auslegungen der Kirchenväter finden sich über die Erläuterungen zur Erzählabsicht des Evangelisten und die christologische Dimension des Textes hinaus einige Impulse zu seiner Aktualisierung und seiner geistlichen Bedeutung.

Drei Aspekte möchte ich kurz vorstellen: Ausgangspunkt ist die Suche nach Jesus, die Lukas so ausführlich schildert. Origenes (3. Jh.) stellt die Frage, wie wir als Christen ihn zusammen mit Josef und Maria suchen und wo wir ihn finden können (vgl. in Lc. hom. 18,3). Jesus, so Origenes, wird nicht in den rein menschlichen und weltlichen Zusammenhängen gefunden, denn schon seine Eltern suchten ihn vergeblich in der Reisegesellschaft und unter den Verwandten. Vielmehr entdecken sie ihn im Tempel.

Den Tempel betrachtet Origenes vor dem Hintergrund von 1 Kor 3,16 – *„ihr seid der Tempel Gottes*" – als Bild für die Kirche, so dass gilt: Wer Jesus finden will, muss ihn in der Kirche suchen. Und Origenes konkretisiert noch: „Suche ihn bei den Lehrern, die im Tempel sind und diesen nicht verlassen" (in Lc. hom. 18,3). Es geht um die Verankerung der Schriftauslegung im Glauben der Kirche. Allein die Theologie, die im Glauben und Leben der Kirche wurzelt, führt die Suchenden zu Jesus.

Die Suche nach Jesus gestaltet sich für Maria und Josef *„unter Schmerzen*" (Lk 2,48). Origenes sieht darin ein Vorausbild des Glaubenswegs eines jeden Christen, der nicht bequem verlaufen kann, weil er einen hohen Einsatz fordert: „Wer Jesus sucht, der darf nicht nachlässig, leichtfertig, nur mit halbem Herzen suchen" (in Lc. hom. 18,3), denn so findet man ihn nicht.

Schließlich überträgt Origenes den Tempel auch auf den einzelnen Christen und deutet an, dass Jesus in jedem Glaubenden gegenwärtig ist, insofern nämlich „jeder von uns, wenn er gut und vollkommen ist, Besitz des Vaters" (in Lc. hom. 20,3) ist.

Lesetipps:

- M. Reiser: Vier Portraits Jesu. Die Anfänge der Evangelien gelesen mit den Augen Plutarchs. Stuttgart 2019 (SBS 244) bes. S. 136-186

- G. Lohfink: Jetzt verstehe ich die Bibel. Ein Sachbuch zur Formkritik. Stuttgart 1973, S. 110-120

- Origenes: Homilien zum Lukasevangelium. Freiburg u.a. 1991 (FC 4/1), Hom. 18-20 zu Lk 2,41-52 (S. 208-231)

Dr. Justina Metzdorf OSB, Köln

31. Dezember 2021

Katholisch: 7. Tag der Weihnachtsoktav
1. Joh 2, 18-21; Joh 1, 1-18;

1. Zur Lesung (1 Joh 2,18-21)

Die Perikope ist Teil des ersten Hauptteils des 1. Johannesbriefs (1,5-2,27). Der Brief als Ganzes dreht sich um das Leben im Licht, die Gotteskindschaft und die Gemeinschaft mit Gott in der Liebe. Anlass des Briefes scheint dabei allerdings ein Konflikt zu sein, der zu einer Spaltung führt. In 1 Joh 2,19 werden diese Ereignisse knapp umrissen, wenn von Personen die Rede ist, die aus der Gemeinde ausgeschieden sind (*„Sie sind aus unserer Mitte gekommen, aber sie gehörten nicht zu uns"*). Auslöser der Auseinandersetzung war ein christologischer Streitpunkt. Es ist aber nicht so, dass die Gegner, welche die Gemeinde verlassen haben, die Messianität Jesu oder seine Gottessohnschaft geleugnet hätten; vielmehr scheinen sie die Heilsnotwendigkeit seiner irdischen Laufbahn, seines Leidens und Sterbens verkannt zu haben. Zudem – so lässt sich aus 1 Joh 2,4.6.9 entnehmen – haben sie aus dem im Glauben begründeten Verhältnis zu Gott eine falsche Heilsgewissheit abgeleitet, die sie von einem entsprechenden Handeln aus dem Glauben heraus absehen ließ.[1]

Der Verfasser deutet das Auftreten dieser Irrlehren und der daraus folgenden Spaltung als eschatologisches Zeichen. Daher spricht er zu Beginn der Perikope davon, dass nun „die letzte Stunde" gekommen sei (1 Joh 2,18). Die Aussage ist im Kontext der endzeitlichen Vorstellungen des Frühjudentums und der davon abgeleiteten frühchristlichen Erwartung eschatologischer Ereignisse zu sehen. In diesem Zusammenhang wurde auch eine Verführergestalt erwartet, die im Tempel von Jerusalem auftreten würde. In 2 Thess 2,3 wird dieser Verführer „Mensch der Gesetzlosigkeit" genannt. In 1 und 2 Joh taucht dagegen der Begriff des „Antichristen" auf, der sich in 1 Joh 2,18 zweimal wiederholt. Der Verfasser meint damit jene, die aufgrund ihres falschen Verständnisses der Bedeu-

---

[1] Vgl. Eugen Ruckstuhl, 1.-3. Johannesbrief, Würzburg 1985 (NEB 19), S. 35-41.50-52.

tung von Christi Leidensweg die Gemeinde verlassen haben.[2] Für das Verständnis der Perikope ist zentral, dass diese für die verbliebenen Angehörigen der Gemeinde aufwühlenden Ereignisse in einem positiven Licht gedeutet werden. Sie werden als Vorzeichen für das Nahen der Wiederkunft Christi angesehen und damit als ein Prozess, der die Gemeinde – und die ganze Welt – der endzeitlichen Heilsfülle näherbringt.

Der 1. Johannesbrief wird in der Weihnachtszeit ab dem 3. Tag der Weihnachtoktav (27. Dez.) als Bahnlesung vorgetragen. Daraus ergibt sich die Möglichkeit, einleitend oder in der Predigt auf Zusammenhänge zwischen den Tageslesungen sowie auf die Grundthemen des Briefes hinzuweisen.

2. Zum Evangelium (Joh 1,1-18)

Der Johannesprolog (Joh 1,1-18) stellt die programmatische und feierliche Einleitung in das vierte Evangelium dar. Der hymnische Text, der Lob und Bekenntnis in kunstvolle und theologisch dichte Sprache kleidet, gliedert sich in zwei Strophen (1,1-13 und 14-18).

Gleich zu Beginn stellt der Text mittels der Eröffnung („*im Anfang*") eine Verknüpfung mit dem Anfang des Pentateuch in Gen 1,1 her. Dabei erinnert das „Wort" an das schöpferische Gotteswort im Schöpfungsbericht („*und Gott sprach*" Gen 1,3.6.9. etc.).

Zentrales Motiv im Johannesprolog ist der Logos als Träger der göttlichen Offenbarung. Es lassen sich dabei vielfache Anklänge an die weisheitliche Theologie Israels erkennen, in welcher die personifizierte Weisheit eine wichtige Rolle spielt (Vgl. Spr 1; 8; Sir 24; Weish 2; 7-9). Joh 1 greift zentrale Elemente dieser weisheitlichen Konzeption auf und überträgt sie auf Jesus Christus, um die Leserinnen und Leser dazu hinzuführen, in ihm die Präsenz Gottes wahrzunehmen und diese Einsicht in ihr Leben zu integrieren.[3]

Ein besonderes Gewicht kommt dabei dem ersten und dem letzten Vers der zweiten Strophe zu (Joh 1,14.18): Gottes Selbstkundgabe durch den Logos ereignet sich durch die Menschwerdung Christi: Gerade durch seine Kreatürlichkeit (sarx) lässt Jesus sein göttliches Wesen (doxa) erkennbar werden. Der Johannesprolog lädt damit dazu ein, in allen Facetten des Menschseins Jesu, wie sie das Evangelium schildert, die Kundwerdung des Göttlichen aufzuspüren.[4]

Joh 1,1-18 ist in der Leseordnung der Weihnachtszeit nicht weniger als dreimal vorgesehen (Weihnachtstag, 7. Tag der Weihnachtsoktav, 2. Sonntag der Weihnachtszeit). Dies ermöglicht, einleitend oder in der Predigt jeweils einzelne Aspekte des theologisch reichhaltigen Textes herauszuheben und davon ausgehend das Geheimnis der Menschwerdung Gottes in Jesus Christus zu erschließen.

---

[2] Vgl. Wilhelm Pratscher, Art. Antichrist, in: Das Wissenschaftliche Bibellexikon im Internet (www.wibilex.de), 2010.

[3] Vgl. Stefan Schreiber: Weihnachten – am Tag, in: perikopen.de.

[4] Vgl. dazu ausführlich Philipp Van den Heede: Der Exeget Gottes. Studien zur johanneischen Offenbarungstheologie, Freiburg i. Br. 2017 (HBS 86), S. 29-82.

3. Predigtaufriss – Gedanken für eine Kurzpredigt

Liebe Schwestern und Brüder,

„Die letzte Stunde ist da." – so haben wir in der Lesung aus dem 1. Johannesbrief gehört. – Noch nicht ganz, werden Sie vielleicht einwenden, es dauert ja noch ein paar Stunden bis Mitternacht, bis die Korken knallen und wir auf das neue Jahr anstoßen. Allerdings hat diese Aussage *„die letzte Stunde ist da"* auch etwas Ernstes, Bedrohliches. Oft hören wir den Ausspruch: „Es ist fünf vor Zwölf." Ich denke da im Besonderen an die ökologischen Herausforderungen, den Klimawandel und die Dringlichkeit, eine Wende einzuleiten, denn sehr bald wird es dazu zu spät sein. *„Die letzte Stunde ist da"* – das würde dann bedeuten: Es ist der letzte Moment, um noch handeln zu können. Eine ultimative Ermahnung zur Dringlichkeit also.

Allerdings: In der heutigen Lesung drückt dieser Satz eine frohe Erwartung, eine lebendige Hoffnung aus. „Die letzte Stunde ist da" – das heißt: das gute Ende kommt bald. Die Endzeit ist nahe, und diese Endzeit bedeutet das endgültige Ankommen Gottes, das Zur-Welt-Kommen Gottes in seiner ganzen Fülle. Die heutige Lesung ist getragen von dieser Vision einer guten, mit Freude erwarteten Zukunft.

Wie komme ich, wie kommen wir zu einer solchen frohen und frohmachenden Vision von der Zukunft? Nun, wir müssen nicht weit suchen, wir finden sie im heutigen Evangelium. Dieses beginnt mit *„im Anfang"* – und genau dort, am Anfang von allem, finden wir das Bild der guten Zukunft: *„Im Anfang war das Wort, und das Wort war bei Gott, und das Wort war Gott. Im Anfang war es bei Gott."* – Bei Gott.

Die Vision von der Zukunft ist das bei-Gott-Sein. Gott wird in Jesus Christus Mensch, damit der Mensch, damit die ganze Schöpfung bei Gott sei. Das ist die frohmachende Vision der Zukunft, die uns das heutige Evangelium schenkt. Und im Licht dieser Vision kann ich froh das alte Jahr verlassen und in das neue Jahr hineingehen. Denn von überall her kommt Gott mir entgegen, denn Gott ist die Zukunft von uns allen. Darum kommt er mir entgegen in jedem Nächsten: in dem, den ich mag, und auch in dem, mit dem ich mich manchmal schwertue. Er kommt mir entgegen in den schönen Erlebnissen, aber auch in den unangenehmen Überraschungen. So wünsche ich Ihnen in diesem Sinne eine frohe letzte Stunde!

4. Vorschläge zur musikalischen Gestaltung:

GL 143 „Nun freut euch, ihr Christen"
GL 144 „Jauchzet ihr Himmel"
GL 157 „Der du die Zeit in Händen hast"
GL 158 „Lobpreiset all zu dieser Zeit"

P. Dr. Tobias Häner, Köln

06.01.2022
Erscheinung des Herrn / Epiphanias

Katholisch:
Mt. 2,1-12: Den heiligen drei Weisen nachfolgen

1. Kontexte

Unser Leben besteht aus zahllosen moralischen Entscheidungen. Dafür braucht es immer wieder einen inneren Kompass des Guten. Dessen Einsatz steht heutzutage vor allem vor zwei großen Herausforderungen: dem Relativismus und dem Neo-Paternalismus. Ein Ausdruck des Relativismus besteht darin, dass die klare moralische Unterscheidung von Gut und Böse vielen Zeitgenossen als vormodern gilt. Das zeigt sich nicht nur im quasi ausgestorbenen Beichtsakrament, sondern auch in den auch schon nicht mehr so ganz frischen Parolen wie „Frohbotschaft statt Drohbotschaft", mit denen eine Predigt über Schuld oder gar das Böse quasi tabuisiert werden soll. Also alles ist dann irgendwie gut, so lange ich nur in Ruhe gelassen werde. Dafür wird gerne Rosa Luxemburg zitiert: „Meine Freiheit endet da, wo die Freiheit des anderen beginnt". Ist das gewährleistet, soll eben jeder nach seiner Façon selig werden. Im Sinne der Postmoderne gebe es dann einfach viele, auch einander ausschließende Wahrheiten, die alle gleichgültig sind. Einem solchen widersprüchlichen Relativismus tritt die moralische Meinungshoheit einer neo-paternalistischen Avantgarde entgegen. Sie bestimmt den gesellschaftlich akzeptierten Mainstream des vermeintlich Guten und sanktioniert Verstöße gegen die von ihr definierten Tabuzonen. Indem mit medialem und rhetorischem Druck definiert wird, welche Meinung etwa zum Thema Lebensschutz, Migration, Gender-Mainstream, Marktwirtschaft, Heimat, Tradition, Kirche u.a. als moralisch (un)erwünscht gilt, nimmt demokratische Streitkultur zunehmend Schaden. Solche univoken Narrative destruieren – entgegen ihrer Selbstzuschreibung – Diversität.

Das Evangelium zum Hochfest „Erscheinung des Herrn" zeigt uns die christliche Alternative auf den moralischen Irrwegen von Relativismus und Neo-Paternalismus. Es ermutigt uns zu einem Weg mit Gott zum Guten und damit weg vom Bösen.

2. Predigtgedanken

Wem kann ich vertrauen und wem nicht? Oder anders: Wer plant Gutes und wer führt Böses im Schilde? Diese Fragen beschäftigten die drei weisen Könige ebenso wie uns heute in so vielen Lebenslagen, wo eine gute Entscheidung nötig ist, aber nicht so einfach auf der Hand liegt. Damals wie heute hilft hier der bewährte Dreischritt aus Sehen, Urteilen, Handeln.

Dann gilt es also im ersten Schritt zuerst einmal, die drängenden Fragen zu identifizieren: Im Evangelium müssen die drei sich entscheiden, ob sie zu Herodes zurückkehren. So war es schließlich ausgemacht. Tun sie es nicht, brechen sie ja ihr gegebenes Versprechen. Das ist moralisch zunächst einmal schlecht. Tun sie es aber, so widersetzen sie sich den Zeichen des Himmels. Dieses Dilemma haben sie erkannt und nun mussten sie entscheiden: Wem und auf was vertraue ich?

Denken wir heute an wichtige Entscheidungssituationen für uns: etwa in Partnerschaft, Ehe, Familie und Freundschaft. Blicken wir auf wichtige Weggabelungen in Ausbildung, Beruf und Glaubens- und Privatleben. Oder lauschen wir so vielen Fragen des Alltags, zum Beispiel: Wie priorisiere ich meine begrenzte Zeit und Kraft? Wo muss ich nachgeben und wo hart sein? Welche moralischen Pflichten habe ich gegenüber Kindern oder Eltern und Großeltern? Etwa in Erziehung, Finanzierung oder Pflege. Und welche Pflichten bestehen gegenüber den Bedürftigen hier im Land oder weltweit? Oder gegenüber der Kirche? Für welche Therapie entscheide ich mich nach einer ernsten Diagnose? Lass ich mich nun und in Zukunft wieder impfen? Wie plane ich meinen Ruhestand? Und im weiteren Blick auf Politik oder Kirche ist zu fragen: Dürfen oder müssen wir mit Islamisten verhandeln? Sollen wir mit Diktaturen Handel betreiben? Welche Länder und welche Weltanschauungen sind wirklich unsere Freunde? Ist der synodale Weg die richtige Richtung oder ein Irrweg für die Kirche? Dies und vieles andere mehr mag uns da in den Sinn kommen…

Haben wir die für uns wichtigen Fragen identifiziert, brauchen wir einen Kompass, um urteilen zu können. Das ist der zweite Schritt. Schauen wir hierzu wieder auf die drei Weisen. Sie haben sich zunächst ganz sicher untereinander beraten und ihr Gewissen geprüft. Sie haben dabei ihre Begegnung mit Herodes noch einmal kritisch reflektiert und auf ihre Gefühle geachtet, die sie bei der Begegnung mit dem Jesuskind hatten. Sie haben auf den Stern geschaut und den Traum gedeutet. Und dabei sind sie zu dem Urteil gekommen, dass sie der Begegnung mit den göttlichen Zeichen und dem göttlichen Kind mehr trauen als der Begegnung mit Herodes.

Auch wir heute sollten unser Urteil in wichtigen Fragen sorgfältig abwägen. Dazu helfen auch uns hoffentlich die Menschen, denen wir ehrlich vertrauen können. Wir bemühen unseren Verstand und wägen Argumente mit der Vernunft ab. Wir spüren auch unseren positiven wie negativen Emotionen nach und bekommen so ein Bauchgefühl. Das alles reicht aber noch nicht. Denn wir müssen bei all dem die Geister unterscheiden, wie es auch die Könige taten. Mithilfe unserer Tugenden und unseres Gewissens sollten wir entscheiden, wem wir im Urteilen trauen können und wem nicht, und welche Prioritäten wir setzen. Wir müssen hierbei auch die Gefühle auf Echtheit und Ursprung prüfen. Hierzu ist dann unser Gewissen aktiv und hilft uns zu einem ersten moralischen Urteil.

Aber das ist nicht die letzte Prüfinstanz. Wir haben die Güte des Urteils damit noch nicht hinreichend geprüft. Denn das Gewissen kann ja durch Eitelkeit, Angst oder Verblendung verirrt oder gar verderbt sein, wie es etwa Immanuel Kant einmal formulierte. Vielleicht rät es uns ja aus Bequemlichkeit den Weg des geringeren Widerstands. Oder es lockt uns, mit unserem Tun möglichst viel Lob einzusammeln. Dann ist dieser innere Kompass falsch geeicht und gaukelt uns Böses als Gutes vor und umgekehrt. Deshalb brauchen wir zusätzlich einen objektiven Spiegel, mit dem wir unser erstes Gewissensurteil noch einmal kritisch unter die Lupe nehmen. Bei den drei Königen war das vor allem die Stimme Gottes im Traum. Sie war ihnen der sichere Beweis dafür, welches Urteil zum Guten und welches zum Bösen führt. Deshalb haben sie dann ihr Versprechen gegenüber Herodes gebrochen. Und das war in diesem konkreten Fall auch moralisch gut so.

Auch wir heute müssen uns auf die Suche machen nach einem solchen verlässlichen Spiegel, der unser Gewissensurteil noch einmal kritisch unter die Lupe nimmt. Er hilft uns, die Geister zu unterscheiden, und zeigt uns, wem wir und ob wir uns selbst trauen können. Solche Prüfung ist sehr anspruchsvoll, hören wir doch nicht, wie die drei im Evangelium, so unmittelbar die Weisung Gottes zum Guten. Aber nur über die erfolgreiche Suche nach dieser Orientierung können wir wirklich verantwortlich urteilen. Wenn wir dieser Spur Gottes aufmerksam folgen, lassen wir uns nicht von anderen oder von unserer eigenen Verblendung täuschen. Das, was wir mit vertrauten Menschen beraten, was unser Verstand und unsere Gefühle erwogen und unser Gewissen geprüft hat, dieses Urteil müssen wir hierzu ganz in die Hand Gottes legen. Die Moral- und Soziallehre der Kirche ist hierbei ein wichtiger Kompass unserer Entscheidung. Damit lassen sich aber nicht alle Dilemmata eindeutig auflösen. In den Fällen aber können und sollten wir das Urteil im Gebet Gott anvertrauen, aufmerksam lauschen und dann das Urteil in die Tat umsetzen, selbst wenn im Einzelfall noch letzte Fragen und Zweifel bleiben.

Dann ist der Dreischritt im guten Handeln vollendet. Mehr vermag unsere Verantwortung nicht zu leisten. Dann folgen wir den Heiligen Königen nach. Denn ihr Stern ist unser Kompass. Und sind wir unterwegs auf unserem Weg mit Gott zum Guten.

P. Prof. Dr. Dr. Elmar Nass, Köln

09.01.2022
Fest der Taufe Christi

Katholisch:
Jes. 42, 5a.1-4.6-7 oder Jes. 40, 1-5.9-11; Apg. 10, 34-38 oder Tit. 2,11-14; 3,4-7; Lk. 3, 15-16.21-22

a) Zur literarischen Gattung: Berufung oder Theophanie?

Zum Verständnis der Taufe Jesu (Mt. 3,13-17 parr.; vgl. Joh. 1,32-34) ist die literarische Einordnung entscheidend: handelt es sich um die Erzählung einer Berufung oder um eine Theophanie? Beide Gattungen enthalten typische Elemente. Bei Berufungen, wie etwa die von Abram (Gen. 15,1-6), Mose (Ex. 3,2-12), Jesaja (Jes. 6), Jeremia (Jer. 1,4-10), Maria (Lk. 1,26-38) oder Paulus (Apg 22,6-11), findet man folgende Elemente: der Ruf beim Namen (Gen. 15,1; Ex. 3,4; Jer. 1,11; Apg. 22,7) oder einem besonderen Titel („starker Held" Ri. 6,12; „Gnadenvollendete" Lk. 1,28), die Zusicherung des göttlichen Beistandes (Ex. 3,12; Ri. 6,12; Lk. 1,28), ein Auftrag (Ex. 3,10; Jes. 6,9-10; Jer. 1,5; Lk. 1,31-33), ein Einwand bzw. eine Frage (Gen. 15, 2; Ex. 3,11; Jer. 1,6; Lk. 1,34; Apg. 22,10), ein bestätigendes Zeichen (Gen. 15,5; Ex. 3,12; Jes. 6,6-7; Jer. 1,9; Lk. 1,36) und die Antwort des Berufenen (Gen. 15,6; Lk. 1,38). Typisch ist also vor allem die Anrede, der Auftrag, eine Manifestation der Unfähigkeit und ein Zeichen der Bestätigung. Nichts von all dem findet sich in den Erzählungen der Taufe Jesu. Die Berufung kann mit einer Theophanie verbunden sein, wie am brennenden Dornbusch in Ex. 3 oder der Vision im Tempel in Jes. 6.

Die Taufe Jesu im Jordan ist kein Ruf, kein Auftrag, es gibt keine Antwort, keinen Einwand und keine Bestätigung. Die Zeichen der Theophanie ereignen sich auch nicht über dem Menschen Jesus, sondern seine Person selbst manifestiert sich als Epiphanie. Das Wort *epiphaneía* bezieht sich im Neuen Testament sowohl auf die Wiederkunft des Herrn (Tit. 2,13; 1. Tim. 6,14; 2. Thess. 2,8) als auch auf seine bereits offenbare Gegenwart (2. Tim. 1,10; 4,1.8). „Mit dem Begriff `Epiphanie´ wird die erhoffte zweite Erscheinung des auferstandenen und erhöhten Christus am Ende der Zeiten, am Jüngsten Tag bezeichnet, aber zugleich auch die schon jetzt angebrochene Gottesherrschaft, die sich in Tod und Todesüberwindung des Kyrios Christus manifestierte.“[1]

b) Die liturgische Tradition der Kirche fasst mit gutem Recht zum Fest Epiphanie drei Ereignisse zusammen: die Offenbarung des Messias-Königs vor den Weisen aus dem Morgenland, die Offenbarung des Sohnes Gottes am Jordan und die Offenbarung der Herrlichkeit Jesu als Bräutigam der messianischen Heilszeit auf der Hochzeit zu Kana. Die Epiphanie am Jordan bedeutet: „Gott selbst identifiziert den `Sohn´ und präsentiert ihn Israel, wodurch die prophetischen Hinweise (Lk. 1,41.44f.67-69; 2,29-32) und die Ankündigungen der Engel (1,31-35; 2,10-14) ihre Erfüllung und speziell der unbestimmte Hinweis des Vorläufers 3,16f seine Bestimmtheit bekommen.“[2]

Die Epiphanie der jetzt schon angebrochenen Gottesherrschaft manifestiert sich „in Tod und Todesüberwindung des Kyrios Christus“ (s.o.). Johannes, der Sohn des Zacharias, kommt aus der Wüste als Künder einer Taufe auf Umkehr hin, zum Nachlass der Sünden (Lk. 3,2-3). Er kündigt den Messias an, der nicht nur mit Wasser, sondern im Heiligen Geist und im Feuer tauft (3,15-16). Nun reiht sich Jesus aber unter das Volk ein, das sich von Johannes taufen lässt. Während bei Lukas die Spannung zunächst ungelöst bleibt, wird bei Matthäus die Ungereimtheit expliziert: „Johannes aber wollte ihm wehren und sagte: `Ich habe nötig, von dir getauft zu werden – und du kommst zu mir?´ Da antwortete Jesus und sprach zu ihm: `Lass es zu, sofort! Denn so ziemt es uns, alle Gerechtigkeit zu erfüllen.“ (Mt. 3,14-15) Die Gerechtigkeit steht hier im Kontext des Sündennachlasses und dies ist bei Matthäus mit dem Vergießen des Blutes Jesu für viele verbunden (26,28; vgl. 1,21). Bei Lukas ist die Verbindung angedeutet, da Jesus betend in die Wasser des Jordan eintaucht (3,21), betend auf dem Berg verklärt wird (9,29) und sich betend auf dem Ölberg (22,41-42) und am Kreuz (23,46) dem Vater anheimgibt. Außerdem: auf dem Berg der Verklärung, wo die Epiphanie am Jordan aufgegriffen wird (3,22; 9,35), spricht Jesus mit Mose und Elija „über den Exodus, den er in Jerusalem erfüllen sollte“ (9,31), so wie ja das Gesetz und die Propheten Zeugnis davon geben, dass „der Messias dies alles leiden musste und so in seine Herrlichkeit eingehen“ (24,26[3]).

---

[1] P.-G. Müller, Art. epipháneia, Exegetisches Wörterbuch zum Neuen Testament II (Stuttgart 1980) 111.

[2] H. Schürmann, Das Lukasevangelium. 1. Teil (HThKNT, Freiburg 41990) 191.

[3] Dieses Hindurchgehen und Hinübergehen deutet Joh. 13,1 als das neue Pascha des Herrn.

Die Taufe steht also besonders im Lukasevangelium im Zeichen der Passion. „Ich habe mit einer Taufe getauft zu werden, und wie drängt es mich, bis sie vollendet ist." (12,50) Die Taufe im Heiligen Geist und im Feuer (3,16) wird im selben Kontext erklärt: „Feuer auf die Erde zu werfen, bin ich gekommen, und wie sehr wünsche ich, es wäre schon entfacht." (12,49[4]) So steht also das Eintauchen in die Wasser des Jordan im Zeichen der Erhöhung in der Erniedrigung. Das Gesetz, dass „jeder, der sich erhöht, erniedrigt wird; und wer sich erniedrigt, erhöht wird" (14,11), wird im Lukasevangelium durch das Gleichnis des Pharisäers und des Zöllners besonders hervorgehoben (18,14). Vor allem aber wird dieses Gesetz von Jesus selbst vorgelebt, beginnend mit der Taufe am Jordan. Während unter Josua, in der LXX *Iêsoûs*, der Grenzfluss zum verheißenen Land durch ein Wunder geöffnet wurde (Jos. 3,14-17), taucht Jesus in den Jordan ein, um das Wasser der Taufe zu heiligen, in der wir mit Ihm zusammen in seinen Tod getaucht werden und zu einem neuen Leben auferstehen (vgl. Röm. 6,3-4). So erfüllt sich die Prophezeiung eines Neuen Bundes, in dem wir nicht nur mit starker Hand herausgeführt, sondern innerlich ergriffen und erfüllt werden (Jer. 31,31-34). Die dort verkündete Vergebung der Sünden ist verbunden mit einer neuen, jedem Einzelnen geschenkten Kenntnis Gottes. Anziehungspunkt der Gnade (vgl. Jer. 31,3) ist nun der sich in seiner Passion erniedrigende und erhöhte Herr (vgl. Joh. 12,32). Die „Erfüllung aller Gerechtigkeit" (Mt. 3,15) besteht nicht in einer Strafübertragung und einem dekretierten Nachlass, sondern in der Einladung, dem „Pionier des Heils" (Hebr. 2,10) zu folgen, der uns den neuen und lebendigen Weg eröffnet hat durch das Opfer seines Fleisches, in seinem Blut (Hebr. 10,19-20[5]).

Ob nun zum Fest der Taufe Christi Jes. 40,1-11 oder 42,1-7 gelesen wird: vorbereitet durch Jes. 35 beginnt mit dem Kapitel 40 die Ankündigung des neuen Exodus aus dem Exil, der Zeit der Erniedrigung und Reinigung. Die neue Heilszeit fällt nicht aus heiterem Himmel, sondern setzt die Bußtaufe des Johannes voraus. Dazu gehört auch die Erniedrigung des Gottesknechts in Jes. 53, von dem schon das vorchristliche Targum sagt: „Es wird meinem Knecht, dem Messias, gelingen" (TargJes 52,13). Im großen Klagelied Jes. 63,7 – 64,11 fleht das Volk um Befreiung durch den, der ins Innere den Geist der Heiligung setzt (63,11): „O zerrissest Du den Himmel, zögest hernieder, dass vor Deinem Antlitz die Berge wankten!" (63,19). Vielleicht bezieht sich Mk. 1,10 darauf, da Jesus aus dem Wasser aufsteigend die Himmel „zerrissen" sieht. Jedenfalls stehen die Himmel offen und dies ist nicht nur ein Zeichen einer Theophanie, sondern auch der neuen Kommunikation, die sich uns durch die Taufe Jesu eröffnet und an der wir durch die Taufe im Namen des Vaters und des Sohnes und des Heiligen Geistes teilnehmen. Die Taube in sichtbarer Gestalt symbolisiert den Frieden nach der reinigenden Sintflut (Gen. 8,11) und ist im Tempelkult das einzige Opfertier unter den Vögeln (Lev. 1,14; 14,30). Versöhnung ereignet sich im Opfer, *Hartmut Gese* spricht von einer Hingabe des Lebens an das Heilige, „ein Zu-Gott-Kommen durch das Todesgericht hindurch".[6]

---

[4] In Mk. 10,38 wird die Taufe, mit der Jesus getauft werden soll, verbunden mit dem Kelch, den er trinken wird (10,38) und der ihm am Ölberg vor Augen steht (14,36).

[5] Vgl. F. Prosinger, Geheiligt in Wahrheit. Eine biblische Soteriologie (St. Ottilien 2021).

[6] H. Gese, Zur biblischen Theologie (Tübingen 1989³) S. 104.

c) Wie aber ist das Herabsteigen des Heiligen Geistes auf Jesus dogmatisch zu verstehen?

Unter den Nestorianern wurde vereinzelt angenommen (*Paul von Samosata*), dass sich erst in diesem Augenblick die göttliche Natur mit der menschlichen Natur Jesu verbunden hat. Andere bemerkten, dass schon der zwölfjährige Jesusknabe um seine Gottessohnschaft wusste (Lk. 2,49). Aber bereits die Empfängnis Jesu war ein besonderes Werk des Heiligen Geistes (Lk. 1,35). Der mit dem Heiligen Geist gesalbte Messias (Jes. 11,2; 61,1) ist in ein und derselben Person wahrer Gott und wahrer Mensch. Wenn zum Fest der Taufe Christi aus der Apostelgeschichte 10,38 gelesen wird, so darf die Salbung Jesu mit dem Heiligen Geist nicht als neues Ereignis am Tag seiner Taufe im Jordan gesehen werden, sondern dort hat sich manifestiert, was sich schon in der Inkarnation ereignet hat.

Die Evangelien berichten nicht, dass Jesus bei seiner Taufe den Heiligen Geist empfangen hätte oder dass dieser in ihm etwas Neues bewirkt hätte. Betont wird sein Erfülltsein vom Heiligen Geist am Beginn seines öffentlichen Wirkens (Lk. 4,1parr.). Dabei handelt es sich nicht um die Berufung oder Mission eines Menschen, sondern die Epiphanie, das Offenbarwerden des ewigen Sohnes durch die Stimme des himmlischen Vaters. Die sekundäre Textvariante in Lk. 3,22, „Mein Sohn bist du, heute habe ich dich gezeugt", ist aus Ps. 2,7 übernommen. Auch hier geht es nicht um das „heute" des Tauftages, sondern das ewige „heute" der Zeugung des Sohnes durch den Vater.

d) Predigtimpulse

Angesichts der vielfältigen und tiefgreifenden Glaubensgeheimnisse, die sich bei der Taufe Christi offenbaren, dürfte es sich empfehlen, für die jeweilige Predigt einen besonderen Aspekt herauszugreifen. Man könnte die christologische Frage klären angesichts einer weit verbreiteten „Christologie von unten", die in Jesus von Nazareth nur einen jüdischen Wanderprediger sieht, einen Rabbi mit besonderen Einsichten. Dagegen steht eine „Christologie von oben", gemäß der Stimme des Vaters aus dem geöffneten Himmel.

Schwieriger, aber um so dringender ist die soteriologische Frage. Gegenüber der Ansicht, Jesus hätte in Galiläa ein revolutionäres Gottesbild verkündet, den immer schon versöhnten Vater, wonach das Mahl mit den Zöllnern und Sündern eine Generalabsolution der gesamten Menschheit zum Ausdruck brächte, steht die Bußtaufe im Jordan schon im Zeichen des Kreuzes, des Eintauchens in die Passion, der Hingabe des Lebens als Opfer der Versöhnung. Die Reich-Gottes-Verkündigung beginnt mit dem Ruf zu Umkehr und Buße.

Schließlich könnte man über das geistliche Leben aus der Taufgnade predigen. In wörtlicher Übersetzung werden wir in den Namen des Vaters und des Sohnes und des Heiligen Geistes hineingetaucht (Mt 28, 19 *baptízontes autoùs eis tò ónoma...)*.

Bei der Taufe Jesu im Jordan öffnete sich erstmals der Himmel, das Flehen aus Jes 63,19 wird erhört, die große Kommunikation hin zum Vater, durch den Sohn, im Heiligen Geist wird eröffnet. In dieses große Gespräch wird der Täufling eingeladen und hineingenommen, wenn er seine Taufversprechen erfüllt bzw. wenn die Eltern des Täuflings das Kind in das Familiengebet im Namen der allerheiligsten Dreifaltigkeit einführen. Der verborgene Schatz der Taufgnade im Acker der Seele darf nicht verschlossen bleiben, denn nach Jak 4,5 verlangt Gott mit Eifersucht nach dem Geist, den er in uns wohnen ließ.

P. Franz Prosinger, Ruprechtshofen (Österreich)

Evangelisch
Erster Sonntag nach Epiphanias
Jesaja 42, 1-9: Gott zeigt sich für uns aufspürbar!

1. Die Perikope als Predigttext am 1. Sonntag nach Epiphanias

Mit der Perikopenrevision von 2018 gehört dieser atl. Ausschnitt nun zur vierten Reihe der Predigttexte. Von 1978 bis 2018 war der Text (in gekürzter Form) die atl. Lesung des Sonntags und gehörte zur Reihe VI. Vor der Revision 1978 gehörte der Text zum Sonntag Reminiscere, der Wechsel zum Sonntag nach dem Epiphaniasfest liegt im Evangelium des Sonntags (= Mt. 3 - die Taufe Jesu) begründet.

2. Exegetisches

a) Abgrenzung der Perikope: Jes. 42, 1-9 besteht aus zwei geschlossenen Einheiten: V. 1-4 und V. 5-9. Die vormalige Perikopenordnung empfahl vorrangig auf die V. 1-4 zu schauen. Nun erst werden beide Abschnitte gemeinsam zur Predigtgrundlage. Zwischen den V. 4 und 5 liegt eine deutliche Zäsur. Bis V. 4 wird vom Knecht Gottes in der 3. Person sg. gesprochen, ab V. 5 folgt ein Wechsel in die 2. Person sg., das ergibt zugleich einen Adressatenwechsel: V. 1-4 spricht zur Öffentlichkeit, ab V. 5 ist der Gottesknecht der Adressat. Auch die Botenformel in V. 5 markiert deutlich die Zäsur. Der 2. Abschnitt wirkt als Erweiterung oder als Interpretation, ggf. aus der Hand des Tritojesaja. Für die Predigt kann man deshalb den Exegeten begründet folgen und die V. 1-4 ins Zentrum der Verkündigung stellen.

b) Gattung und Struktur: Die Perikope ist das erste der sog. „Gottesknechtslieder", eine eigene Gattung. Alle Gottesknechtslieder sind in sich eigenständig, für eine Interpretation ergänzen sie sich aber zugleich gegenseitig! Die Frage, wer der Gottesknecht sei, wird in christlicher Tradition anders beantwortet als in jüdischer: Christlich geprägte Exegeten gehen von der Analogie zur Einsetzung eines Königs aus, darum denken sie an eine einzelne Person; für jüdisch geprägte Exegeten ist jener Knecht das Gottesvolk, sie lassen sich dabei leiten vom Gesamtgepräge des Dtjes. Sprache, Bilder und Struktur erinnern uns immer wieder an Motive aus den Psalmen. Beide Einheiten sind eindrucksvoll strukturiert, diese Struktur verdeutlicht den Inhalt umfassend! (Vgl. dazu die Exegese von Westermann, in: CPH) Der Text beginnt mit einer Proklamation, Hörer und Leser sind also die Angesprochenen, für sie gibt es hier etwas zu bedenken.

3. Homiletisch-theologische Hinweise

„Der ist es!" – „Gott zeigt sich für uns aufspürbar!" – „So sind Gottes Mitarbeiter beschaffen!" - So können Überschriften lauten für die Predigt.

Heute ist für uns das Wort „Knecht" nicht positiv konnotiert, darum bedarf es der Erklärung. Der Begriff „Mitarbeiter" ist hier zu nutzen. Auch muss kurz erklärt werden, dass die Erstadressaten die Deportierten in Babylon waren, die täglich neu erniedrigt wurden. In ihrer erdrückenden Lebensphase hören sie die Aufforderung, nicht ihr Leid in den Mittelpunkt zu stellen, sondern sich auszurichten auf den Mitarbeiter Gottes! Die Würde der Erniedrigten wird wiederhergestellt nicht von den Tätern, die hier gar nicht genannt werden, sondern dank des richtigen Blicks auf den Mitarbeiter Gottes.

Dies möge Fragenden bis Verzweifelnden heute neu angesagt werden! Dieser Mitarbeiter wird nicht als Manager, Revolutionär, in Begleitung von Kamerateams, usw. auftreten, sondern ruhig, er wird das Einzelgespräch suchen, offen für Seelsorge und Hausbesuche sein, usw. Er sucht das Recht für die Erniedrigten und für die Nach-Sinn-Suchenden und nicht die Stärkung seiner Organisation. „Das lohnt sich nicht mehr!" „Ihr seid zu klein!" – solche Aussagen sind ihm fremd: der glimmende Docht wird bei ihm nicht ausgelöscht! Für klein gewordene Kirchengemeinden mag dies wichtig zu hören sein! Wo kirchliche Mitarbeiter vorrangig Kirche als Eventkirche gestalten wollen, werden sie mit diesem Text ausgebremst. Das Leise, das kleine Gespräch, die Einzelkontakte mit Tröstung und Stärkung der Verbundenheit werden hier hoch geschätzt.

4. Hinweise zur Verkündigung

In den Gemeinden mit Bibelkreisen kann man Mt. 3 und Jes. 42 gut parallel bearbeiten und im Gottesdienst eine Gegenüberstellung präsentieren, diese möge dialogisch sein.

Wer als Gottesknecht das Gottesvolk sieht, kann seine Aussagen auf „Kirche / Kirchengemeinde" übertragen. Joh. 20,21: Jesus sagte zu ihnen: (…) Wie mich der Vater gesandt hat, so sende ich euch. - Wenn die Jüngerbeauftragung aus Joh. 20,21 auch uns gilt, dann sind die Aussagen zum Gottesknecht auf unser Auftreten als Nachfolger und Christen übertragbar!

5. Gottesdienst, Lieder

Zitate zur Mediation: aus: Stählin, W., Letzte Predigten:

„Darum muss die Stimme der Kirche eine leise Stimme sein, die man nicht auf den Gassen und Märkten der Welt hört." (S. 83) „Wenn die Kirche mit diesem Lärm in Konkurrenz treten und sich um jeden Preis Gehör verschaffen will, dann tut sie eben das, was dem Knecht Gottes nicht geziemt." (S. 84)

Lieder:

a) EG 402: *Meinen Jesus lass ich nicht*; EG 246: *Ach bleib bei uns Herr Jesu Christ*
b) Psalm 113 (diesem Ps ist der Vorzug zu geben vor dem Wochenpsalm!)
Wer die Taufe Jesu in den Mittelpunkt des Gottesdienstes stellt, möge für die Gebete auf die Taufagende zurückgreifen. Auch sind dann Tauflieder einzubeziehen.

Lit.: Neben den bekannten Kommentaren sei hier besonders auf drei konstruktive und helfende Predigtvorbereitungen verwiesen:
Kraus, H.-J.: Jesaja 42, 1-8. Reminiscere. In: Eichholz, G. (Hg.) hören und fragen, Bd. 5; Neukirchen-Vluyn 1976², S. 170-176.
Stählin, W.: Letzte Predigten. Stuttgart 1976, S. 83-86.
Westermann, Cl.: Jesaja 42, 1-8. Reminiscere. In: CPH, Bd. 3. Stuttgart 1965², S. 98-106 (vorzügliche Strukturanalyse!)

6. Predigtentwurf

Liebe Gemeinde,

I.

unser Predigttext ist nicht gerade unbekannt. Ein Satz daraus ist ein oft genutztes Trostwort: *„Das geknickte Rohr wird er nicht abbrechen, den glimmenden Docht wird er nicht auslöschen."* Bekannt ist der Abschnitt aber auch, weil Matthäus diesen Text nutzte für seinen Bericht zur Taufe Jesu (Evangelium) – wir wollen aber nicht bei diesen zwei Akzenten verharren, sondern den ganzen Text bedenken. Unser Text ist zweiteilig, der erste Teil fand recht schnell hohe Anerkennung, sodass ein weiterer Schreiber eine Ergänzung anfügte. Hören wir nun auf unseren Predigttext aus dem AT, aus Jesaja 42 (*Vorlesen des Predigttextes*). „Der ist es!" „Der bringt uns Veränderung!" – Jesaja weist hier in die Zukunft und verweist auf einen Mitarbeiter Gottes.

Wir wissen heute, dass dieser Mitarbeiter Gottes „Jesus" ist, der von Johannes getauft wurde.

II.

Unser Textausschnitt ist eine eigene Literaturgattung und heißt: Gottesknechtslied. Das Wort Knecht bedarf heute einer Erklärung: Knecht – nicht gemeint ist ein untertäniger Laufbursche oder Sklave; sondern: *„Mitarbeiter"* ist gemeint, ein verlässlicher Mitarbeiter.

Und eine zweite Erklärung brauchen wir noch. Die ersten Adressaten dieses Textes sind noch wichtig: Das waren jene Menschen, die nach der Zerstörung Jerusalems deportiert wurden. Nichts konnten sie mitnehmen, getrennt von ihren Kindern und Familien, als Arbeitssklaven gehalten in einem Lande mit anderer Sprache und Lebensweisen. Jene durchlebten tiefste Erniedrigungen; alles war erstarrt in ihnen, keine Zukunftsgedanken!

So war es bei den Erstadressaten; und heute sind wir die Adressaten. Uns geht es da ganz anders, so gefährdet sind wir nicht, auch nicht so schutzlos.

Weil aber trotzdem auch keiner von uns geschützt ist vor tiefen, verletzenden Erniedrigungen und vor dem Verlust von Geborgenheit und Familie, ist uns dieser Text eine vorauseilende Hilfe.

Sollte uns eine tiefe Gefährdung ereilen, dann lernen wir schon jetzt damit umzugehen.
Darum fragen wir nun neugierig: Was empfiehlt Jesaja seinen Adressaten?
Er fordert sie nicht auf zur Selbstanalyse, oder zur Hebung der eigenen Kräfte, wie das heute Esoteriker, Psychologen und Lebensverbesserer tun.

„Nicht schaue auf dich, sondern auf den Mitarbeiter Gottes!“

Das ist seine Aufforderung! Von diesem Mitarbeiter bekommen wir Schutz und Begleitung. Denn wir können uns nicht selbst retten. Er wird es tun und uns Kräfte geben. Weil wir auf ihn schauen, können wir auch nicht einsam werden. Das ist die erste Einsicht:

- keine Nabelschau, keine Selbstanalyse,
- sondern sich ansprechen lassen von Gottes Mitarbeiter.

Und die zweite Einsicht öffnet sich uns, wenn wir nun weiter fragen: Wie ist denn dieser Mitarbeiter? Zunächst wird gesagt, dass er den Geist Gottes empfangen hat und daraus folgen nun vier Ansagen:

- Er wird das Recht achten.
- Er wird nicht schreien und medienwirksam auftreten.
- Den Schwachen gibt er nicht noch einen Tritt, sorgsam ist er.
- Er macht dich zum Partner Gottes.

Einiges davon bekommt erst Farbe, wenn wir das Gegenteil mithören:
Er wird gelenkt vom Geist Gottes und nicht vom Geist dieser Welt. Er will Recht und nicht Gewinnstreben oder eigene Vorteile. So ist der Mitarbeiter Gottes! Von einem solchen Mitarbeiter haben andere also Gutes: Wir haben mit ihm Gutes.

III.

Wir wissen: Dieser Mitarbeiter ist Jesus Christus. Er hat genau so gewirkt! Menschen in Not und Erniedrigung mögen also nicht auf ihre Erniedrigung schauen, sondern auf ihn, der selbst durch Leid hindurchging. Als Christen können wir deshalb nicht an Leid und Sorgen ersticken!

So sieht wahre Mitarbeiterschaft aus: Weil Jesus selbst durch Leid hindurch ging, werden wir mit dem Blick auf ihn neu ausgerichtet: Sorgen und Leid verlieren ihre erdrückende Kraft. Auch kommt so zu uns das Ende jeder Leidverliebtheit! Viele erzählen gern gleich 27 Mal ihre Krankheitsgeschichten und stellen sich damit in den Mittelpunkt. Das ist Leidverliebtheit, und das hört unter aus auf!

Und nun noch ein Schlussgedanke: Der Evangelist Johannes hat uns aufgeschrieben, dass Jesus selbst Mitarbeiter beauftragte, Jesus als der Mitarbeiter Gottes sagte: „Wie mein Vater mich sandte, so sende ich euch!“ So sind auch wir Mitarbeiter Gottes, und hoffentlich in dieser Weise:

- Treu und verlässlich;
- Nicht auf eigene Vorteile ausgerichtet;
- Nicht auf Ruhm, Ehre und Follower-Zahlen eingestellt!

Sondern wir wirken ohne großes Aufsehen, ohne laute Worte, wir kennen den Wert der Einzelgespräche und Hausbesuche. Christen wirken heilend ohne Medien, ohne laute Worte. Medienaktuell zu sein, wie manche Bischöfe sich präsentieren, hilft niemandem: Kein Kind, dass am Schulausfall leiden musste und kein Heimbewohner, der nicht besucht wurde (Corona-Schutzmaßnahmen), hatte davon etwas, dass Bischöfe in Radiosendungen und in Talkshows zu sehen waren!

Liebe Schwestern und Brüder, Jesus wurde mit seiner Taufe Mitarbeiter Gottes – wir wurden auf seinen Namen getauft. Wir wissen also, wer ER ist und wem wir gehören, wohin wir unsere Aufmerksamkeit hinlenken und was uns fernbleiben möge! Des dürfen wir uns gewiss sein. Amen.

Pfarrer Dietmar Schmidtmann, Wittichenau

16.01.2022

Katholisch
2. Sonntag im Jahreskreis
Jes. 62,1-5; 1. Kor. 12,4-11; Joh. 2,1-11: Gott schenkt Fülle, die zum Fest wird

Das Evangelium zum Leuchten zu bringen, ist die wesentlichste Aufgabe von Christen. Dem Glauben Gestalt zu geben, indem Aussagen anschaulich werden, gehört zum Gehalt kirchlicher Liturgie. Worte der Heiligen Schrift können sich verflüchtigen, wo sie in dieser Welt keine sinnenhafte Wahrnehmung bekommen. Wo man den Glauben gesellschaftlich einebnen will, nimmt man ihm seine Bilder. Wo man ihm Raum gibt, verschafft man ihm Ausdruck. Weil das Evangelium nicht eine Idee ist, sondern in Jesus Christus Mensch geworden ist, braucht es Bilder, in denen der Mensch mit den Augen des Leibes erfasst, wovon die Seele sich nährt. Weil unser Glaube das Leben will, brauchen wir den tieferen Blick, den Einblick in die Wunder der Wandlung, die Gott immer wieder wirkt.

Als ich an diesem 2. Sonntag im Jahreskreis vor 18 Jahren zum Bischof geweiht wurde, war in der kirchlichen Leseordnung – wie heute – das Evangelium von der Hochzeit zu Kana vorgesehen. Seitdem begleitet es mich und nährt meine Zuversicht, dass Gott allen Mangel im Leben und in der Kirche in die Fülle seiner Zuwendung verwandeln kann. Dass das Wasser des Alltags in der Kraft des Glaubens zu Wein werden kann, ist die Verheißung, die nicht müde werden lässt für Gott und die Menschen die Krüge zu füllen. Dieses Evangelium von der Hochzeit zu Kana im Bild um sich haben zu dürfen, hilft, den Alltag auf Gott hin transparent werden zu lassen.

Drei Fensterbilder von Johannes Schreiter geben einen Ausblick, wo die Sicht im Alltag manchmal eng wird, wo Denken, Einschätzung und Urteil kurzsichtig werden, wo der Alltag grau wäre, gäbe es nicht die Farben des Glaubens, die manche Tristesse des Lebens verwandeln.[1]

---

[1] Die hier abgebildeten und betrachteten Fensterbilder zum biblischen Motiv der Hochzeit von Kana befinden sich in der Kapelle „Maria mit den Aposteln im Abendmahlsaal“ des Limburger Bischofshauses und sind 2013 für das Diözesanzentrum St. Nikolaus von Prof. Dr. Johannes Schreiter geschaffen worden.

Das Evangelium von der Hochzeit zu Kana ist kein Rausch an den Realitäten der Welt vorbei. Es ist der klare Blick für manchen menschlichen Mangel im Licht der ungeahnten Möglichkeiten Gottes. Es bewahrt vor Resignation und Frustration. Es bewegt zur Motivation und Innovation, wenn es darum geht, heute für den Herrn das Wasser zu tragen. In diesem Sinn machen diese drei Fensterbilder das Evangelium von der Hochzeit zu Kana transparent. Sie illustrieren jene drei Schritte in Kana, die zeigen, worin christlich-kirchlicher Dienst besteht.

Was Maria als Königin der Apostel den Jüngern zeigt, haben diese in die Welt zu tragen. Am Anfang steht der Ruf:

1. „Sie haben keinen Wein mehr." (Joh 2,3)

Farbbild „Hochzeit zu Kana" siehe Seite 163

Das rechte Fenster zeigt diese Not. Man sieht im unteren Bildfeld, wie der Wein ausläuft. Wo der Sinn im Leben verloren geht, wo sich die Freude am Leben trübt, haut es Menschen um. Ist das nicht der größte Mangel, unter dem Menschen heute leiden; – dass die tiefere Bestimmung ihres Lebens aus dem Blick geraten ist? Wo sich hinter manchem materiellen Mangel der Verlust an Solidarität und Gemeinschaft zeigt, wird Not existentiell. Diese Einsamkeit lässt Menschen in unserer Gesellschaft verdursten. Wo der Glaube verloren geht, wird eine Gesellschaft ärmer. Da füllen sich die Krüge nicht mehr mit Sinn und Sehnsucht. Und wo sie einmal leer sind, gibt es auch nichts mehr zu verteilen. Wo diese Armut um sich greift, braucht es geradezu die Stimme der Kirche. Maria gibt ihr im Evangelium Worte: *„Herr, sie haben keinen Wein mehr!"* (Joh 2,3). Diese Anwaltschaft für die Menschen vor Gott ist christlich-kirchlicher Dienst. Anzusprechen, was wirklich fehlt, auch wenn das Gesellschaft und Gegenwart nicht immer wahrhaben wollen. Wirkliche Anwaltschaft ist kein Lobbyismus. Sie erspürt, woran es mangelt und sie vertraut auf die größeren Möglichkeiten Gottes.

Die Grenzen anzusprechen; zu sehen, was an Vertrauen verloren gegangen ist, aufzuklären, was verschattet und verdunkelt ist, all' das gehört zu Anwaltschaft der Kirche und dem darf sie sich nicht entziehen, wo Menschen in der Kirche schuldig geworden sind und sich für die Opfer von Verfehlungen die Sicht des Lebens und des Glaubens bleibend getrübt hat.

Zur Anwaltschaft im Umgang mit dem Mangel gehört aber auch die Redlichkeit in der Vermittlung dessen, was dann in den Blick kommt. Wo Menschen im Namen der

Wissenschaft ihre Meinung zum Medium machen, ist ebenso Gefahr der Manipulation gegeben. Weil Anwaltschaft im Mangel Dienst an der Wahrheit sein und bleiben muss, gibt es Wandlung nur, wo Vertrauen in Gott ist und bleibt.

Das ist der Kirche aufgetragen; dem darf und will sie sich nicht entziehen. Darauf ist sie aber auch angewiesen, wenn sie Helfer sucht im Dienst an der Anwaltschaft für die Menschen. Wo alles redliche Bemühen unter den Verdacht der Vertuschung gestellt wird, werden die Worte im Evangelium zu einer noch viel tieferen Klage: *„Herr, sie haben keinen Wein mehr"* (Joh 2,3). Der Verlust an Fairness in der Kritik kann zu einem Mangel werden, der jede Möglichkeit zur Veränderung und Erneuerung im Keim erstickt.

An dieser gefährlichen Grenze wird der Dialog von Jesus und Maria im zweiten, mittleren Fenster zum Durchblick für die Jünger.

2. „Füllet die Krüge mit Wasser" (Joh 2,7)

Im unteren Bildfeld sieht man die goldgelbe Farbe, die in klarer Linie über die beiden – in Dreiecken stilisierten Krüge – nach oben weist, in ein großes blaues Feld hinein. Auf die Anwaltschaft Marias hin ergreift Jesus die Initiative. Im Mangel der Menschen eröffnet er die Möglichkeiten Gottes mit dem so alltäglichen Auftrag: *„Füllet die Krüge mit Wasser!"* (Joh 2,7)

Was die Krüge im unteren Bild zeigen, wird weiter nach oben zum Strom. Hier beginnt der eigentliche Dienst der Kirche, den am Anfang des Johannesevangeliums auch die Jünger zu lernen haben. Im Mangel an Wein sind sie nicht mehr die unbeteiligten Gäste.

Die Kirche darf sich nicht heraushalten, wo der Herr die Voraussetzung für das Wunder der Wandlung in der Haltung der Menschen formt: *„Füllet die Krüge mit Wasser!"* (Joh 2,7); – das ist die Bereitschaft, nicht müde zu werden, das Wasser für den Herrn zu schleppen; bei allen Fragen und manchen Zweifeln, ob es sich denn wohl lohnt; bei allen Frustrationen, wo unsere Investitionen an Zeit, Geduld und Einsatz es nicht zu bringen scheinen; bei allen Enttäuschungen über scheinbare vergebliche Liebesmühen trotzdem nicht müde zu werden; bei aller Resonanzlosigkeit und manchmal verletzenden Anfeindungen trotzdem nicht aufzugeben und weiter an Gottes Möglichkeiten im anderen Menschen zu glauben.

Papst Benedikt hat diesen bohrenden Zweifel der Vergeblichkeit anlässlich einer Bischofsweihe vor einigen Jahren ins Wort gebracht und damit angesprochen, was *‚Wasser tragen'* und *‚Krüge füllen'* bedeuten kann, wenn Kirche in dieser Zeit immer mehr innere Schwäche und öffentliche Anfeindung erleben muss. Er sagte in einer Predigt:

> *„Die Demut des Glaubens, des Mitglaubens mit dem Glauben der Kirche aller Zeiten wird immer wieder in Konflikt geraten mit der herrschenden Klugheit derer, die sich ans scheinbar Sichere halten. Wer den Glauben der Kirche lebt und verkündet, steht in vielen Punkten quer zu den herrschenden Meinungen gerade auch in unserer Zeit. Der heute weithin bestimmende Agnostizismus hat seine Dogmen und ist höchst intolerant gegenüber all dem, was ihn und seine Maßstäbe in Frage stellt. Deshalb ist der Mut zum Widerspruch gegen die herrschenden Orientierungen für einen Bischof heute besonders vordringlich. Er muss tapfer sein. Und Tapferkeit besteht nicht im Dreinschlagen, in der Aggressivität, sondern im Sich-schlagen-Lassen und im Stand-*

halten gegenüber den Maßstäben der herrschenden Meinungen. Der Mut des Stehenbleibens bei der Wahrheit ist unausweichlich von denen gefordert, die der Herr wie Schafe unter die Wölfe schickt. ‚Wer Gott fürchtet, zittert nicht', sagt das Buch Jesus Sirach (34,16). Gottesfurcht befreit von der Menschenfurcht. Sie macht frei."[2]

Die Krüge mit Wasser zu füllen – in täglicher Treue das Wasser zu schleppen, aushalten und hinhalten, damit der Herr annehmen kann, was wir ihm bringen, ist nach dem Zeugnis des Evangeliums nie umsonst. In der oberen Ecke des mittleren Fensterbildes beginnt unscheinbar und unwiderruflich, das Wunder der Wandlung. Geradezu unbemerkt kommt im Gang, was im linken Fensterbild die Krüge goldgelb füllt und durch die Worte Jesu nun zur Gewissheit wird:

3. „Schöpft jetzt – Er kostete das Wasser, das zu Wein geworden war." (Joh 2,8a.9)

Das ist das Tröstliche am Wunder der Wandlung. Kein Tropfen des Wassers, das wir tragen, ist vergeblich, weil alles in Wein gewandelt wird. Soviel, wie wir tragen, wird Gott verwandeln. Aber es steht allein in seiner Macht und Möglichkeit. Der Mensch kann Gott nicht manipulieren. Er hat keinen Anspruch auf seine Leistung. Wo er aber in Staunen und Dankbarkeit annimmt, was Gott schenkt, vermittelt sich eine Fülle, die zum Fest wird.

In diesem Sinn ist jede Feier der Eucharistie und die ganze Liturgie der Kirche Gottes Handeln an uns. Nicht wir machen den Gottesdienst, sondern Gott formt uns als seine Geschöpfe. Das ist das eigentliche Wunder der Wandlung. Was wir gestalten, ist Gabenbereitung. Was Gott in den Zeichen der Kirche wirkt, ist Verwandlung. Der Hl. Augustinus begreift diesen Zusammenhang in einem anschaulichen Bild. Er sagt:

„Das Wunder, bei dem unserer Herr Jesus Christus Wasser in Wein verwandelte, ist für diejenigen, die wissen, dass Gott dies gewirkt hat, nicht sonderbar. Denn dasselbe wirkt Gott jedes Jahr in den Weintrauben. So, wie Gott das Wasser, das die Wolken ausschütten, durch die Trauben zu Wein werden lässt, so geschah es auch mit dem Wasser in den Krügen, das der Herr zu Wein verwandelt hatte. Weil aus dem Wasser der Wolken in jedem Jahr Wein wird, wundern wir uns darüber nicht. Wir staunen nicht mehr darüber, weil es so häufig geschieht. (…) Lasst uns klopfen, dass er uns öffnet und uns mit seinem unsichtbaren Wein betrunken macht. Denn auch wir waren Wasser. Er hat uns zu Wein gewandelt, er hat uns weise gemacht und zu Menschen, die den richtigen Geschmack haben. Vorher konnten wir nicht schmecken, jetzt aber schmecken wir den Glauben an ihn."[3]

---

[2] Papst Benedikt XVI., Predigt in der Eucharistiefeier am Hochfest der Erscheinung des Herrn, Vatikan 6. Januar 2013 (https://www.vatican.va/content/benedict-xvi/de/homilies/2013/documents/hf_ben-xvi_hom_20130106_epifania.pdf; 26.8.2021).

[3] Aus dem Kommentar des heiligen Bischofs Augustinus zum Johannesevangelium 8, 1.3, hier zitiert nach: Kirchenväterauslegungen zum Lesejahr C, hg. von der Abtei Mariendonk, S. 129, online unter http://www.mariendonk.de/images/Mariendonk/pdf/LesejahrC.pdf (Abruf 13. September 2021).

Dass wir das Wasser für den Herrn tragen, ohne seine Macht und Möglichkeiten in der Feier unseres Glaubens zu verwässern, bleibt der Auftrag des Herrn bei der Hochzeit zu Kana an seine Kirche in einer Zeit, in der bei vielen der Wein des Glaubens ausgelaufen und so der Geschmack an Gott verloren gegangen zu sein scheint. Im Wasser, das wir bisweilen auch in unseren Tränen bringen, schon den Wein zu sehen, den der Herr daraus wandelt, ist die Berufung der Kirche in kritischer Zeit.

Die Hochzeit zu Kana will zum Bild des Glaubens werden. Durch die Fenster der Verheißung scheint, was im grauen Alltag oft untergeht: dass wir im Mangel schon um die verborgene Fülle wissen dürfen. Wer Gott liebt, lernt den Mangel der Menschen anzusprechen. Wer auf Gott hofft, kann Krüge mit Wasser füllen. Wer wirklich an Gott glaubt, darf den guten Wein schöpfen. Amen.

Kurienbischof Prof. Dr. Franz-Peter Tebartz-van Elst, Rom

Evangelisch
2. Sonntag nach Epiphanias
2. Kor 2,1-10: Nichts wissen als den Gekreuzigten

Denn ich hielt mich nicht dafür, dass ich etwas wüsste unter euch, als allein Jesus Christus, den Gekreuzigten. - Eine dürftige Ausbeute an Wissen, so scheint es! Paulus, weißt du nicht mehr? Sollte man ernstlich auf einen Mann hören, der so wenig weiß?!

Ein deutscher Grünen-Politiker meinte vor einiger Zeit, er hätte zu viele Philosophen gelesen und könne deshalb nicht an Gott glauben. Hier ist einer, der viel zu wissen meint; zu viel, um an Gott glauben zu können. Er pflegt allerdings eine merkwürdige Logik. Ist Gott doch das größte Thema der Philosophie. Und dass es Gott oder „das Göttliche" gibt – in welcher Form auch immer –, das war und ist die feste Überzeugung der allermeisten großen Philosophen von der Antike bis zur Gegenwart! Da erscheint mir der „dumme" Paulus doch als weit klüger. Und dass sein Wissen das jeglicher Philosophie gerade im Kern unendlich überragt, sollte uns die Ohren spitzen lassen! Hier hören wir Wahrheit über Gott und uns selbst, zu der keine Philosophie oder Wissenschaft in den irdischen Grenzen ihres Denkens je gelangen kann.

Wir begleiten diesen Mann nun, der wie er selbst sagt unter den Korinthern so „wenig" wusste, auf einigen Etappen seines Lebens. Er wächst in einer angesehenen jüdischen Familie in der syrischen Stadt Tarsus auf. Tarsus zwar für damalige Verhältnisse eine Großstadt. Als Hafenstadt und Handelszentrum war es eine Begegnungsstätte verschiedenartiger Kulturen, Philosophien und Meinungen. In dieser geistigen Weite und Vielfalt wächst Paulus auf. Als junger Mann studiert er bei dem berühmten Rabbi Gamaliel, dem damals besten theologischen Lehrer in Jerusalem. Als Paulus später als Missionar unterwegs ist, fällt es ihm nicht schwer, längere Passagen aus der Heiligen Schrift und gelegentlich auch aus den Werken verschiedener Dichter und Philosophen zu zitieren - aus dem Kopf und ohne Stichwortzettel. Bei einem seiner Verhöre ruft ihm der römische Statthalter Festus zu: „Die große Gelehrsamkeit treibt dich in den Wahnsinn." Man kann auch übersetzen: „Die vielen Bücher machen dich verrückt!" Paulus machte also eher den Eindruck eines „überstudierten" Intellektuellen als eines Dummkopfes. Die Briefe des Paulus schließlich werden die einflussreichsten Briefe der gesamten Menschheitsgeschichte. Ihr Tiefgang und der Reichtum ihrer Gedanken haben Tausende von Kommentatoren auf den Plan gerufen. Und wohl keiner konnte am Ende sagen, die Paulusbriefe erschöpfend verstanden zu haben.

Nichts also mit einem Nichtswisser, mit einem ungebildeten Schmalspur-Ideologen! Nichts auch mit einem Mann, der 'geschwollen' redet - und dabei nichts sagt. Von den rhetorischen Schaumschlägern grenzt sich Paulus im Eingangsvers unseres Predigttextes ausdrücklich ab: *Auch ich, liebe Brüder, als ich zu euch kam, kam ich nicht mit hohen Worten und hoher Weisheit, euch das Geheimnis Gottes zu verkündigen.* Es war ihm fremd, Menschen durch gelehrte Worte wie der Pfau mit seinem schönen Rad zu beeindrucken. *Mein Wort und meine Predigt beruhten nicht auf der Überredungskunst menschlicher Weisheit, sondern auf der Beweisführung des Geistes und der Kraft Gottes.* Gerade weil Paulus wirklich etwas zu sagen hatte, hatte er es nicht nötig, das "Pfauenrad" zu schlagen und seine Zuhörer durch rhetorische Tricks zu blenden.

Was meint er dann aber mit der Aussage, dass er bei den Korinthern nichts als Christus gewusst hätte? Und er fügt ja ausdrücklich noch an: den Gekreuzigten. - Ich denke, dass ich die Antwort darauf bei meinem Dienst als Seelsorger in Bad Elster sehr deutlich erlebt habe. Da hatte ich mit Ärzten und Hilfsarbeitern, mit Professoren, Lehrern und ganz schlichten Menschen zu tun. Von Hamburg bis München kamen sie; katholisch, evangelisch, freikirchlich und Leute, die noch kaum eine Kirche von innen gesehen hatten. Nach überstandener Krebsoperation waren sie angereist, nach dem überlebten Herzinfarkt. Eine Großmutter lernte ich kennen, deren Tochter ermordet worden war und deren kleines Enkelkind entführt und ohne Kontaktmöglichkeit im Ausland lebte - und das alles vom eigenen Schwiegersohn ausgeführt! Wie billig in solchen Situationen schönes und leeres Gerede ist, empfinden wir sofort. Und selbst wirkliche Gelehrsamkeit - ganz gleich welcher Wissenschaft sie zuzuordnen wäre - greift hier zu kurz. Wenn es hart auf hart geht, ist ein Kernwissen gefragt, das alles sonstige Wissen als Hülle erscheinen lässt. Auch das sinnvolle Wissen für Alltag und Forschung - das wir nicht verachten sollten! - greift dann zu kurz. Ein letztes und tiefstes *Kernwissen* ist gefragt.

Als Paulus in Korinth predigte und nichts als Christus den Gekreuzigten wusste, ging es um dieses Kernwissen. Es gab nur eine einzige „Medizin" für seine Zuhörer. Das einzige, was seinen "Patienten" in der Hafenstadt Korinth helfen konnte, war der gekreuzigte Christus. Korinth war bekannt und berüchtigt für seinen moralischen Verfall. Hunderte von Prostituierten, betrunkene Matrosen, gewiefte Händler und schweißgebadete Sklaven bei der Arbeit prägten das Stadtbild. Ein Heer von missbrauchten und verbrauchten Menschen. Und dazwischen ein paar Schönredner. Mancher „Ausgebrannte" in Korinth versuchte es mit esoterischen Extravaganzen in verschiedenen Geheimkulten und landete irgendwann wieder ziemlich unsanft auf dem Boden des realen Lebens.

Die Frau, deren Tochter ermordet und deren Enkelkind entführt worden waren, sagte mir nach dem Gespräch: „Das hat mir sehr geholfen." Hoch gebildete und schlichte Menschen haben in Bad Elster unter der Predigt vom gekreuzigten Christus und in der Beichte die Vergebung der eigenen Schuld erlebt. Sie bekamen auch die Kraft, denen zu vergeben, die sie verletzt hatten. Krebspatienten haben neu vertrauen gelernt, dass der Gott, der seinen Sohn für sie ans Kreuz gegeben hat, auch sie liebt. Trotz aller unverständlichen Wege! Viele haben Gott neu für ihre Heilung vertrauen können. Viele haben ihr Leben Christus übereignet und die Hoffnung auf das ewige Leben begründeter und tiefer ins Herz gefasst. Paulus hat das alles in Korinth wohl noch eindrücklicher erlebt. Missbrauchte und verbrauchte Menschen sind frei geworden: von dämonischen Belastungen, von Verbitterung, von Hoffnungslosigkeit, vom elenden Wechsel zwischen Rausch und Kater. Eine lebendige Gemeinde entstand: aus Prostituierten, Hafenarbeitern, Sklaven und einigen so genannten 'anständigen Leuten', die nicht ganz so oft zur Tempelhure gegangen waren....Das alles war durch Christus, den Gekreuzigten, geschehen. Nur durch ihn.

„Meine ganze Theologie ist auf vier Worte zusammengeschrumpft: Jesus starb für mich." Das sagte der als „König der Prediger" bezeichnete Spurgeon, dessen allsonntägliche Gemeinde aus mindestens 6000 Hörern bestand, dessen Predigten am Montag nach New York geschickt und in der führenden Presse des Landes abgedruckt wurden, der dicke Kommentare zur Bibel schrieb und 100mal die Heilige Schrift komplett durchgelesen hat. „Meine ganze Theologie ist auf vier Worte zusammengeschrumpft: Jesus starb für mich." Das ist genau das, was Paulus meint: *Denn ich hielt mich nicht dafür, dass ich etwas wüsste unter euch als allein Jesus Christus, den Gekreuzigten.* Spurgeon rief aus: „Lasst uns Menschen erretten durch alle Mittel unter dem Himmel; lasst uns Menschen hindern, zur Hölle hinabzugehen." Und er wusste genau, dass es wohl viele persönliche Wege gibt, Jesus zu finden, aber nur einen Weg, um das ewige Heil zu finden: Jesus, den Gekreuzigten. - Wir halten als Erstes fest: **Wissen ist gut, das Kernwissen vom gekreuzigten Christus aber ist unverzichtbar.**

Und nun als Zweites: **Das Kernwissen vom gekreuzigten Christus ist die höchste Weisheit und das tiefste Geheimnis.** Korinth liegt in Griechenland, dem Mutterland der Philosophie. Philosophie bedeutet „Liebe zur Weisheit". Aber nicht die philosophischen Höhenflüge, sondern der gekreuzigte Jesus ist Gottes höchste Weisheit. Jubelnd zitiert Paulus: *Was kein Auge gesehen hat und kein Ohr gehört hat und in keines Menschen Herz gekommen ist, was Gott bereitet hat denen, die ihn lieben.* Dieses Zitat hat Anklänge an Jesaja 64,3. Paulus zitiert hier aber wohl aus einer außerbiblischen jüdischen Schrift aus der sog. Apokalypse des Elia und sicher auch wieder aus dem Gedächtnis. Er sagt mit dem Zitat: Keiner hat das "Kernwissen" je gehört oder gesehen oder es Kraft seiner Intelligenz erforschen können. Aber Gott hat es uns gezeigt, in Jesus hat er es uns gezeigt. Jesus Christus ist die höchste Weisheit. Weder die Philosophie noch die esoterischen Extravaganzen im damaligen Korinth waren der Wege zur höchsten Weisheit und zum tiefsten Geheimnis. Und auch nicht die heutigen Irrwege von A bis Z: von Astrologie bis Zen-Meditation. Sie erschließen uns nicht, was im Leben und im Sterben hilft und hält. Sie verschließen und verstopfen nur die Seele. Das einzige Kernwissen ist Christus, der Gekreuzigte. Er ist Gottes höchste Weisheit und das wunderbarste und tiefste Geheimnis.

Drittens aber gilt: **Das Kernwissen vom gekreuzigten Christus macht dich zum fröhlichen Geheimnisträger.** Wer Christus als Geheimnis Gottes erkannt hat, wird im positiven Sinne ein "Geheimnisträger". Du weißt und hast etwas, was selbst dem Sterbenden hilft. Ich habe das in Sterbezimmern erlebt. Zum Beispiel bei dem Mann, der lebenslang wohl kaum etwas von Christus wissen wollte. Dann habe ich ihn besuchen können. Kaum hatte ich sein Zimmer betreten, rief er mir mit schwacher Stimme zu: „Beten Sie mit mir!“ Er bat Christus um Vergebung aller Schuld und um Aufnahme in SEIN Reich. Nach dem Gebet hielt er noch lange meine Hand fest und sagte immer und immer wieder. "Danke, danke, danke..." Als ich am folgenden Tag wieder ins Krankenhaus kam, war er bereits „ausgereist“ und nach oben „umgezogen“.

Du kannst aber nicht zwei gegensätzliche Geheimnisse zugleich in Dir tragen: Das Licht des Kreuzes und die Dunkelheit versteckter Sünde. Während einer Weihnachtsfeier in meiner früheren Gemeinde in Mittelsachsen kam ein Mann aus dem - wie ich meinte - Gemeindekern auf mich zu und flüsterte mir ins Ohr: "Ich arbeite für die Stasi und bin speziell auf Dich angesetzt. Aber ich habe gemerkt, dass es den Gott, an den ihr glaubt, wirklich gibt." Ich durfte ihm dann helfen, all seine Schuld zum Kreuz zu bringen und – es war noch tiefste DDR-Zeit - aus der Stasi herauszukommen. Du kannst nicht ein doppelter Geheimnisträger sein. Auch wenn es ganz andere Dinge als die Stasi betrifft: Die Pornobilder im Internet, den Betrug bei der Steuererklärung, den versteckten Hass auf die Nachbarin oder die Schwiegertochter. Bringe die dunklen Geheimnisse zum Kreuz! Bitte um Vergebung! Und denen, die Dich verletzt haben, vergib wie Christus dir vergibt! Und dann trage das Geheimnis des Kreuzes weiter! Die Menschen brauchen es. Im „normalen Leben“ und in Extremsituationen, in denen alles andere versagt. Du darfst Geheimnisträger werden. Und du musst dazu kein ausgebildeter Prediger sein. Als Krankenschwester, als Kraftfahrer und als Großmutter, die die Enkel hütet, kannst du das Geheimnis weitergeben. Das Kernwissen ist so einfach und so tief und wirksam zugleich. Bei Paulus, bei Spurgeon und bei dir und bei mir.

1. Das Kernwissen vom gekreuzigten Christus ist unverzichtbar - und es ist für dich da!
2. Das Kernwissen vom gekreuzigten Christus ist die höchste Weisheit und das tiefste Geheimnis - es ist für dich!
3. Das Kernwissen vom gekreuzigten Christus macht dich zum fröhlichen Geheimnisträger.

Pfarrer Gunther Geipel, Bad Elster

06.02.2022

Katholisch
5. Sonntag im Jahreskreis
Jes. 6,1-2a.3-8; 1. Kor. 15,1-15; Lk. 5,1-11: Vom Mut zum Neuaufbruch

Exegetische Einordnung zu Lukas 5,1-11 (synoptischer Vergleich)

Den Bericht vom Anfang des öffentlichen Wirkens Jesu hat jeder der Evangelisten auf seine Weise gestaltet. Lukas, der uns durch dieses Jahr begleitet, gibt seinem Material eine eigene Ordnung im Sinne einer historisch-biographisch sinnvollen Darstellung. Nach der Antrittspredigt in Nazareth (Evangelium des vergangenen Sonntags) folgt heute die Berufung der Jünger. Lukas ist der beste Schriftsteller des Neuen Testaments, und er setzt auch hier seine literarischen Fähigkeiten ein. Der Überlieferung nach ist er von Beruf Arzt, aber auch Maler; und so malt er mit gekonnten Tupfern und Konturen in nur 11 Versen ein faszinierendes Bild, das seinen erzählerischen Meisterstücken (Verkündigung, Weihnacht, Samariter, verlorener Sohn, Emmaus) an Anschaulichkeit und Eindringlichkeit in nichts nachsteht. Er gibt der ersten Berufung der Jünger den Rahmen einer Bootsgeschichte, der ersten, der viele weitere folgen werden. Er verlagert das Geschehen, das bei Markus (1,16-20) am Ufer des Sees stattfand, auf das Boot der Fischer selbst. Hinzu kommen Motive, die auch in der Ostererzählung Johannes 21,1-11 verwendet sind.

Der irdische Jesus und der auferstandene Christus ähneln sich zum Verwechseln. Es klingt von Anfang an die Bilderwelt vom „Schiff, das sich Gemeinde nennt", an. Wir sitzen mit Jesus in einem Boot. Jesus ist Herr über Meer und Sturm und beschenkt uns mit überreichem Fischfang. So bekommt das von Jesus geformte Wort von den *Menschenfischern* (Mk 1,17) narrative Dichte: *Von jetzt an wirst du Menschen fangen.* (Lk 5,10) Jesus, der von Hause aus ein Handwerkersohn aus der Landstadt Nazareth ist, ist auch als Lehrer und Führer im Boot überlegen. Er weiß genau, was er will, und gibt klare Anweisungen, ohne sich durch Einwände irritieren zu lassen. Es werden auch schon die Namen der Dreiergruppe Petrus, Jakobus und Johannes genannt, wie sie im Verlauf des Evangeliums immer wieder hervortritt. (Der bei Markus mitgenannte Andreas bleibt unerwähnt.)

Eine eigentliche Berufung, etwa mit den Worten: *Folgt mir nach!*, wird nicht erzählt. Von Nachfolge ist erst im Schlussvers die Rede: *Sie verließen alles und folgten ihm nach.* (5,11) Der Hauptinhalt verlagert sich auf die Wirksamkeit des Wortes und den Erfolg der Mission trotz ungünstiger Voraussetzungen. Das Thema wird schon im ersten Vers vorgegeben: Die Volksmenge bedrängt Jesus, um das Wort Gottes zu hören. Auf das Wort Jesu hin wirft Simon die Netze noch einmal aus – entgegen aller Fischererfahrung am helllichten Tag. Die Erzählung ist also eine Ermutigung zum Glauben auch gegen das Schwergewicht der Erfahrung. Es braucht Geduld und Vertrauen, bis sich am Ende die überwältigende Wirksamkeit des Wortes erweist.

Predigtaufriss

Bei einem Treffen mit Seelsorgern wurden die Teilnehmer gefragt, welchen Berufswunsch sie als Kinder hatten. Dabei kamen die üblichen Verdächtigen heraus wie Astronaut oder Lokomotivführer, aber auch Normales wie Maurer oder Polizist. Keiner hatte direkt seinen beruflichen Kindheitstraum verwirklicht; aber bei genauem Hinsehen hatten sich die Träume auf eine andere Weise doch verwirklicht: Wer Maurer werden wollte, wird Schriftsteller und baut dann mit Worten ein Haus, in dem Menschen sich zuhause fühlen. Der Möchtegern-Lokomotivführer wurde Leiter einer großen Einrichtung, wo er vieles in Bewegung setzt und in Bewegung hält. Die Jünger Jesu wollten Fischer werden und sind es geworden. Jesus lässt sie das Wesentliche an diesem Beruf bewahren, wenn er zu Simon sagt: *Von jetzt an wirst du Menschen fangen.* Jesu geniales Bildwort vom Menschenfischer meint, dass jemand Menschen um sich sammelt und sie für das Evangelium gewinnt. Für Fische ist es todbringend, wenn sie den Fischern ins Netz gehen. Für Menschen ist es Anfang neuen Lebens, wenn sie von Jesu Wort gefesselt, vom Reich Gottes in Bann geschlagen und in die Netzwerke der Glaubensgemeinschaft verstrickt werden.

Wie ist die Arbeit der Fischer? Kaum ein Beruf hat so viele Facetten. Manchmal scheint die Arbeit bequem und meditativ: abwarten, stundenlang auf der Lauer liegen, Himmel und See beobachten, sich die Fische einfach ins Netz treiben lassen. Dann erfordert sie von einem Moment auf den anderen höchste Konzentration und Anstrengung: sofort zupacken, die Gelegenheit blitzschnell beim Schopf ergreifen. Ein anderes Mal ist sie raffiniert und verschlagen: mit allen Tricks, mit List und Tücke den geheimen Wegen der Fische unter Wasser auf die Schliche kommen. Oder sie ist systematisch und pedantisch: die Netze reparieren und jedes kleinste Loch flicken, gewissenhaft Angel oder Netz auswerfen, es unzählige Male haargenau ausrichten, auf jedes Detail achten, damit einem die große Chance nicht durch die Lappen geht. So vielseitig und abwechslungsreich ist die Arbeit im Reich Gottes. So wünscht sich Jesus seine Mitarbeiter: geduldig und vertrauensvoll, zupackend und ideenreich. Die Kontinuität zwischen dem alten und dem neuen Beruf des Petrus zeigt sich darin, dass er zunächst einmal gar nichts Besonderes tun soll, sondern genau das, was er ein Leben lang immer schon getan hat: auf den See hinausfahren und die Netze auswerfen. Allerdings – und darauf kommt es an – ändert sich die Motivation: nicht mehr aus Gewohnheit, sondern auf das Wort Jesu hin, voll Vertrauen in die verwandelnde Kraft des Evangeliums.

Der wunderbare Fischfang ist ein Bild für missionarische Seelsorge. Manche Assoziationen, die dieses Bild weckt, sind nicht angenehm: jemandem ins Netz gehen, am Angelhaken zappeln, aus seinem Lebenselement herausgerissen werden. Zum Reich Gottes gehört die deutliche, manchmal schmerzliche Loslösung aus alten Bindungen, so wie die Jünger am Ende der Erzählung heute *alles verlassen*. Aber dieser Verzicht ist kein Selbstzweck, sondern geschieht mit Blick auf eine größere Verheißung. Am Ende des Johannesevangeliums ist der wunderbare Fischfang als Begegnung mit dem Auferstandenen erzählt: Über dem missionarischen Wirken der Kirche liegt österlicher Glanz.

Die Nachfolger des Petrus berufen sich gern auf den Auftrag Jesu: *Fahr hinaus auf den See!* Der hl. Johannes Paul II. hat vor gut 20 Jahren den Schritt der Kirche ins neue Jahrtausend so überschrieben. Benedikt XVI. hat unter diesem Wort seinen Petrusdienst angetreten. Und Papst Franziskus spricht häufig von der „chiesa in uscita“, schwer zu übersetzen, etwa „Kirche im Aufbruch". Es geht nicht darum, gut vertäut im Hafen zu liegen, sondern die Sicherheit des Hafens hinter sich zu lassen und aufs offene Meer hinaus aufzubrechen: Leinen los!

Missionarische Seelsorge ist alles andere als stumpfe Routine. Man muss die eigene Trägheit und Müdigkeit überwinden und einfach mal etwas Verrücktes und Aussichtsloses tun. Simon Petrus muss auch am helllichten Tag nach der vergeblichen Anstrengung der Nacht noch einmal die Netze auswerfen. Er tut etwas, das all seiner Lebenserfahrung und seinem beruflichen Sachverstand widerspricht. In den Augen seiner Umwelt macht er sich damit lächerlich. Wir kennen die Einwände der Skeptiker und Besserwisser: Das hat doch keinen Zweck; das haben wir doch alles schon probiert; das hat doch noch nie etwas gebracht. Jesus bringt das Murren und Nörgeln der Bremser und Bedenkenträger zum Schweigen und schenkt allen, die auf sein Wort hin mitmachen, die Erfahrung eines überwältigenden Erfolgs.

Dabei ist Jesus selbst nicht durchgängig ein Erfolgstyp. Gerade erst (Lk 4, Evangelium letzten Sonntag) hat sein Wirken in Nazareth mit einem schlimmen Misserfolg begonnen. Wie bei uns auch ist sein Leben eine bunte Abfolge von Scheitern und Gelingen. Jesus misst den Wert seines Tuns nicht an Wirkung und Beliebtheit, sondern an der Treue zu seiner Sendung. In dieses Spannungsfeld zwischen Resignation und Jubel nimmt Jesus auch die Jünger mit hinein: Zuerst die kleinmütige Klage über den vergeblichen Fischfang, die fruchtlose Plackerei: *Wir haben die ganze Nacht gearbeitet und nichts gefangen.* Dann die Überraschung der übervielen Fische und die Freude über den unerwarteten Erfolg. Zwischen den leeren Netzen und der Niedergeschlagenheit der Jünger am Anfang und dem jubelnden Staunen über die bis an den Rand gefüllten Boote am Ende liegt eine dritte Station, die entscheidende: das Wort Jesu, die Einladung zu Aufbruch und Nachfolge.

Alles dreht sich um diese Mitte. Das Wort Jesu bewirkt den Umschwung. Die Erzählkunst des Lukas nimmt uns mit in das dramatische Wechselbad extremer Gefühle, das Petrus durchmacht: Stolz darüber, dass Jesus in sein Boot steigt, Niedergeschlagenheit, weil die ganze Nacht nichts gefangen wurde, Jubel über den reichen Fischfang, Zerknirschung beim Sündenbekenntnis, Mut beim Aufbruch in die Nachfolge.

Die missionarische Seelsorge ist für Jesus selbstverständlich Teamarbeit. Von Anfang seines Wirkens an beruft er Jünger als Mitarbeiter. Er will kein Einzelkämpfer und Einzelgänger sein, kein einsamer Rufer in der Wüste wie sein Vorläufer und Lehrer Johannes. Für „kooperative Pastoral" hätte er viel übrig. Wer bei diesem Werk mitmacht, ist kein Angestellter mit Arbeitsvertrag, sondern einer, der den Inhalt der Botschaft am eigenen Leib erfahren hat. Bevor Petrus Zeuge und Bote der Barmherzigkeit Gottes werden kann, muss er diese Barmherzigkeit erst ganz handgreiflich am eigenen Leib erfahren haben. Er muss vor Jesus auf die Knie sinken und bekennen: *Herr, geh weg von mir; ich bin ein sündiger Mensch.*

Ähnlich hatte es schon Jesaja erlebt, dem bei seiner Berufung eine glühende Kohle auf seine unreinen Lippen gelegt wird, damit er fähig wird, Gottes Wort zu verkünden. Keiner kann glaubwürdig für das Reich Gottes arbeiten, der nicht zuvor im eigenen Leben die radikale Bekehrung von der Ichbestimmtheit zum Gehorsam gegen Jesu Wort durchgemacht hat. Bischof Wanke sagt: „Das Evangelium ist nicht einfach so in unsere Verfügung gegeben, dass wir es wie eine Tablette weiterreichen könnten. Wir bedürfen selbst dieser Medizin, dieser Speise, dieser Lebensorientierung vom Wort Gottes her – und zwar ständig und ohne darin je zu einem Abschluss zu kommen." Wie gut tut uns so eine lebensnahe Ermutigung zum Glauben und zur tätigen Nachfolge! Auch wenn uns die Aufbruchsrhetorik manchmal ermüdet: Wie sehr brauchen wir nach den Entbehrungen und Rückschlägen der Corona-Krise die Ermutigung zu einem neuen missionarischen Anfang! Amen.

Kollekte

Unendlich großer Gott, Du vertraust unseren unreinen Lippen und unseren schwachen Händen die Aufgabe an, die Botschaft von Deiner Barmherzigkeit zu verkünden und Menschen für Dein Reich zu gewinnen. Komm uns zu Hilfe mit Deinem Geist und öffne unsere Herzen für Dein Wort, damit es überall auf der Welt fruchtbar wird. Amen.

Weihbischof Dr. Johannes Bündgens, Bistum Aachen

Evangelisch
4. Sonntag vor der Passionszeit
Matthäus 14, 22 – 33: Gottvertrauen führt zur Geborgenheit in Christus

I.

Wohl jeder kennt die Redewendung „Na, der ist auch ins kalte Wasser geworfen worden…" Das bringt immer zum Ausdruck, dass jemand mit einer Situation, mit Herausforderungen oder Aufgaben konfrontiert ist, ohne darauf richtig vorbereitet zu sein oder zu wissen, was da wirklich auf ihn zukommt. Diese Redewendung wird vor allem in einem sehr wichtigen Lebensbereich der Menschen angewandt: bei Arbeit und Beruf.

Wir alle erleben es wohl im Leben selbst irgendwann einmal oder sogar öfter, dass wir „ins kalte Wasser geworfen werden". Und wir schlagen uns dann mal recht, mal schlecht, mal wacker, mal weniger gut. Das ist ganz unterschiedlich.

Nun hören wir da heute auch eine starke Geschichte aus dem Matthäus-Evangelium als Predigttext. Es ist eine berühmte Erzählung. Kein guter Jesusfilm lässt sich diese Geschichte entgehen. Luther hat sie so schön überschrieben mit den Worten „Jesus und der sinkende Petrus auf dem See". Und diese Geschichte fordert schon ein genaues Lesen und Hinhören. Es ist eine Geschichte von Gottvertrauen und Geborgenheit bei Gott in stürmischen Zeiten, eine Geschichte darüber, wie Jesus den Jüngern Seine Vollmacht offenbart, und es ist eine Geschichte vom Bekenntnis der Jünger zu Christus.

II.

Auf den ersten Blick wirkt dieser Bericht aus dem Markus-Evangelium wie eine klassische Wundergeschichte: Jesus wandelt über den See, Er stillt den Sturm und rettet Petrus und die Jünger. So weit, so gut. Das alles steckt da drin, aber noch viel mehr!

Das Ganze ist eine Geschichte zwischen Jesus und seinen Jüngern. Und damit sind wir auch sofort selbst mitten in dieser Geschichte drin: Es geht um das Verhältnis der Christen zu Christus. Da geht es auch um uns selbst in dieser Geschichte. Dieses Geschehen spielt sich nur zwischen Jesus und den Jüngern ab, hier werden keine Zeugen von außen benannt. Kurz vorher gab es einen großen Menschenauflauf. Da kam es zu dem großen Wunder der Speisung der 5000. Nun ist dieses Wunder vorbei. Die Menge verläuft sich langsam. Und Jesus schickt die Jünger voraus mit einem Boot. Sie sollen über den See vorausfahren. Er wird nachkommen. Er geht auf einen Berg zum Beten. Er will beten, danach will er sich vielleicht auch einfach etwas ausruhen nach diesem großen Wunder und den vielen Gesprächen dieses langen Tages.

Nun, die Jünger legen ab und Jesus geht zum Gebet auf den Berg. Geraume Zeit später, es müssen wohl nach der Schilderung des Matthäus einige Stunden gewesen sein, bricht in der Nacht ein Sturm aus. Das kann dort schnell gehen. Auch am Chiemsee kann man das erleben, wie schnell das Wetter umschlagen kann und ein Sturm aufkommt. Die Jünger bekommen große Angst und Furcht ergreift sie. Sie geraten in Panik. Sie sind gleich mit drei furchteinflößenden Gefahren konfrontiert: dem wilden Wasser, dem Sturm und der finsteren Nacht mit ihrem Unwetter.

Das Wasser, der Sturm und die Nacht werden hier für die Jünger zu Symbolen und Erfahrungen von Not, Angst und Tod. Sie sind in Seenot, sie haben Angst um ihr Leben, sie fürchten sich vor dem Tod. Sie sind buchstäblich ins kalte Wasser geworfen, sie sind in ihrem Boot dem Wasser ausgeliefert. Und Jesus? Er hat sie allein auf die gefährliche Fahrt losgeschickt. Er ist nicht da.

Nun geschieht mitten in diesem Sturm aber das ganz Besondere: Jesus kommt zu ihnen. Er läuft über das Meer. Wer wie manche modernen Menschen und auch Theologen in Jesus nur den guten Menschen aus Nazareth sieht, der wird an diesem Wunder zweifeln und das als typische Wunderlegende der Antike abtun. Aber so einfach sollten wir es uns nicht machen. Es steht ja nun einmal so da in der Hl. Schrift. Und die Erklärung ist relativ einfach: Wer die biblische Botschaft und das Glaubensbekenntnis ernst nimmt, der erkennt in Jesus Christus immer gleichzeitig den Sohn der Jungfrau Maria, also den Menschensohn, und den Sohn Gottes. Jesus ist nämlich immer beides: Er ist immer zugleich wahrer Gott und wahrer Mensch.

Die Kirche hat dies schon sehr früh als Zusammenfassung der biblischen Botschaft von Jesus Christus so festgehalten. Und die Christen haben bis heute daran festgehalten. Wer diesen entscheidenden Glaubenssatz wirklich ernst nimmt, dass Jesus wahrer Gott und wahrer Mensch ist, der hat mit diesem Wandeln Jesu über den See überhaupt kein Problem. Der Sohn Gottes kann das! Und Er zeigt es den Jüngern, dass Er es kann. Und damit zeigt Er ihnen einmal mehr auch, wer Er ist!

Die Kirche hat diese Geschichte auch immer so ausgelegt: als eine Selbstoffenbarung Jesu. In der Zeit nach Weihnachten schauen wir besonders darauf, wer dieser Christus ist für die Jünger – und auch für uns, Dessen Geburt wir an Weihnachten feiern. Wir schauen darauf, wie Er sich zeigt, in welchem Licht Er sich präsentiert. Er ist ja der Morgenstern der Schöpfung, in Ihm ist Gott selbst auf die Erde und zu uns Menschen gekommen, damit der Welt und uns allen ein Licht aufgeht.

III.

Nun – unsere Geschichte wird aber noch richtig spannend und dramatisch. Die Jünger erkennen Jesus nämlich zuerst gar nicht mitten im Sturm. Sie halten ihn für ein Gespenst, ja für einen Geist, fast so wie sie in der Filmreihe „Fluch der Karibik" aus dem Meer auftauchen. Sie sind zunächst so blind gegenüber Jesus, wie wir es selbst oft im Leben sind. Jetzt fürchten sie sich also nicht nur vor dem Sturm und dem wilden Wasser, sondern auch noch vor dieser Erscheinung. Wir können uns das richtig schön vorstellen. Da kämpfen sie gerade darum, mit ihrem Boot nicht unterzugehen. Und dann sehen sie da buchstäblich noch Gespenster. Das meinen sie zumindest. Das muss ein ziemliches Geschrei gewesen sein an Bord.

Doch Jesus kommt näher und gibt sich zu erkennen: „Seid getrost, Ich bin's; fürchtet euch nicht!" Kurz und klar, einfach und treffend sind diese Sätze Jesu. Das hat schon der äußerst originelle Wiener Schriftsteller Günther Nenning einmal geschrieben, dass die Sätze Jesu meist „scharf sind wie ein Pfitschipfeil"... Und es sind immer Sätze, die sich auch an uns richten, gerade wenn wir im eigenen Leben stürmische Zeiten erleben, wenn es in der Familie Probleme oder große Sorgen gibt, wenn uns Unfall, Krankheit und Leid treffen, wenn wir mit Sterben, Tod und Trauer konfrontiert sind, oder auch einer Lebenskrise. Oder auch wenn es am Arbeitsplatz oder in der Schule nicht gut läuft.

Christus kommt als Helfer zu uns. Das ist eine zentrale Aussage und Botschaft unseres Glaubens. Er gibt sich uns zu erkennen, Er offenbart sich. Es geht in dieser Geschichte daher nicht nur um die bloße Rettung, sondern auch um Offenbarung und Gottvertrauen. Jesus zeigt, wer Er ist: Seine Jünger können immer auf Seine Hilfe vertrauen. Und das gilt eben auch für uns. Auch wir dürfen getrost sein wie die Jünger damals im kalten und stürmischen Wasser. Auch wir brauchen keine Angst mehr haben, wenn die Wellen des Lebens einmal hoch schlagen. Und das kommt immer wieder vor.

Angst und Furcht begleiten unser ganzes Leben. Es gibt immer wieder Phasen im Leben, wo wir Angst haben. Ein starker Glaube an Jesus Christus ist freilich das beste Mittel gegen Angst. Gott schenkt uns Seinen Sohn als Retter und den Heiligen Geist als Tröster. Der Glaube an Jesus überwindet die Angst. Deswegen brauchen wir auch nicht bei der Furcht stehenzubleiben. „Seid getrost, ich bin's; fürchtet euch nicht!" Das ruft Jesus damals seinen Jüngern zu. Dieser Ruf gilt aber gleichzeitig auch uns. Auch wir sollen getrost sein. Er steht zu uns, wir brauchen uns im Leben nicht zu fürchten! „Siehe, ich bin bei euch bis an der Welt Ende!", das ruft Jesus allen Christen zu! (Matthäus 28,20)

IV.

Nun erkennen die Jünger Jesus. Und Petrus wendet sich voller Vertrauen an Ihn. Auch er will über das Wasser wandeln. Früher gab es mal eine Werbung für das Getränk „Red Bull", die hieß: „Red Bull verleiht Flügel!" Für uns Christen gilt: Der Glaube verleiht Flügel, der Glaube beflügelt Menschen. Petrus glaubt an Jesus und vertraut sich hier ganz Jesus an. Er ruft ihm zu: „Herr, bist du es, so befiehl mir, zu dir zu kommen auf dem Wasser." Er begibt sich also vollständig in die Hand Jesu. Und Jesus befiehlt ihm tatsächlich zu kommen. Petrus wagt es, er geht tatsächlich einige Schritte über das Wasser und läuft auf Jesus zu.

Wenn wir glauben, können wir über uns hinauswachsen, dann lässt uns Gott auch über uns hinauswachsen. Da erleben wir nun auch Gottvertrauen in höchstem Maße. Petrus vertraut auf Jesus und schafft es tatsächlich, über den See zu laufen.

Aber es menschelt auch bei Petrus. Er kriegt Angst vor der eigenen Courage. Er sieht und spürt den starken Wind und denkt einen kurzen Moment lang mehr an den Sturm als an Jesus. Und da beginnt er zu sinken. Jesus rettet ihn natürlich vor dem Untergehen. Er nimmt ihn an der Hand. Aber Petrus holt sich natürlich auch seinen Tadel ab bei Jesus, der ihm vorhält: „Du Kleingläubiger, warum hast du gezweifelt?"

Diese Szene ist auch für uns sehr wichtig. Denn auch wir sind oft genug Kleingläubige, wir zweifeln daran, dass Jesus auf unserer Seite steht und dass Er uns wirklich hilft. Das ist im Kleinen wie im Großen so. Das ist im Alltag so wie in der großen Politik. Angst ist da immer ein schlechter Ratgeber. Manchmal trauen wir Gott auch viel zu wenig zu. An der Wursttheke heißt es oft, wenn statt 300 Gramm Wurst 330 Gramm auf der Waage liegen: „Darf's ein Bissel mehr sein?" Diese Frage kann man auch im Blick auf den Glauben manchen Gläubigen stellen: „Ihr lieben Christen, darf's vielleicht ein Bisschen mehr Gottvertrauen sein im Leben?"

V.

Unsere Geschichte kommt zu einem guten Ende. Natürlich kommt es zum Happy End, natürlich nimmt diese ganz besonders spannende und auch dramatische Geschichte einen guten Ausgang. Jesus und Petrus schwingen sich in das Boot und der Sturm legt sich. Das führt dann zur Anbetung und zum Glaubensbekenntnis: „Die aber im Boot waren, fielen vor ihm nieder und sprachen: Du bist wahrhaftig Gottes Sohn!"

Das ist eines der frühesten Glaubensbekenntnisse überhaupt, das uns überliefert wird. Du, Jesus, bist wahrhaftig Gottes Sohn! Das ist ein totales und absolutes Bekenntnis zu Christus. Das sagt alles aus! Das ist der Höhepunkt an menschlicher Einsicht, an menschlicher Erkenntnis, an menschlicher Weisheit: Jesus Christus ist Gottes Sohn. Er ist es, der uns rettet. Und das führt zur Anbetung. Wer dies einmal erkennt, der kann gar nicht mehr anders, als niederzuknien und Christus anzubeten. Wer Jesus als Sohn Gottes erkennt und anbetet in seinem Leben, der gelangt wie Petrus und die Jünger vom Sturm zur Stille, von der Panik zum Dank, von der Bedrohung zur Rettung, von der Krise zur Hilfe, vom wilden Wasser zum Heil, ja zum Heiland, der uns an der Hand nimmt, und vom eigenen Versagen zum Gehaltensein durch Jesus! Das ist die Richtung, die die Jünger in dieser Geschichte einschlagen: aus der Not zu Christus. Beten wir darum, dass es uns auch immer wieder gelingt, genau diese Richtung einzuschlagen: von uns zu Jesus und immer wieder in unserem Leben zu Christus. Dann kommen auch wir immer wieder sicher an Land, auch wenn wir manchmal selbst ins kalte Wasser geworfen werden und manche stürmische See erleben. Christus führt uns als Lotse sicher an Land. Amen.

Pfarrer Prof. h. c. Dr. Jürgen Henkel, Selb

13.02.2022

Evangelisch
Septuagesimae
Jeremia 9, 22-23: Der Büffel prahlt nicht mit seiner Kraft

I.

Vielleicht kennen Sie auch den alten Spruch: „Die lautesten Kühe geben die wenigste Milch." Ein anderes Sprichwort besagt so schön: „Dem Prahlhans legt sogar der Hahn Eier." Nun, in beiden Sprüchen geht es letztlich darum, wie sehr Angeber und Angeberei nerven können. Und vor allem: wie sehr die Angeberei auf Sand gebaut ist.

Ich weiß nicht, wie es Ihnen geht, aber es gibt Menschen, die können ungeheuer nerven. Jeder hat da wohl andere Kandidaten für diese Kategorie an Mitmenschen, die einem besonders auf die Nerven gehen. Bei mir persönlich sind es vor allem Angeber, Wichtigtuer und Menschen, die sich selbst maßlos überschätzen. Und davon gibt es leider genug auf dieser Welt. Oft genug erlebt man es im alltäglichen Gespräch und überhaupt im Alltag ja, dass es da Menschen gibt, die sich für besonders schlau, für besonders intelligent oder für besonders unwiderstehlich halten. Wobei jeder mit ein Bisschen Menschenkenntnis schnell merkt: da ist nicht alles Gold, was glänzt. Da muss man nur ein wenig kratzen, schon ist der Lack ab.

Auf der anderen Seite gibt es hochintelligente Menschen, die von besonderer Bescheidenheit geprägt sind. Zum Beispiel Albert Einstein. Wenn man seinen Lebensbeschreibungen glauben darf, war dieses Genie der Menschheit einer der persönlich bescheidensten Menschen, die je auf Gottes Erdenrund gelebt haben.

II.

Nun hören und erfahren wir heute aus dem Buch des Propheten Jeremia in zwei Versen auch einmal – wenn wir so wollen – etwas Persönliches von Gott. Und das kann uns durchaus aufhorchen lassen. Denn auch Gott kann Leuten, die sich rühmen – also Angebern, Wichtigtuern und Prahlhänsen jeglicher Art – nicht wirklich etwas abgewinnen. Wir sollen uns nach dem Willen Gottes nicht einmal rühmen, wenn wir selbst wirklich etwas vorzuweisen haben. Und wir Menschen haben ja alle doch irgendetwas vorzuweisen, sogar einiges: Manche Menschen sind weise und gebildet, manche sind körperlich stark und kräftig, manche sind reich, manche sind sportlich spitze. Manche können gut reden, manche können gut schreiben, andere sind besonders empathisch und können ihre Mitmenschen gut verstehen.

Nun haben weder Gott selbst noch der Prophet Jeremia damals, als diese Verse geschrieben wurden, die deutschen Sozialsendungen gekannt, die im Privatfernsehen laufen. Das ist ja oft ein mehr als lächerlicher Jahrmarkt der Eitelkeiten, der dem deutschen Volk da Nachmittag um Nachmittag und Abend für Abend vorgeführt wird. Da darf man eine reiche Familie begleiten bei Einkäufen und denen beim Kochen zuschauen. Da kann man zuschauen, wie Nobelimmobilienmakler Villen auf Madeira oder in Monaco an ihre reichen Kunden bringen, die natürlich nicht beim billigsten zugreifen. Das geht dann nach dem Motto: Darf's noch eine Million mehr sein?

Keine Frage: Der Hochmut, die Überheblichkeit, die Eitelkeit und der Stolz – das alles steht für fehlende Demut, für fehlende Bescheidenheit. Hochmut, Überheblichkeit und Stolz – all das ist eine besonders schwere Sünde, ein echtes Laster. All das sind falsche Haltungen, die der Mensch bei sich bekämpfen soll, die der Mensch ablegen soll. Und das vor allem, weil es hier um Haltungen der Ichbezogenheit geht. Es geht dabei um Egozentrik. Der Mensch stellt sich selbst in den Mittelpunkt und kreist nur noch um sich selbst. Wer sich selbst für den Größten hält, hat den Blick nicht mehr frei für Gott, den Allerhöchsten und Allergrößten.

Gott selbst bringt das hier recht klar zum Ausdruck, wenn er seinem Volk damals – und damit auch uns heute – durch den Propheten Jeremia ausrichten lässt: *„Ein Weiser rühme sich nicht seiner Weisheit, ein Starker rühme sich nicht seiner Stärke, ein Reicher rühme sich nicht seines Reichtums."*

Also: klare Ansage! Keiner soll sich eigener Leistungen wie Reichtum oder Weisheit oder auch eigener Begabungen wie Stärke rühmen. Wobei hier auch spannend ist, dass Gott nicht zu einer eigenschaftslosen und inhaltsleeren Demut aufruft. Gott sagt hier nichts gegen Weisheit und Stärke von Menschen. Im Neuen Testament herrscht da manchmal noch ein anderer verschärfter Akzent. Da wird menschliche Philosophie und Weisheit manchmal in Bausch und Bogen verdammt. Wobei es zu Zeiten des Jeremia im Volk Israel anders als zur Zeit des Neuen Testaments natürlich auch noch keine Philosophie wie in Griechenland oder Rom gab. Da waren später schon auch Philosophen darunter, die die Frage nach Gott zu einem Denksport degradierten. Viele „Weise", Schlaue und Philosophen versuchten, die große Wirklichkeit des lebendigen Gottes in menschlichen Konzepten, Denkmodellen und Sprachspielen einzupressen und auszudrücken. Das wird Gott natürlich nie gerecht.

In der Zeit des Jeremia gab es solche Philosophien nicht im Volk Israel. Deshalb muss Gott auch damals nicht über den Propheten Jeremia vor solchen Philosophen und Weisen warnen lassen. Er warnt nur vor dem falschen Rühmen, vor dem Prahlen mit der eigenen Weisheit und Schläue, vor der Angeberei. Ja nicht einmal der Reichtum wird hier abgelehnt, der sonst in der Bibel ja sehr gerne kritisch gesehen und oft massiv abgelehnt wird. Nein, der Reichtum an sich wird hier nicht abgelehnt. Wohl aber wieder die Angeberei, das Zurschaustellen des Reichtums.

III.

Nun bleibt unser Bibelwort – und damit natürlich Gott selbst, nicht bei der Kritik an der Angeberei und am Sich-selbst-Rühmen und der Prahlerei stehen. Sondern Gott sagt hier sehr wohl auch positiv, was der Mensch tun soll. Und da sind wir nun im Verhältnis zwischen Mensch und Gott bei einem anderen schönen Sprichwort, in diesem Fall aus dem Senegal. Dort heißt es so schön: *„Der Büffel prahlt nicht mit seiner Kraft, wenn der Elefant da ist."* Und Gott ist größer, stärker, mächtiger, weiser und reicher als alle Menschen zusammen. Der Mensch ist mächtig, Gott ist allmächtig. Der Mensch ist weise, Gott ist die Weisheit selbst. Der Mensch ist klug und wissend, Gott ist allwissend. Mancher Mensch ist reich, Gott gehört das ganze Universum.

Gott sagt uns hier recht genau, wer als Mensch wirklich klug ist und wessen man sich als Mensch rühmen darf und soll. *„Wer sich rühmen will, der rühme sich dessen, dass er klug sei und mich kenne, dass ich der Herr bin, der Barmherzigkeit, Recht und Gerechtigkeit übt auf Erden; denn solches gefällt mir, spricht der Herr.“*

Also wir dürfen uns durchaus rühmen. Aber nicht unserer eigenen Leistungen und Begabungen. Denn das kommt alles von irgendwo her. Manches ist uns von Gott in die Wiege gelegt. Manches haben wir uns mit Seinem Segen mühevoll erarbeitet. Diese Verse sind auch ein Aufruf, dass wir uns immer wieder über die Rolle Gottes in unserem Leben Gedanken machen. Auch wenn es oft so wirkt: nichts fliegt uns einfach so zu. Gott schenkt uns unsere Begabungen. Er segnet unser Werk, wenn es in Seinem Sinne ist, was wir tun. Immerzu sollen wir an Gott denken in unserem Leben. Immerzu sollen wir Ihm danken für das, was wir sind und was wir haben, was wir erreichen und was uns gelingt. Nichts kommt von selbst oder aus eigener Kraft. Manches ist hart erarbeitet in unserem Leben. Alles aber ist immer auch ein Geschenk Gottes.

Wenn wir uns überhaupt rühmen wollen, dann sollen wir uns Gottes rühmen! Wir können und wir sollen uns rühmen, dass wir klug sind und Gott kennen. Wir sollen und wir können uns rühmen, wenn wir wissen, dass Er der Herr ist. Und dann zählen eben auch nicht mehr unsere Weisheit und Schläue, unsere Stärke oder unser Reichtum und Wohlstand. Sondern bei Gott und für Gott zählen andere Werte auf Erden: Barmherzigkeit, Recht und Gerechtigkeit.

Barmherzigkeit, Recht und Gerechtigkeit, das sind die ewigen Werte Gottes für die Welt, für die Schöpfung und für uns Menschen. Gott will, dass diese Werte herrschen auf Erden: Barmherzigkeit, Recht und Gerechtigkeit. Da herrscht noch viel Handlungsbedarf auf Erden. Wenn wir uns rühmen wollen, dann sollen wir uns rühmen, dass wir Gott kennen. Und dann auch nicht länger nur auf uns selbst schauen, sondern immer auch auf die anderen Menschen und die ganze Welt. Und wenn wir Gott kennen und an Ihn glauben und das ernst meinen, dann können wir alle auch daran mitwirken, dass Gottes Reich auf Erden wächst und sich ausbreitet. Dass Barmherzigkeit, Recht und Gerechtigkeit zunehmen auf dieser Erde. Da gibt es noch viel zu tun. Packen wir's an und verlieren unsere Zeit nicht mit allerlei Angeberei und falschem Prahlen und Selbst-Rühmen. Unser Blick gilt immer Gott, den wir in der Bescheidenheit des Jesuskinds in der Krippe und der Demut des Leidens am Kreuz für uns kennengelernt haben. Christus sollen wir rühmen, nicht uns selbst. Amen.

Pfarrer Prof. h. c. Dr. Jürgen Henkel, Selb

20.02.2022

Katholisch
7. Sonntag im Jahreskreis
1. Sam. 26,2.7-9.12-13.22-23; 1. Kor. 15,45-49; Lk. 6,27-38
Homilie: Der Liebe Raum geben

Liebe Brüder und Schwestern im Herrn!

Die von der Kirche für diesen Sonntag vorgesehenen Texte der Lesungen und des Evangeliums lassen sich unter das Leitwort stellen: *„Denn nach dem Maß, mit dem ihr messt, wird auch euch zugemessen werden"* (Lk. 6,38c).

In unserem Leben sind wir immer wieder darauf bedacht, Ordnung zu schaffen. Dies gilt für uns selbst, aber auch für die mitmenschlichen Beziehungen; um die rechte Ordnung geht es vor allem in unserem Verhältnis zu Gott, unserem Herrn, dem wir als Schöpfer alles verdanken, was wir sind und haben, und der unser Erlöser und Heiligmacher ist. In unserem Gewissen erkennen wir das Gute, das wir tun sollen, und das Böse, das es zu meiden und zu unterlassen gilt. Die rechte Ordnung ist uns zugänglich kraft unserer Vernunft und vor allem im Glauben an die göttliche Offenbarung. Worin aber besteht diese gute Ordnung für uns – was ist das rechte Maß?

Wir können zuerst ausgehen von einer Beziehung der Gegenseitigkeit: Als Menschen sind wir einander ebenbürtig. Wir besitzen dieselbe Würde und dieselben grundlegenden Rechte und Pflichten. Die „Goldene Regel", welche zum ethischen Kernbestand der Menschheit gehört und an die auch Jesus seine Jünger und Zuhörer erinnert, lautet in ihrer positiven Fassung: *„Und wie ihr wollt, dass euch die Menschen tun sollen, das tut auch ihr ihnen!"* (Lk. 6,31) Gegenüber der negativen Fassung, die wir vom Sprichwort her kennen („Was du nicht willst, dass man dir tu', das füg' auch keinem andern zu!"), ist die von Jesus vorgestellte Form der „Goldenen Regel" anspruchsvoller. Nicht die Angst vor dem Verlust des Eigenen oder der Verletzung eigener Rechtsansprüche durch den anderen bestimmt das Handeln, sondern die zuvorkommende Liebe zum Nächsten gibt uns das Maß vor, wie wir handeln sollen. Auf diese Weise wird die Logik des bloßen Anspruchs und der gegenseitigen Forderungen durchbrochen und der Liebe über die Gerechtigkeit hinaus Raum gegeben. Im Grunde ist hier eine Dynamik des Wachstums im Guten eröffnet, die keine Grenzen nach oben hin kennt.

Aber schon hier mag die Frage hochkommen: Sind wir da nicht überfordert? Geraten wir damit nicht unter den Druck einer Leistungsgerechtigkeit, die zwar dem Mitmenschen alles Mögliche schenken und zukommen lassen will, dabei aber auf sich selbst vergisst und so die eigenen Grundlagen untergräbt? Wo bleibt die rechte Selbstliebe, die ja immerhin die natürliche Grundlage der Liebe zum anderen ist oder zumindest als Grundvoraussetzung nicht einfach übergangen werden darf? Und noch krasser stellt sich das Problem angesichts der von Jesus über die bloße Nächstenliebe hinaus noch eingeforderten Feindesliebe! Wer ist diesem Anspruch gewachsen? Wer kann einem solchen Maß entsprechend leben und handeln? Versagen wir hier nicht alle? Ja, natürlich!

Spätestens hier sollte der Mensch erkennen, dass die eigenen Kräfte nicht ausreichen, um das Gute zu tun. Wir sind überfordert – heillos! Wir können uns und anderen das Heil nicht schenken. Nur einer kann uns retten, und er tut es auch: Gott der Vater durch seinen Sohn Jesus Christus im Heiligen Geist.

Doch schon vor dem Kommen Christi in diese Welt hat Gott seinen Willen kundgetan. Auch wenn sich im Alten Testament so manche Berichte über Gewalt und Grausamkeit finden, so ist die Aussageabsicht klar: All das soll letztlich überwunden werden mit dem Blick auf den gütigen und barmherzigen Gott! So macht David gemäß der Lesung aus dem ersten Buch Samuel nicht von seiner Möglichkeit Gebrauch, seinen Widersacher König Saul zu töten. Er will seine Hand *„nicht an den Gesalbten des Herrn legen"* (1. Sam. 26,23b). Die Schonung, die er seinem Feind erweist, ermöglicht es, dass sich Saul seines Unrechtes bewusst wird. David will ihm das Böse, das er getan hat, nicht nachtragen. Nicht er selbst verschafft sich Recht, sondern Gott der Herr *„wird jedem seine Gerechtigkeit und Treue vergelten"* (1. Sam. 26,23a).

Sowohl in der Bergpredigt, die im Matthäusevangelium überliefert ist (Mt. 5,1-7,29), als auch in der lukanischen Feldrede (Lk. 6,17-49), der das Evangelium dieses Sonntags entnommen ist, fordert Jesus ein Übermaß an Vergebungsbereitschaft, an Barmherzigkeit, an Liebe. Ausdrücklich sagt er: *„Liebt eure Feinde; tut denen Gutes, die euch hassen! Segnet die, die euch verfluchen; betet für die, die euch beschimpfen!"* (Lk. 6,27-28). Nochmals radikalisieren sich unsere Fragen: Ist das nicht zu viel verlangt? Kennt Jesus nicht die Schwachheit der Menschen, ja ihre Bosheit? Wird er mit diesen gutgemeinten, idealistischen, aber realitätsfernen Worten etwas erreichen? Wird sich etwas ändern in der Gesinnung und im Verhalten der Menschen?

Es ändert sich nur dort etwas und immer nur so weit, als ich selbst im eigenen Herzen bereit bin, der Liebe Gottes Raum zu geben. Denn, was unbestreitbar ist: Gott liebt uns Menschen ohne jedes Maß! Er macht den Anfang; er schuldet uns nichts. Dennoch schenkt er uns alles in seinem Sohn Jesus Christus, wie es im Römerbrief heißt (8,32): *„Er hat seinen eigenen Sohn nicht verschont, sondern ihn für uns alle hingegeben – wie sollte er uns mit ihm nicht alles schenken?"* Diese Hingabe der Liebe bis in den Tod, welche nicht nur den Freunden Jesu gilt, sondern auch seinen Feinden, hat er verwirklicht, als er den Kreuzestod aus den Händen der Sünder, zu denen wir alle zählen, entgegennahm, um sich selbst als Opfer der Liebe seinem himmlischen Vater im Heiligen Geist darzubringen für das Heil der Menschen. *„Gott aber hat seine Liebe zu uns darin erwiesen, dass Christus für uns gestorben ist, als wir noch Sünder waren."* (Röm. 5,8). Auf diese Weise hat Gott selbst alle Feindschaft in der Wurzel überwunden und besiegt!

Und weil es wirklich wahr ist, dass wir das Gebot der Liebe zum Nächsten und umso mehr zum Feind nicht aus eigener Kraft erfüllen können, brauchen wir die Gnade Christi, des Erlösers. Je mehr wir dieser seiner Liebe in unserem Herzen Raum geben, desto wirkmächtiger wird die Kraft des Heiligen Geistes, der unser Herz verwandelt und uns gleichsam ein neues Herz aus Fleisch anstelle dessen aus Stein schenkt (vgl. Ez. 36,26). Dann aber werden die Provokationen Jesu in der Bergpredigt bzw. in der Feldrede zu heilsamen Anstößen, unsere Lebenspraxis zu überdenken und zu korrigieren. Liebe muss konkret werden; eine allgemeine Gesinnung der Liebe nach dem Motto Friedrich Schillers im Gedicht an die Freude: „Seid umschlungen, Millionen!" bewirkt nichts, wenn sie sich nicht irgendwann gegenüber einem wirklichen Menschen zeigt.

Und da gilt dann die Ausrede nicht: Wir hätten ja gewollt, aber der andere war ja unser Feind! Denn die Liebe Christi verschiebt die Grenzen und macht das Unmögliche möglich durch die Kraft des Heiligen Geistes, der in uns wohnt und uns in der Taufe zu Kindern Gottes gemacht hat.

Falls dann immer noch jemand den Einwand vorbringt: „Was habe ich selbst davon, wenn ich meinen Feind liebe?", so hat Jesus auch für eine solche Sichtweise Verständnis, die wir vielleicht allzu schnell einem bloßen Nutzen-Kalkül zuordnen würden. Denn er sagt ausdrücklich in seiner Feldrede: *„Dann wird euer Lohn groß sein, und ihr werdet Söhne des Höchsten sein; denn auch er ist gütig gegen die Undankbaren und Bösen."* (Lk. 6,35 b). Niemand kommt zu kurz; letztlich sind wir alle Beschenkte. Wer kann es sich leisten, auf Dauer abseits zu stehen und sich dem Fest der Freude zu verweigern, das im Himmel gefeiert wird – auch angesichts der Heimkehr vieler, die zuerst als Sünder gegolten haben, die sich aber dann der Einladung Christi zu Umkehr und Vergebung nicht verschlossen haben und die jetzt seine Brüder und Schwestern sind?

Schon hier auf Erden ereignet sich im Verborgenen des Herzens das, was einst offenbar wird, wenn Christus wiederkommt in Herrlichkeit. Wir werden, wie es in der Lesung aus dem ersten Brief des Apostels Paulus an die Gemeinde in Korinth heißt, durch den neuen und letzten Adam Christus umgestaltet und durch die Gnade Gottes neu geformt, sodass wir nicht mehr irdisch sind, sondern himmlisch. Amen.

P. Prof. Dr. Josef Spindelböck, St. Pölten

27.02.2022

Katholisch:
8. Sonntag im Jahreskreis
Sir. 27,4-7 (5-8); 1. Kor. 15,54-58; Lk. 6,39-45: Die notwendige Zumutung

Der Petersdom legt – wie wenige andere auf dieser Welt - eine Besinnung nahe; einen Rückblick auf die Zeit noch vor der Grundlegung des berühmten Baus. Sie alle wissen, dass an dieser Stelle, auf dem vatikanischen Hügel, der Zirkus des berüchtigten Kaisers Nero war, der Hinrichtungsort für die ersten christlichen Märtyrer. Bei dem römischen Schriftsteller Cornelius Tacitus ist in den „Annalen" nachzulesen: Hier wurde eine – wie er schreibt – „ingens multitudo", d. h. eine "ungeheure Anzahl" derer umgebracht, die man Christen nannte – und zwar auf grausamste Art.

Es gehört nur wenig Phantasie dazu, sich vorzustellen, wie dieser Massenmord auf die junge Gemeinde der Jesusanhänger wirkte. Sie war gerade dabei, in Judenkreisen Fuß zu fassen. Plötzlich stand sie vor den Trümmern der niedergebrannten Stadt, vor den Trümmern der Hoffnung, vor den Trümmern ihres neuen Glaubens.

Und heute – derselbe Vatikanische Hügel? Da ist ein Gotteshaus, das Menschen aus aller Welt herbeilockt, ein hoher Ausdruck künstlerischer Genialität; durch Jahrhunderte Impulsgeber für menschliches Zusammenleben, zu dem ja nicht zuletzt das „Römische Recht“ entscheidend beitrug; und für uns Glaubende: ein Anker von Gott geoffenbarter Wahrheit. Mehr noch: Ein Grund für Vertrauen in diesen Gott. Wie oft denke ich beim Blick auf den Petersdom: Gott ist mächtig, er steht zu den Seinen, er hat es auch hier bewiesen.

Freilich wollen wir uns dennoch nicht verleiten lassen, nun einen Triumphgesang auf das Christentum anzustimmen. Die vom Apostel Paulus benannten „Makeln und Runzeln“ der Kirche lassen sich ja nicht leugnen. So kann denn trotz allem heute nicht der große Sieg des Evangeliums über Welt und Gesellschaft ausgerufen werden; und wohl auch nicht, dass wir – die Christen – uns schon ganz und gar Gott und seinem Willen übergeben hätten. Wer das dächte, würde vom eben verkündeten Evangelium rasch eines Besseren belehrt.

Ich habe den Abschnitt nicht eigens für diese Eucharistie-Feier ausgesucht. Er ist von der liturgischen Ordnung für diesen Sonntag vorgesehen. Leider beruhigt Gottes Wort uns nicht durch Streicheleinheiten und Bestätigung – wie es sonst wohl gegenwärtig Stil der Pastoral ist. Es ist – stattdessen - eine ärgerliche Provokation.

Etwa der Satz: Warum siehst du den Splitter im Auge deines Bruders, aber den Balken in deinem eigenen Auge bemerkst du nicht? Wie kannst du zu deinem Bruder sagen: Bruder, lass mich den Splitter aus deinem Auge herausziehen!, während du den Balken in deinem eigenen Auge nicht siehst? Du Heuchler! Zieh zuerst den Balken aus deinem Auge, dann kannst Du versuchen, den Splitter aus dem Auge deines Bruders zu ziehen.“ Worte wie diese sagen wir vielleicht gern anderen, aber sind wir auch bereit, sie auf uns selbst zu beziehen? Das ist ähnlich schwer wie die Forderung des Evangeliums:

> *„Leistet dem, der euch etwas Böses tut, keinen Widerstand, sondern wenn euch einer auf die rechte Wange schlägt, dann haltet ihm auch die andere hin. Und wenn dich einer vor Gericht bringen will, um dir das Hemd weg zu nehmen, dann lass ihm auch den Mantel.“*

Wer so etwas fordert, erscheint heute nicht lebenstauglich. Und wer solche Imperative in die Öffentlichkeit trägt, kann nur schallendes Gelächter ernten. „Halte deinem Gegner noch die andere Wange hin, dass er dich schlägt?“ Hat nicht unsere Zeit für die Politik den „Hate speech“ auf Twitter erfunden?

Und auch der Beginn des heutigen Evangeliums ist ein Stachel für uns selbst: „Richtet nicht, damit ihr nicht gerichtet werdet“, widerstrebt dem uns natürlich erscheinenden Recht, über andere zu urteilen.“ Und Jesus mutet uns noch mehr zu. Mit dem Verzicht auf das Verurteilen ist es nicht getan:

„Liebt eure Feinde“, sagt er, „tut denen Gutes, die euch hassen (Lk. 6,29), betet für die, die euch verfolgen“... Das ist doch übertrieben – schreit unser Denken und Fühlen. Gottes Wort ist weltfremd. Da war der englische Philosoph Thomas Hobbes realistischer; er erkannte: „Homo homini lupus – Der Mensch ist des Menschen Wolf“. Unser Naturell erträgt Missachtung nicht, es beißt den Angreifer. Dennoch brüskiert der Herr die Seinen mit solchen Forderungen. Und sie sind nicht als „hyperbolische Aussagen“ zu entschärfen. Auch für sie gilt der Ausruf des Reformators Luther – der für so viel auch Abwegiges herhalten muss: „Das Wort sie sollen lassen stahn!“

Wer Jesus also nicht weichspülen will in der gängigen „pastoral correctness", kann nicht umhin, sich mindestens zwei Dinge sagen zu lassen.

Erstens: Gesellschaft und Evangelium sind nicht zur Synthese zu bringen. Oder mit einem Herrenwort selbst: „Das Denken des Menschen" widerspricht dem „Denken Gottes" (vgl. Mk. 8,33). Ein ungeschönter Blick von der Kuppel des Petersdomes auf Stadt und Weltkreis erkennt: gesellschaftliche Kategorien lassen sich nicht mit dem Glauben harmonisieren. Gewiss, die Welt braucht Jesu Botschaft. Aber diese lässt sich nicht verkürzen auf den Appell für „Friede, Gerechtigkeit und Bewahrung der Schöpfung" – und was irdischem Denken sonst noch alles einfallen mag. Gott hat zu uns gesprochen und die Kirche hat Maß zu nehmen an seiner Offenbarung. Erst sein Wort teilt uns mit, „was kein Auge gesehen und kein Ohr gehört hat, was keinem Menschen in den Sinn gekommen ist" (1. Kor. 2,9).

Dann zweitens noch unser individuelles Christsein – herausgefordert durch Jesu reserveloses Liebesgebot, seine Forderung, auf die uns so naheliegenden Verurteilungen anderer zu verzichten? Da geht uns schlagartig unsere Erlösungsbedürftigkeit auf. Wir merken, dass Taufschein und Kirchensteuer noch nicht reichen für Jesu Jüngerschaft. Und wir wenden ihm unser Herz zu; wir bitten neu um seine Verzeihung, um seine begnadende Nähe und Kraft. Dann mag Freude aufbrechen, dass er jeden persönlich annimmt; dass er für eines jeden Sünde die Hinrichtung am Kreuz auf sich nahm, dass er aber nicht im Tode blieb, sondern siegreich war und auferstand.

Diesem Triumpf gilt unser Gesang besonders – an jedem Sonntag, dem Tag der Auferstehung unseres Herrn. Und der Petersdom im Vatikan, errichtet am Ort der grausamen Hinrichtung so vieler Christen, bestärkt uns fortwährend im Glauben an Gottes Macht und Treue.

Paul Josef Kardinal Cordes, Rom

BERICHTE

Acta et documenta

Laudatio
S. E. Metropolit Dr. Serafim Joantă

anlässlich der Verleihung des Abt-Emanuel-Heufelder-Preises 2020/2021
Benediktinerabtei Niederalteich, 9. August 2021

Pfarrer Prof. h. c. Dr. Jürgen Henkel

Einleitung

Als 1994 die Hl. Synode als Bischofskonferenz der Rumänischen Orthodoxen Kirche den damaligen Weihbischof des Erzbistums von Hermannstadt/Sibiu, Dr. Serafim Joanta, zum ersten Metropoliten für die neue Rumänische Orthodoxe Metropolie von Deutschland, Zentral- und Nordeuropa wählte, haben drei junge Studenten und Freunde den Weihbischof und designierten Metropoliten in seinem Amtssitz in Hermannstadt besucht, um das erste Interview für deutsche Kirchenmedien zu führen.

Der erste im Bunde war der evangelische Theologiestudent Daniel Zikeli aus Schäßburg, er hat gedolmetscht. Heute ist er evangelischer Stadtpfarrer von Bukarest, Dechant des Kirchenbezirks Kronstadt/Braşov und Bischofsvikar der Evangelischen Kirche A. B. in Rumänien. Der zweite war der Katholik Wolfram Göll, damals Rundfunkjournalist beim Kirchenfunk des Bayerischen Rundfunks, heute Bürgermeister von Kammerstein bei Nürnberg. Der dritte war meine Wenigkeit, damals evangelischer Theologiestudent aus Bayern am Protestantisch-Theologischen Institut Hermannstadt und als freier Journalist u. a. für Kirchenzeitungen in Deutschland tätig.

Da saßen wir wackeren drei Studenten erwartungsfroh in einem gemütlichen Wohnzimmer mit vielen schönen Büchern und noch schöneren Ikonen. Ein Mönch kam herein, servierte uns auf einem Tablett Kaffee und Wasser. Er goss uns selbst das Wasser in die Gläser. Danach verschwand er im Nebenraum und wir warteten auf den Weihbischof und künftigen Metropoliten Serafim. Wir hielten diesen Mönch für einen Sekretär oder Diakon. Zwei Minuten später ging eine Seitentür auf und derselbe Mönch kam zurück: dieses Mal mit dem bischöflichen Enkolpion über der Soutane: es war der Weihbischof und künftige Metropolit Serafim selbst, der uns hier zunächst in der Mönchssoutane ohne bischöfliche Insignien Kaffee und Wasser serviert hatte.

Bis heute sind wir alle eng und freundschaftlich verbunden: Metropolit Serafim ist Mitherausgeber unserer ökumenischen Buchreihe Deutsch-Rumänische Theologische Bibliothek/DRThB, genauso wie Bischofsvikar Dr. Zikeli aus Bukarest. Herr Göll ist Mitglied im Vorstand unseres 2016 gegründeten Instituts „Ex fide lux – Deutsch-Rumänisches Institut für Theologie, Wissenschaft, Kultur und Dialog“, bei dem S. E. Metropolit Serafim die Schirmherrschaft innehat.

Diese nette Erinnerung an unsere persönliche Erstbegegnung zeigt charakteristisch das persönliche Charisma, die Haltung und das Naturell von Metropolit Serafim, die geprägt sind von drei wichtigen Punkten, die schon an dieser Anekdote sichtbar werden:

- Da ist zum einen die große und immer unprätentiöse Bescheidenheit im Umgang mit anderen Menschen.

- Da ist zum anderen diese große Offenheit im ökumenischen Austausch mit den anderen Kirchen und Christen über die Orthodoxie hinaus. Diese Offenheit ist stets verbunden mit der Bereitschaft, andere teilhaben zu lassen an dem großen Schatz der Orthodoxie und ihrer Spiritualität, ja diesen Schatz anderen zu erschließen.

- Zum Dritten zeigt diese Anekdote sein Verständnis des bischöflichen Amtes als Dienst: als Dienst an der eigenen Orthodoxen Kirche, als Dienst an der gesamten Kirche Gottes und als Dienst an allen Menschen und der ganzen Welt. Bei aller Klarheit in der Verkündigung und Treue zur Tradition und Lehre der Orthodoxen Kirche ist für Metropolit Serafim das bischöfliche Amt immer gleichzeitig Hirtenamt – *episkopé* – und Dienst – *diakonia*: Dienst am Menschen, Dienst an der Welt, Dienst an der Kirche.

Eine weitere kürzere Anekdote mag das theologische Denken des Metropoliten auf einfache wie hintergründige Weise veranschaulichen. Als S. E. Metropolit Serafim bei einer Konferenz über Europa und das Christentum einmal gefragt wurde, was Europa für ihn bedeutet, war seine verblüffende wie erhellende Antwort: „Europa heißt beten!" Nun, der deutsche Dichter der Frühromantik Novalis hat 1799 in seinem wunderbaren Text „Die Christenheit oder Europa" die christliche Prägung und die christlichen Wurzeln Europas betont. Novalis hat freilich schon damals auf das christliche Europa als etwas Vergangenes zurückgeblickt. Der hier zu ehrende Metropolit Serafim erlaubt sich den heutzutage gedanklichen Luxus, Europa immer noch als christlichen Kontinent zu verstehen, auf dem christlich geprägte Völker leben.

Es ist heute die wichtige, unverzichtbare und schon prophetische Rolle der Völker und Kirchen der neuen EU-Länder seit 1990, gerade dies einer religiös analphabetisch gewordenen, säkularisierten und vor allem indifferenten westlichen Konsum- und Spaßgesellschaft entgegenzuhalten, die auf EU-Ebene heute nicht-christliche Lebensformen explizit fördert und befürwortet und christliche Lebensformen und Spiritualität mehr und mehr in Frage stellt. Denken wir nur an den jüngsten Beschluss des EU-Parlaments, Abtreibung als Menschenrecht festzuschreiben.[1] Die Gründerväter der Europäischen Ge-

---

[1]Sog. „Matić-Bericht" des Europäischen Parlaments. Vgl. dazu Stephan Baier, Matic-Bericht: Ein Angriff auf die Menschenrechte (https://www.die-tagespost.de/politik/aktuell/matic-bericht-ein-angriff-auf-die-menschenrechte-art-219253; 23.09.2021). Leider vertreten auch bestimmte evangelische kirchliche Gremien heute genau die Linie der linken und liberalen Abtreibungslobby. Vgl. dazu meinen Kommentar: Die Frauen und der Paragraph. Die Forderung der „Frauen* in der EKBO" nach Abschaffung der Abtreibungsparagraphen 218 und 219 a steht in unguter Tradition, in: CA, Nr. II/2021, S. 49-53.

meinschaft – praktizierende Katholiken wie Konrad Adenauer, Alcide de Gaspari und Robert Schuman – wären entsetzt angesichts einer solchen Fehlentwicklung der Europäischen Union und der europäischen Idee. Sie verstanden Europa noch als christlich geprägte Wertegemeinschaft.

Völker wie Ungarn und Polen und auch die Rumänen halten hier dagegen. Sie erfüllen gegen den Widerstand vieler Politiker, Parteien und auch Medien in Mittel- und Westeuropa die so wichtige Mission, Europa immer wieder an das Christentum als geistige Grundlage zu erinnern. Und Metropolit Serafim ist dabei eine wichtige Stimme in Mitteleuropa. So überraschend dieser Satz des Metropoliten auch sein mag: „Europa heißt beten!" – so sehr erinnert er uns an die christlichen Wurzeln Europas, an die beiden spirituellen Lungenflügel, mit denen dieser Kontinent atmet, wie es der heilige Papst Johannes Paul II. so wunderbar formuliert hat.

Europa basiert auf den Grundlagen des Christentums, die Säulen dieses Fundaments sind der heilige Benedikt im Westen und die heiligen Apostel Kyrill und Method im Osten Europas. Wobei die Rumänische Orthodoxe Kirche das Privileg genießt, die einzige Orthodoxe Kirche mit lateinisch-romanischer Sprache zu sein und zudem als Kirche und als christliche Nation schon auf die frühchristliche Mission des hl. Apostels und Märtyrers Andreas – rumän. Sf. Andrei – in der Dobrudscha zurückgeht.[2]

Es ist ein bleibendes Verdienst S. E. Metropolit Serafim, all diese Zusammenhänge immer wieder anzusprechen und zu betonen. Metropolit Serafim wagt es und schafft es, in seinen Predigten und Grußworten, seinen Vorträgen und Veröffentlichungen immer wieder, diese christlichen Wurzeln Europas als Kontinent und Völkergemeinschaft zu betonen und gleichzeitig den Einzelnen auf sein Glaubensleben und seine Spiritualität hin anzusprechen, ohne dabei je aufdringlich und belehrend zu sein oder vereinnahmend zu wirken.

Metropolit Serafim spricht auch nie wie manche Politiker vom „christlichen Erbe" Europas. Diese gerade bei Politikern beliebte Redewendung ist gedanklich falsch, auch wenn die Politiker, die das so formulieren, erfreulicherweise meist für das Christentum sind. Doch „beerben" kann man nur jemanden, der tot ist. Aber das christliche Europa lebt, allen Unkenrufen zum Trotz! Es lebt in jeder Gemeinde, in jedem Gottesdienst und in jedem Kloster, wo der Dreifaltige Gott angebetet wird. Und dabei gehören Ost und West zusammen. Deswegen geht auch die Rede vom „christlichen Abendland" für Europa fehl. Denn das bezieht sich nur auf das westliche, das katholische und protestantische Europa.

In seinem wegweisenden Vortrag „Der Beitrag der Orthodoxie zur europäischen Spiritualität" bei einer Konferenz der Hanns-Seidel-Stiftung 2009 zum religiös geprägten Europabegriff des 21. Jahrhunderts hat Metropolit Serafim nachhaltig betont, dass der Begriff des „Christlichen Abendlandes" zu kurz greift, weil dieser Begriff die Orthodoxie

[2] Historische Hintergründe ausführlich bei J. Henkel, Einführung in Geschichte und kirchliches Leben der Rumänischen Orthodoxen Kirche, Berlin 2007 (=FOTh 6), bes. S. 14-20; E. Chr. Suttner, Kirche und Theologie bei den Rumänen von der Christianisierung bis zum 20. Jahrhundert, Freiburg/Schweiz 2009 (=Studia Oecumenica Friburgensia 52), bes. S. 7-18.

nicht einbezieht. Er schlug vor, sinnvollerweise vom „Christlichen Europa" zu sprechen, damit „beide Lungenflügel" zum Zuge kommen.[3]

Leben

Blicken wir nun auf Leben und Werk des heute zu Ehrenden. Metropolit Serafim wurde am 4. September 1948 in dem Dorf Boholţ bei Fogarasch im Kreis Kronstadt/Braşov unter dem Geburtsnamen Romul Joanta geboren. Er wuchs in einer traditionell orthodox geprägten Gemeinde und Familie im Herzen von Siebenbürgen auf. Die starke Verwurzelung des orthodoxen Glaubens in seiner Umgebung prägte ihn schon als Kind und Jugendlicher.

Nach dem Lyzeum (Gymnasium) in Kronstadt/Braşov studierte Romul Joantă von 1970 bis 1974 orthodoxe Theologie in Hermannstadt/Sibiu, am Sitz der wichtigen und traditionsreichen Rumänischen Orthodoxen Metropolie von Siebenbürgen. Nach dem Examen wurde er 1974 zum zölibatären Priester geweiht und wirkte zunächst im Erzbistum Sibiu. Von 1975 bis 1982 diente er dann als Museologe und Priester an der Bischofskathedrale von Alba Iulia/Karlsburg, der Stadt der großen rumänischen nationalen Vereinigung von 1918.

Von 1982 bis 1985 studierte er an dem berühmten orthodoxen Theologischen Institut „St. Serge" in Paris, damals wie heute eine Ehrenauszeichnung für jeden orthodoxen Theologen. 1985 promovierte er dort mit einer Arbeit über die rumänischen Gebetstraditionen des Hesychasmus, jener besonderen orthodoxen Spiritualität der Askese und der Meditation des Gebets und der Ruhe des Herzens und der Seele.[4] Kurz vor der Revolution kehrte er nach Rumänien zurück, nachdem er einige Jahre selbst in St. Serge gelehrt hatte. Die Rumänische Orthodoxe Kirche brauchte frische Kräfte für den Neustart nach dem Kommunismus, auch im Episkopat. Romul Joantă gehörte 1990 zu den jungen genauso unverbrauchten wie unbelasteten Hoffnungsträgern seiner Kirche.

Am 17. Februar 1990 wurde Romul Joanta zum Mönch und Archimandriten geweiht. Er erhielt den Mönchsnamen Serafim. Am 11. März 1990 folgte die Weihe zum Weihbischof des Erzbistums von Hermannstadt/Sibiu. In dieser Funktion wirkte er bis 1994. Im Oktober 1993 wurde er von der Bistumsversammlung aus Priestern und Laien zum Rumänischen Orthodoxen Metropoliten für Deutschland, Zentral- und Nordeuropa gewählt. Am 12. Januar 1994 bestätigte die Heilige Synode die Wahl. Am 5. Juni 1994 fand die offizielle Weihe zum Metropoliten in der evangelischen St.-Lukas-Kirche in München statt.

Der Anfang seines Wirkens gestaltete sich sehr schwierig. Es gab nur neun Gemeinden in Deutschland und weder einen Bischofssitz, noch eine eigene Kathedrale. Die wichtigste Entscheidung fiel gleich zu Beginn: nachdem es die größten rumänischen or-

---

[3] Vgl. Serafim Joanta, Der Beitrag der Orthodoxie zur europäischen Spiritualität, in: Philipp W. Hildmann (Hg.), Vom christlichen Abendland zum christlichen Europa. Perspektiven eines religiös geprägten Europabegriffs für das 21. Jahrhundert, München 2009 (= Argumente und Materialien zum Zeitgeschehen 65), S. 53-58.

[4] Hesychasmus. Rumänische Tradition und Kultur, Würzburg 2003.

thodoxen Gemeinden in Nürnberg und München gab, wurde beschlossen, den Sitz der neuen Metropolie nach Bayern zu legen. Die folgende Aufbauphase war zugleich eine ökumenische Erfolgsgeschichte in Bayern.

Zunächst wurde das Ostkirchliche Institut des Bistums Regensburg zum würdigen Sitz der Metropolie, hatte doch gerade das OKI mit seinen besonderen Verbindungen zu den Orthodoxen Kirchen in Ost- und Südosteuropa wertvolle Beziehungen aufgebaut und gefördert. Die beiden Direktoren Monsignore Albert Rauch (seligen Gedenkens) und Monsignore Nikolaus Wyrwoll haben den Metropoliten mit offenen Armen empfangen – und mit offenen Räumen, die die Metropolie dann etliche Jahre nutzen konnte, was damals genauso wichtig war. Von hier aus wurden der Gemeindeaufbau und die Suche nach einem dauerhaften Sitz eingeleitet.

Ökumenisch ging es dann auch weiter: 1999 kaufte die Metropolie von der Evangelisch-Lutherischen Kirche in Nürnberg eine Kirche mit umliegenden Gebäuden. Dieser Komplex wurde in den folgenden Jahren unter der Ägide von Metropolit Serafim zur Kathedrale und zum Sitz des Erzbistums und der Metropolie umgebaut. 2006 wurde die Kirche von Seiner Seligkeit Patriarch Teoctist – Ewiges Gedenken! – und etlichen orthodoxen Hierarchen zur Kathedrale geweiht. Heute gibt es dort auch ein eigenes Kloster, Gästezimmer, ein Begegnungszentrum und ein Atelier für Ikonenmalerei.

Zwischenzeitlich hat sich die Metropolie kanonisch erweitert: neben dem Weihbischof in München, S. E. Bischof Sofian, gehört heute auch die neu geschaffene rumänische Eparchie von Schweden und Nordeuropa als Suffraganbistum zur Metropolie von Deutschland-, Zentral- und Nordeuropa.

Die Metropolie, die Kathedrale in Nürnberg und das dazugehörige Zentrum bieten den rumänischen orthodoxen Christen eine geistliche Heimat und sind gleichzeitig ein lebendiger und offener Ort der Begegnung für katholische und evangelische Christen mit der Ostkirche, eine Stätte des lebendigen Dialogs. Auch das schon erwähnte Institut „Ex fide lux" hat dort seinen Sitz. Der ökumenische Dialog mit der Orthodoxie in Deutschland und im deutschsprachigen Raum ist heute untrennbar mit Bayern und der Rumänischen Orthodoxen Metropolie sowie Metropolit Serafim ganz persönlich verbunden. Zugleich ist Metropolit Serafim auch in Frankreich und in Italien ein gefragter ökumenischer Gesprächspartner.

Die Metropolie betreut von Bayern aus die orthodoxen Pfarrgemeinden in Deutschland, Österreich und Luxemburg. Mit dem Sitz in Nürnberg ist außerdem die ehemalige Reichsstadt und fränkische Metropole erstmals in ihrer Geschichte auch Bischofssitz.

Der Gemeindeaufbau durch Metropolit Serafim trägt Früchte. Mittlerweile gibt es über 130 rumänische orthodoxe Pfarrgemeinden in Deutschland. Auch in Bayern gibt es in vielen Städten insgesamt mittlerweile fast 30 Pfarreien: neben den traditionsreichen Gemeinden wie München und Nürnberg unter anderem in Regensburg, Augsburg, Traunreut, Straubing, Dingolfing, Würzburg, Bamberg, Landshut, Passau und Erlangen. Es ist ein besonderes Faszinosum angesichts der Lage der beiden Großkirchen in Deutschland, dass Metropolit Serafim in unserem Land und selbst in den neuen Bundesländern immer wieder Gemeinden gründet wie etwa in Leipzig, Chemnitz oder Plauen. Die Orthodoxe Kirche wächst tatsächlich in Deutschland. Und Metropolit Serafim spielt seit nunmehr 27 Jahren mit seinem Charisma und seinem unermüdlichen missionarischen Wirken dabei eine wichtige Rolle.

Der Gemeindeaufbau verfolgt stets zwei wichtige Ziele: die hier lebenden orthodoxen Rumänen sollen eine geistliche Heimat finden. Das ist wichtig für Exilrumänen aus früherer Zeit wie auch für die Rumänen, die aus wirtschaftlichen Gründen hier leben und Arbeit gefunden haben. Und zum zweiten soll dieser Gemeindeaufbau auch der Integration der rumänischen orthodoxen Bürger Bayerns und Deutschlands hierzulande gelten. Diese beiden Anliegen verknüpft Metropolit Serafim seit Anfang seines Wirkens beispielhaft.

Ausdruck dieser Bestrebungen um Integration ist auch das Bemühen um die Erlangung des Status einer Körperschaft des Öffentlichen Rechts. 1996 wurde der entsprechende Antrag bei der Bayerischen Staatsregierung gestellt. Nach dem Prüfungsverfahren kam es 2006 zur Erstverleihung der Rechte einer Körperschaft des Öffentlichen Rechts an die Rumänische Orthodoxe Metropolie für Deutschland und Zentraleuropa. Es ist das große Verdienst von Metropolit Serafim, mit dieser Verleihung sowohl die institutionelle Integration der Rumänischen Orthodoxen Metropolie, ihrer Pfarreien und Gläubigen in Bayern und Deutschland gefördert zu haben, wie auch die Anerkennung der Metropolie auf staatskirchenrechtlicher Ebene in Bayern erreicht zu haben.

Die Präsenz von über 1 Million rumänischer orthodoxer Christen in Deutschland ist eine Herausforderung und Bereicherung gleichermaßen. Metropolit Serafim ist als Würdenträger der Orthodoxie in Bayern ein besonders wichtiger Dialog- und Ansprechpartner für Kirchen, Politik, Medien und Gesellschaft. Sein Wirken fördert das Zusammenleben der Kirchen und der Ökumene in Staat und Gesellschaft gleichermaßen. Er ist ein wichtiger Glaubenszeuge der Orthodoxie in der Diaspora und ein gefragter und geschätzter Gesprächspartner in der Ökumene.

So verbinden ihn auch mehr als freundschaftliche Beziehungen zum hiesigen Kloster Niederalteich, das ihn heute mit dem Abt-Emmanuel-Heufelder-Preis ehrt. Besondere Beziehungen pflegt er auch zur Fokularbewegung und zur Gemeinschaft Sant‘ Egidio in Rom, außerdem zur Diakonie Neuendettelsau und dem vormals langjährigen Rektor Prof. Hermann Schoenauer. Professor Schoenauer leitet heute das deutsch-rumänische ökumenische Institut „Ex fide lux“. Metropolit Serafim wiederum leitet die Delegation der Rumänischen Orthodoxen Kirche in der Dialog-Kommission mit der EKD.

Grundlinien der Theologie von Metropolit Serafim

Zum Abschluss möchte ich einige Gedanken der Theologie von Metropolit Serafim zusammenfassen. Der heute zu Ehrende hat unendlich viel für die Vermittlung der Orthodoxie im ökumenischen Dialog mit dem Westen erreicht und dabei immer die orthodoxe Theologie und ihre reiche liturgische, asketische und mystische Spiritualität als authentische und zentrale Tradition des Christentums angesprochen, erklärt und vermittelt.

Metropolit Serafim vertritt die orthodoxe Theologie auf eine besonders glaubhafte und authentische Weise und redet auch im ökumenischen theologischen Dialog nicht faulen Kompromissen das Wort, sondern sucht die Begegnung in der Wahrheit, ohne dabei je schroff oder verletzend aufzutreten. In der Theologie von Metropolit Serafim kommen ganz verschiedene Themen zur Sprache. Will man in wenigen Worten sein theologisches Denken zusammenfassen, so kann man vielleicht folgende Synthesen ziehen:

Die *Theologie* selbst ist für Metropolit Serafim immer eine *Frage der Gotteserfahrung.* Es gibt keine Theologie ohne Gebet und Gotteserfahrung. Theologie ohne Gebet und Gotteserfahrung bleibt abstrakte Spekulation oder ein bloß philosophisches System. Er vertritt die *„Theologie der Erfahrung"*. Diese Theologie der Erfahrung repräsentiert die klassische ostkirchliche Theologie, die Metropolit Serafim wie andere auch mustergültig in der Theologie der Kirchenväter und der Spiritualität der Philokalia und des Hesychasmus begründet sieht. Dabei inspiriert sich die Theologie an der Liturgie und die Liturgie bestätigt, feiert und preist die Theologie. Wobei Theologie immer als lebendig und geistgewirkt verstanden wird, nie als ein bloß argumentatives rational-intellektuelles Denkgebäude.

Das *Dogma* ist für Metropolit Serafim nicht ein negatives, sondern ein positives Element des christlichen Glaubens, indem es Grundwahrheiten des Glaubens festhält und feiert. Allerdings darf das Dogma nicht missverstanden werden als eine negative Abgrenzung.

Genau deshalb hat auch die Orthodoxie nach den Festlegungen der Sieben Ökumenischen Konzile keine weiteren Dogmen mehr verabschiedet. Die Dogmen wurden in die Liturgie aufgenommen. Das Dogma ist nur in der Liturgie und der Doxologie lebendig. Die Dogmen werden zu einem lebendigen Gotteslob. Ohne Liturgie, Spiritualität und Gebet ist das Dogma leer und tot. Das Dogma ist Anbetung der Wahrheit.

Die Kirche ist in erster Linie liturgische Gemeinschaft um Altar und Sakrament. Metropolit Serafim vertritt in dieser Hinsicht die eucharistische Ekklesiologie, wie sie auch von Metropolit Ioannis Zizioulas in dessen Standardwerk *„Being as Communion"* beschrieben wurde.[5] Der christliche orthodoxe Gottesdienst ist kein bloßes Ritual kultischer Handlungen, sondern ermöglicht die reale Vereinigung mit Gott im Sakrament und damit eine reale Gotteserfahrung. Die Liturgie und jeder christliche Gottesdienst haben die mystische Vereinigung mit Gott als Antizipation der himmlischen Gemeinschaft der Erlösten mit Gott zum Ziel. Das wird auch von den entsprechenden byzantinisch-ostkirchlichen Ikonen in den Kirchen unterstrichen.

Der einzelne Gläubige ist zu *Askese und Gebet* gerufen. Das macht ihn frei von Zwängen, Abhängigkeiten und Süchten dieser Welt, befreit Seele, Leib und Geist, bringt den Menschen Gott näher. Ein sehr wichtiger Punkt in der Theologie und Spiritualität von Metropolit Serafim! Der Glaube ist dadurch nicht nur ein theoretisches Für-wahr-Halten einzelner Glaubensaussagen, sondern eine existenzielle Haltung des Menschen als Ausdruck einer persönlichen Gottesbeziehung und Gotteserfahrung. Die christliche Spiritualität ist in erster Linie *eine Spiritualität des Gebets und des Herzens*, wo sich das christliche Gebet vollzieht, verwirklicht und aktualisiert, weil Gottes Gnade und Liebe in den Herzen der Menschen wohnt (vgl. Röm. 5,1). Die moralische Krise der Gegenwart ist für Metropolit Serafim vor allem eine Krise des Gebets, der gestörten Beziehung der Menschen zu Gott und der fehlenden Einwurzelung des christlichen Glaubens selbst bei den getauften Christen.

---

[5] Vgl. John D. Zizioulas, Being as Communion. Studies in Personhood and the Church, New York 1985 (=Contemporary Greek Theologians 4).

Die Askese ist für Metropolit Serafim dabei keine Selbstzüchtigung des Menschen oder negative Weltentsagung aus einem falsch verstanden Dualismus heraus, sondern eine Befreiung, eine Öffnung des Menschen für das Wesentliche, für Gott. Das Wort Gottes wiederum muss durch den Kopf in das Herz und die Seele des Menschen gelangen. Der Glaube spricht den ganzen Menschen an, nicht nur den Verstand und das Denken. Was auf den ersten Blick wie ein Antiintellektualismus verstanden werden kann, ist vor allem die große und wertvolle Einsicht, dass wahre Erkenntnis und Erfahrung Gottes nicht durch Denken herbeigeführt werden kann, denn „der Friede Gottes, der höher ist als alle menschliche Vernunft, bewahrt unsere Herzen und Sinne in Christus Jesus“ (Phil. 4,7).

Akklamation

Wenn die Benediktinerabtei Niederalteich heute den renommierten Abt-Emmanuel-Heufelder-Preis für ökumenische Verdienste an S. E. Metropolit Serafim von Deutschland, Zentral- und Nordeuropa verleiht, dann ist dies eine hervorragende Wahl und Entscheidung.

Ich möchte Ihnen, hochwürdigster Herr Metropolit, herzlich gratulieren und Sie beglückwünschen zu diesem besonderen Preis, zu dieser hohen Ehrung und Auszeichnung: ganz persönlich, aber auch im Namen der hier Anwesenden, im Namen der Herausgeber unserer gemeinsamen Buchreihe und auch der Mitglieder unseres deutsch-rumänischen Instituts „Ex fide lux“.

Für Metropolit Serafim gilt der Ruf par excellence:
Dignus est! - Rumänisch: *Vrednic este!* - Und natürlich: *Axios!*
Zugleich darf ich Ihnen wünschen: Ad multos annos! La multi ani!

Literaturempfehlungen: Werke von Metropolit Serafim von Deutschland, Zentral- und Nordeuropa

Aus dem Glauben leben, Gesammelte Texte von Metropolit Serafim von Deutschland, Zentral- und Nordeuropa zur orthodoxen Theologie und Spiritualität. Zu seinem 60. Geburtstag herausgegeben von Jürgen Henkel, Sibiu/Hermannstadt 2008 (=ACADEMIA VIII)

Die Orthodoxie zwischen Tradition und Moderne. Gesammelte Beiträge von Metropolit Serafim von Deutschland, Zentral- und Nordeuropa zur orthodoxen Theologie und Glaubenspraxis. Zum 25jährigen Amtsjubiläum herausgegeben von Jürgen Henkel, Bonn/Sibiu 2019 (=DRThB 10)

Hesychasmus. Rumänische Tradition und Kultur. Aus dem Rumänischen und Französischen übersetzt von Hans Glaser, Würzburg 2003

Wertvolle ökumenische Begegnungen in Bayern

Der rumänische orthodoxe Metropolit Andrei von Cluj-Napoca/Klausenburg besuchte Bayern und stellte sein Buch „Beichte und Kommunion“ vor

Bericht: Institut "Ex fide lux"

Mit einem umfangreichen Besuchsprogramm hat der rumänische orthodoxe Metropolit und Erzbischof Andrei (Andreicuț) aus Klausenburg (Cluj-Napoca; Siebenbürgen) in Bayern die kirchlichen Beziehungen seiner Metropolie von Cluj, der Maramuresch und Sălaj und seines Erzbistums Vad, Feleac und Cluj nach Bayern vertieft. Schwerpunkte der viertägigen Visite vom 21. bis 24. Oktober 2021 waren Regensburg, Nürnberg und München. In Selb besuchte Metropolit Andrei die evangelische Kirchengemeinde von Pfarrer Dr. Jürgen Henkel, des früheren Leiters der Evangelischen Akademie Siebenbürgen (EAS), der das Buch „Spovedanie și Comuniune“ (Originalausgabe von 1998) ins Deutsche übersetzt hat.[1]

Neben der Pflege ökumenischer Kontakte und dem Besuch rumänischer Gemeinden stand vor allem die Präsentation dieses Buches auf dem Programm. Die Visite in

Begegnung mit Bischof Rudolf Voderholzer (Mitte): Pfarrer Dr. Jürgen Henkel, Metropolit Andrei, Metropolit Serafim und der Regensburger Gemeindepriester Alexandru Câmpeanu (von links). Foto: Metropolie Cluj

[1] † Metropolit Andrei von Klausenburg, der Maramuresch und Salaj, Beichte und Kommunion, Seelsorge und Lebensbegleitung durch Geistliche Väter in der orthodoxen Glaubenspraxis. Aus dem Rumänischen übersetzt von Jürgen Henkel, Schiller-Verlag, Bonn-Sibiu 2020 (=DRThB 11).

Bayern wurde von der ökumenischen Einrichtung „Ex fide lux – Deutsch-Rumänisches Institut für Theologie, Wissenschaft, Kultur und Dialog e. V." aus Nürnberg initiiert und gemeinsam mit der Rumänischen Orthodoxen Metropolie von Deutschland-, Zentral- und Nordeuropa (Nürnberg) organisiert. Zur Delegation aus Rumänien gehörten auch Erzdiakon Claudiu Grama und der Bischöfliche Sekretär Dr. Eugen Adrian Truță.

Hochkarätige Begegnungen mit dem katholischen Bistum Regensburg

Hochkarätige Begegnungen gab es mit dem katholischen Bistum von Regensburg. Bischof Rudolf Voderholzer empfing Metropolit Andrei in Begleitung von Metropolit Serafim von Deutschland, Zentral- und Nordeuropa. Auch Pfarrer Henkel und der rumänische Pfarrer von Regensburg, Alexandru Câmpeanu, waren dabei. Beide orthodoxe Hierarchen betonten die besonderen Verbindungen der Rumänischen Orthodoxen Kirche nach Regensburg über das frühere Ostkirchliche Institut der Diözese. Die drei Bischöfe betonten, ihre ökumenischen Beziehungen vertiefen zu wollen.

Begegnung im Ostkircheninstitut Regensburg: Pfarrer Alexandru Câmpeanu, Metropolit Serafim, Direktor Pater Schon, Metropolit Andrei und Pfarrer Dr. Jürgen Henkel (von links). Foto: Metropolie Cluj

Auch das heutige Ostkircheninstitut der Diözese Regensburg und ein Gespräch mit dessen Leiter, dem Dominikanerpater Dr. Dietmar Schon, standen auf dem Programm. Die Metropoliten Andrei und Serafim dankten für den jahrzehntelangen regen Austausch über das Vorgängerinstitut. Metropolit Andrei bezeichnete dies als „besondere Stärkung der Rumänischen Orthodoxen Kirche vor allem in den Jahren der Unterdrückung vor 1989". Metropolit Andrei und Direktor Schon freuten sich über den im Rahmen des Besuches von Metropolit Andrei neu entstandenen Kontakt zwischen der Metropolie und dem Ostkircheninstitut.

Besuch Institut Papst Benedikt XVI.: Der stellvertretende Direktor Dr. Christian Schaller (links) führte die beiden Metropoliten Andrei (Mitte) und Serafim (rechts) durch das Institut Papst Benedikt XVI. Foto: Jürgen Henkel

Auf besonderes Interesse stießen auch das „Institut Papst Benedikt XVI." und das Treffen mit dem Stellvertretenden Direktor Dr. Christian Schaller. Das Institut sammelt als Forschungsstelle, Bibliothek und Archiv alle Werke von und über Papst Benedikt XVI./Joseph Ratzinger weltweit, darunter auch wertvolles Archivmaterial aus dessen Leben. Das Institut publiziert zudem die Gesamtausgabe der Werke Ratzingers. Im gemeinsamen Austausch gab es die Überlegung, eine Tagung zur Rezeption der Theologie von Joseph Ratzinger in Rumänien zu organisieren.

Besuch im Rumänischen Kirchenzentrum München

Beeindruckend war für die Delegation aus Klausenburg der Besuch im Rumänischen Kirchenzentrum von München. Weihbischof Sofian von Kronstadt hat hier im Stadtteil Aubing in den letzten Jahren den Bau einer neuen Kathedrale und eines Kirchenzentrums mit Tagungsräumen, Büros und Jugendräumen sowie als künftigen Bischofssitz initiiert. Das Kirchenzentrum und ein stilvoll gestalteter Gottesdienstraum sind bereits fertig. Die Innengestaltung der Kathedrale folgt als nächstes.

Buchvorstellung im Rumänischen Kirchenzentrum in München: Pfarrer Jürgen Henkel, Professor Daniel Benga, Metropolit Andrei, Weihbischof Sofian, Prof. Dr. Konstantin Nikolakopoulos von der Ausbildungseinrichtung für Orthodoxe Theologie an der Universität München (von links). Foto: Wolfram Göll

Hier stellte Metropolit Andrei interessierten rumänischen Gemeindegliedern und Gästen aus der Ökumene sein Werk „Beichte und Kommunion" vor und stellte sich vielen Fragen zum Buch. Die zweisprachige Buchpräsentation fand in Kooperation des Kirchenzentrums mit dem Institut „Ex fide lux" und der Ausbildungseinrichtung für Orthodoxe Theologie der Ludwig-Maximilians-Universität

München statt. Dessen Leiter Professor Dr. Konstantin Nikolakopoulos würdigte das Engagement der Rumänischen Orthodoxen Kirche für die orthodoxe Ausbildungsstätte wie auch die Buchreihe „Deutsch-Rumänische Theologische Bibliothek“ und das Institut „Ex fide lux“ als „wichtige Bausteine für die Ökumene und die Vermittlung orthodoxer Theologie im Westen“. Auch eine weitere Buchvorstellung in der Kathedrale der Rumänischen Orthodoxen Metropolie in Nürnberg stieß auf großes Interesse.

Große Ökumene im kleinen Erkersreuth

Eine orthodoxe Vesper mit ökumenischer Beteiligung gab es schließlich in der evangelischen Kirchengemeinde Erkersreuth von Pfarrer Jürgen Henkel in der Porzellanstadt Selb zu erleben. Hier konzelebrierten in der Kirche Zum Guten Hirten acht Geistliche aus drei Kirchen, darunter der orthodoxe Metropolit. Das gibt es auch in Deutschland selten. So gestalteten Pfarrer Dr. Jürgen Henkel und seine evangelischen Amtsbrüder Andreas Münster und Werner Latteier, der katholische Pfarrer von Selb, Thomas Fischer, der rumänische Priester von Regensburg, Alexandru Câmpeanu, der Mönchspriester Ioan Popoiu von der Rumänischen Orthodoxen Metropolie von Deutschland, Zentral- und Nordeuropa und Erzdiakon Claudiu Grama den Abendgottesdienst gemeinsam mit dem Metropoliten aus Klausenburg. Die Pfarrer aus Selb waren dabei mit Gebeten und Lesungen eingebunden. Die Vesper wurde auf Deutsch und Rumänisch zelebriert, wobei die ostkirchlichen Hymnen und Gesänge auf Rumänisch sehr beeindruckend waren.

Große Ökumene in Erkersreuth: Die Pfarrer Alexandru Câmpeanu, Werner Latteier, Thomas Fischer, Jürgen Henkel und Mönchspriester Ioan Popoiu (von links) mit Metropolit Andrei, rechts Erzdiakon Claudiu Grama und Pfarrer Andreas Münster, Senior des Pfarrkapitels. Foto: Metropolie Cluj

Metropolit Andrei machte in seiner Predigt deutlich: „Die Seelsorge braucht einen langen Atem in einer säkularen Zeit und einer Gesellschaft, die die Sünde nicht mehr als solche wahrnimmt. Es ist wichtig, dass der Geistliche den Gläubigen als Freund und Berater gegenübertritt und immer wieder betont, wie wichtig der Weg und die Umkehr zu Gott ist, um das ewige Leben zu erlangen.“ Etliche Gottesdienstbesucher versorgten sich mit Büchern und ließen diese auch persönlich signieren.

REZENSIONEN

Libri

Carmen Sylva: Seelengespräche. ***Andachten der Königin Elisabeth von Rumänien, geborene Prinzessin zu Wied (1843-1916).***

Hrsg. und mit einem Nachwort versehen von Silvia Irina Zimmermann, Ibidem-Verlag/Edition Noëma, Stuttgart 2020, 271 Seiten. ISBN: 978-3-8382-1418-4

Bis auf den heutigen Tag ist es in politischen Kreisen Mode, dass wichtige Politiker und Politikerinnen Bücher schreiben, weil sie der Meinung sind, ihren Zeitgenossen oder der Nachwelt einen Einblick in ihre Gedanken schuldig zu sein. Manche dieser Politiker-Bücher oder -Memoiren sind in der Tat hochinteressant, etwa von Persönlichkeiten der jüngeren Geschichte wie Helmut Schmidt und Helmut Kohl, Michail Gorbatschow und Boris Jelzin, Günter Schabowski oder Franz Josef Strauß, Oskar Lafontaine, Thilo Sarrazin oder Sarah Wagenknecht. Selten freilich sind darunter geistliche Werke. Bei der früheren Königin Elisabeth von Rumänien (1843-1916) ist das ganz anders. Sie ging nicht nur unter dem Künstlernamen „Carmen Sylva" als Dichterin und Schriftstellerin in die Literaturgeschichte ein, sondern verfasste auch von tiefer Frömmigkeit geprägte Andachten, 21 an der Zahl. Diese zeugen vom lebendigen, starken und frommen Glauben der rumänischen Königin aus deutschem Adelshaus und erschienen unter dem hintergründigen Titel „Seelengespräche" erstmals 1888.

Im Rahmen ihrer Edition mit Büchern zur rumänischen Monarchie von 1866 bis 1947 und besonders von Werken der Dichterkönigin Carmen Sylva selbst hat die Literaturwissenschaftlerin Silvia Irina Zimmermann aus Mannheim jüngst diese Andachten in der vorliegenden höchst ansprechenden Ausgabe neu veröffentlicht.

Der handliche Band bietet die 21 geistlichen Besinnungen mit vielen zeitlos gültigen und wertvollen Gedanken unter dem Titel „Seelengespräche" in der deutschen Fassung, einige historische Fotos der Königin und ihrer Familie, Abbildungen der Titelseiten der früheren deutschen und rumänischen Originalausgaben, eine umfassende Einführung zu Leben, Werk und Wirken wie Rezeption der buchstäblichen „Dichterfürstin" sowie einen Abschnitt über die verschiedenen früheren Ausgaben der „Seelengespräche".

In ihrer Studie zu Carmen Sylva präsentiert Zimmermann ein gleichzeitig sympathisches, anschauliches und lebendiges wie auch wissenschaftlich fundiertes Lebensbild der dichtenden Königin. Sie zeigt auf, wie es dazu kam, dass die literarisch mit Gedichten, Märchenbüchern und Übersetzungen aktive Königin auch noch Andachten und damit fromme und religiös erbauliche Texte verfasst und veröffentlicht hat.

Am 29. Dezember 1843 kam Elisabeth in Neuwied als älteste Tochter des Fürstenpaares Hermann und Marie zu Wied zur Welt und erlebte eine damals für Fürstentöchter unübliche intensive Erziehung in verschiedenen geistes- und naturwissenschaftlichen Fächern wie Geschichte, Kunst- und Kirchengeschichte, Musik, Mathematik und Physik. Auch lernte sie neben den üblichen Sprachen Englisch und Französisch auch Italienisch, Schwedisch sowie Latein und Griechisch, auch unüblich für damalige Mädchenerziehung.

Neben dem frühen Tod kränklicher Brüder im jugendlichen Alter prägte sie religiös vor allem die starke Frömmigkeit ihrer Mutter, die sie an ihrem Glauben durch täglichen Religionsunterricht um sechs Uhr morgens teilhaben ließ. „Sie selbst behielt den Religionsunterricht in der Hand bis zu den letzten sechs Wochen vor der Konfirmation, und darin leistete sie Außerordentliches." (zitiert S. 218 f.)

Es war wohl diese frühe religiöse Erziehung, die die spätere Königin ihr Leben lang grundlegend prägte, auch noch am Königshof in Rumänien. Der junge Staat, das 1859 frisch gebildete Fürstentum und spätere Königreich Rumänien, holte sich zur Stabilisicrung eine Fürstenfamilie aus dem deutschen Adelshaus der Hohenzollern-Sigmaringen und damit eine anerkannte europäische Dynastie an die Staatsspitze.

Am 15. November 1869 hatte Prinzessin Elisabeth den Prinzen Karl von Hohenzollern-Sigmaringen geheiratet, der seit 1866 Fürst der vereinigten rumänischen Donaufürstentümer der Moldau und der Walachei war (rumänisch unter dem Namen Carol). Elisabeth lebte fortan am Hof in Bukarest. Das einzige Kind des Fürstenpaares, Prinzessin Maria, starb 1874 im Alter von nur drei Jahren an Diphterie. Die Fürstin litt an einer Depression.

1881 wurde Rumänien zum Königreich erhoben. Als Königin von Rumänien setzte sich Elisabeth vehement für Wohltätigkeit und Frauenförderung ein, außerdem für die Vermittlung rumänischer Kunst und Kultur gegenüber dem Ausland. Als amtierende Königin veröffentlichte sie zahlreiche Gedichte, Märchen, Erzählungen, Theaterstücke und Essays, vorwiegend in Deutschland. Ihre Werke wurden aber auch in fremde Sprachen übersetzt und in europäischen Ländern wie Frankreich, Schweden, den Niederlanden, Ungarn und Großbritannien, aber auch von den USA über Japan bis Australien begeistert aufgenommen, wie Zimmermann darlegt. Sie verstand das als Dienst am „Image" des neuen Landes. Gleichzeitig half ihr das Schreiben von Gedichten bei der Bewältigung ihrer Trauer über den frühen Tod des eigenen Kindes.

Einerseits als weltfremde Träumerin belächelt, schaffte es die deutsche Königin Rumäniens doch, zu einer der interessantesten Frauengestalten der neueren Monarchiegeschichte zu werden, indem sie sich nicht auf die Rolle einer zurückgezogenen stillen „Teilhaberin" am Thron des Mannes reduzieren ließ, sondern mit ihrem literarischen Werk auch kulturell und gesellschaftlich eigenständig in Erscheinung trat. Zimmermann beschreibt dies sehr hintergründig. Neben den berührenden Andachten vermag auch dieses Lebensbild einer bemerkenswerten Frauenpersönlichkeit zu begeistern, das die Herausgeberin hier zeichnet.

Der „Dichterkönigin" wurde die Muße zur Muse, wie sie selbst schreibt, als sie in ihrer Residenz in Sinaia in fünf bis sechs Wochen sage und schreibe 95 Lieder geschrieben hat. „Meine Muse schreibt sich mit ß! Das sage ich ja immer! Die köstlichste Stille, die himmlische Luft tragen reichlich dazu bei, mir Flügel zu geben." (zit. S. 243) Dabei hat sie ein unglaubliches Arbeitspensum bewältigt, von dem sie selbst schreibt: „Ich kenne nur Kranksein, aber nicht Ermüdung. Von morgens 3 oder 4 Uhr bis abends 11 oder oft 12 einer Ruhestunde mittags ist auch Zeit für alles." (S. 251) Die nimmermüde Umtriebigkeit kannte sie schon als Kind: „Meine Lebhaftigkeit war allen zu Last, (...), sie nannten mich Sausewind" (zit. S. 223).

Nach dem Tod ihres Mannes König Carol I. 1914 lebte sie vorwiegend auf dem Witwensitz im Kloster Curtea de Argeş, wo sich auch die Grablege der rumänischen Könige befindet. Sie starb 1916 in Bukarest und wurde in Curtea de Argeş beigesetzt.

Für Silvia Irina Zimmermann bleibt die Königin und Dichterin Elisabeth „Carmen Sylva" „in Erinnerung als eine Persönlichkeit, deren Sichtbarkeit als Königin und Schriftstellerin in der Öffentlichkeit für ihre Zeit außergewöhnlich war. Diese öffentliche Sichtbarkeit weltweit ist der wichtigste Aspekt, den Elisabeth der Rolle einer Königsgemahlin in Rumänien hinzugefügt hat" und „die mit ihrer schriftstellerischen Tätigkeit das Königreich Rumänien zu ihrer Zeit weltweit bekannt gemacht hat" (S. 255).

Die Andachten selbst orientieren sich immer an Bibelversen, die Elisabeth sehr hintergründig, glaubensstark und stärkend auslegt. Den Abschluss bildet jeweils ein kurzes Gebet. In den Besinnungen geht es um geistliche Fragen wie Seelenstärke und Berufung der Christen, Selbstüberwindung, Lebenskampf und die Stimme des Herzens, Vergebung, Leid und Zuversicht, Vertrauen in Gottes Wort, Sanftmut und Geduld, über Gegenwart und Hilfe Gottes im Leben und über die Seelenfreude. Diese Andachten sprühen über vor guten Gedanken und geistig-geistlicher Tiefe. Sie können auch dem heutigen Christen beim Lesen noch viel für Glauben und Leben mitgeben und schenken Hoffnung für den Alltag. Es ist schön, dass es noch solche Literatur gibt.

Dr. Jürgen Henkel, Selb

Stefan Hartmann: *Quid est veritas. Theologische Essays und Portraits.* Be&Be Verlag, Heiligenkreuz 2021, 208 Seiten. ISBN 978-3-903602-35-9

„Was ist Wahrheit?" gehört zu den bemerkenswerten Fragen im Neuen Testament. Sie stammt von Pilatus und eröffnet den Horizont grundsätzlichen Nachdenkens, zeigt den Willen, bis zu den oft in großer Tiefe verborgenen axiomatischen Grundlegungen einer Debatte zu gehen und sät zugleich einen Zweifel, der weitreichende Wirkungen erzielen kann. Wahrheit ist heute hoch umstritten. Wer behauptet, sie zu kennen, wird kritisch angefragt und steht schnell unter dem Verdacht von Intoleranz. Denn anstatt der von jeher dem Glauben und der Erkenntnis sich schenkenden Wahrheit für uns gibt es heute die vielen kleinen Wahrheiten die unter dem Hashtag „Wahrheit für mich" firmieren. Sie in Zweifel zu ziehen, gilt als gesellschaftlich zumindest unfreundlich, vielfach aber bereits auch schon als inakzeptabel. Wer es dennoch wagt, wird im öffentlichen Diskurs nicht selten isoliert und kommt in immer mehr Ländern sogar mit dem Gesetz in Konflikt. Deshalb ist es an der Zeit, der einst vom römischen Prokurator mit dem Duktus des in der philosophischen Debatte versierten Gesprächspartners gestellten Frage „Was ist Wahrheit?" wieder neu auf den Grund zu gehen.

Stefan Hartmann tut dies in dem vorliegenden Band mit einer Reihe von theologischen Essays und Portraits christlicher Profile. Mit diesen beiden Polen setzt er zugleich den Maßstab für sein Denken, das in Richtung dessen geht, was der Autor auf den Begriff theologische Theologie bringt. Deren Kennzeichen aber ist genau dies, dass diejenigen, die sich ihr widmen, von der Existenz einer ewigen Wahrheit ausgehen. Mehr noch: sie sind überzeugt, dass diese Wahrheit ein Gesicht hat und für diejenigen, die zu ihm aufblicken und sich von ihm erkennen lassen, zu einem Weg wird, der ins ewige Leben führt. In der derzeitigen theologischen Debatte ist dieses Axiom eine Provokation. Hartmann ruft mit ihr heraus aus der erstickenden Enge selbstreferentiellen Denkens, das, wie man an derzeitigen synodalen Irrwegen treffend sehen kann, in die Zersplitterung, die Vereinzelung und letztlich in die Zerstörung jener heiligen überzeitlichen Ordnung führt, deren Strukturen zu reformieren deren Sprecher angetreten sind.

Den Auftakt bildet die Thematik „Jesus und die Tora", die Hartmann anhand des Lebens und Werks von Rabbi Jacob Neuner sowie dessen Diskurses mit Josef Ratzinger/Benedikt XVI. entfaltet. Dies ist deshalb ein Kernthema einer theologischen Theologie, weil von der antinomistischen Tora-Kritik Linien ausgehen, die sich mit der radikalen Infragestellung ewiger Wahrheiten verbinden. Insofern erweist sich die Initiative Joseph Ratzingers, Neuner zu rezipieren als wegweisend und Orientierung gebend für die Kirche, die weder ohne Liebe, noch ohne Wahrheit, noch ohne Gesetze auskommt. Mit Romano Guardini hebt Hartmann einen auf dem Weg zur Seligsprechung sich befindenden Theologen, der Offenbarung und Kirche zum Ausgangspunkt seines Denkens macht, ins Bewusstsein. Kirche aber sieht Guardini nicht abgeschnitten von der überzeitlichen Wirklichkeit als in seiner stets reformbedürftigen Erbärmlichkeit in der jeweiligen Gegenwart verhaftetes Strukturenkonstrukt, sondern verbindet seine Sicht der Kirche mit Jesus Christus, dem Herrn, der selbst das Wesen des Christentums ist. Ein ebenso heilsames Korrektiv in der derzeitigen theologischen Landschaft ist Hartmanns Essay über Theologie und Heiligkeit, in dem er Person und Werk Hans Urs von Balthasars in konziser Form ins Licht des Bewusstseins hebt.

Dass beide notwendig eine Einheit sind und die nachscholastische Scheidung von Theologie und Heiligkeit die Ursache vieler der derzeitigen Verwerfungen ist, festzustellen und einem breiten Publikum bewusst zu machen, ist hoch verdienstvoll, liegt genau hier doch das Heilmittel für die Umkehrbewegung zu einer inneren Erneuerung der Kirche. Dafür, dass sie nicht durch ein weiteres sich an die Welt binden, sondern vielmehr nur durch radikale Entweltlichung realisiert werden kann, ruft Hartmann Sören Kierkegaard in den Zeugenstand, der diesen Gedanken nicht nur immer wieder neu brillant formulierte, sondern in seinem Leben und Leiden verkörperte.

Denn die durch Entweltlichung gewonnene Freiheit verdankt sich gerade nicht einer Befreiungstheologie, deren kritischer Analyse durch Hans Urs von Balthasar ein weiteres Kapitel gewidmet ist, sondern dem Öffnen der inneren Augen für die Spuren der im Weltlichen erkennbaren Heilsgeschichte. Sie wahrzunehmen gelingt, wie der Beitrag über die Einlassungen Franz Rosenzweigs und Hans Urs von Balthasars über den Islam kritisch aufzeigen, nur im Dialog mit einem Du und nicht in einem gewissermaßen von oben verordneten Glauben.

Dass katholisches theologisches Denken philosophisch fundiert sein kann, ohne die Lehre der Kirche zu dekonstruieren zeigt das Kapitel über „Nachmetaphysisches Denken" und Habermas´ Deutung der Moderne. Entschieden kritisch ist die Abrechnung mit Striets fundamentaltheologischer Agenda, die das Autonomieprinzip über jegliches, auch göttliches Gesetz stellt und in der Konsequenz in einer häretischen Soteriologie mündet. Wie notwendig in der Antwort auf solche Versuche Entschiedenheit ist und wie offenkundig, dass ihr Weiterdenken zu eben jener Infragestellung von Sakramenten wie der Priesterweihe führt, zeigt sich darin, dass sie jüngst auf dem Synodalen Weg mit bischöflicher Zustimmung erfolgte.

Im zweiten Teil seines Buches finden sich unter den Portraits christlicher Profile eine bemerkenswerte Auswahl personenbezogener Essays.

Hier setzt Hartmann erneut wegweisende Akzente, indem er beispielsweise den Mystiker Nikolaus von der Flühe als profilierten heiligen Laien vorstellt, der seine radikale Entweltlichung in enger Verbundenheit mit seiner Familie und dem Gemeinwesen, dem er als Ratgeber diente, lebte. Um vertieftes, am Glauben orientiertes Denken geht es auch bei den Portraits des zu Unrecht vergessenen Peter Wust, von Theodor Haecker und den für heute notwendigen Wegweisern Dietrich von Hildebrand, Erich Przywara, Leo Scheffczyk und Klaus Berger. Dem Blick über den theologischen Gartenzaun dienen die Portraits von Karl Barth und Albrecht Goes. Innovativ und am Beispiel Jesu Christi, der die frohe Botschaft vom Gottesreich in Gleichnissen verkündete, orientiert sind die

Portraits der Schriftsteller Joseph Wittig, Alfred Döblin und Paul Stöcklein. Glaube kommt vom Hören.

Das lebendige Weiterzählen der geglückten Begegnung mit dem göttlichen Du ist es, das den Funken überspringen lässt. Genau dies geschieht auch bei der facettenreichen Lektüre dieser ausgezeichneten Essays. Sie sei jedem empfohlen, der sich den Glauben an die Wahrheit bewahrt hat, bewahren will oder denselben wieder erlangen möchte.

Dr. Barbara Stühlmeyer, Hof

Jürgen Henkel: *Dumitru Stăniloae. Leben – Werk – Theologie*, Verlag Herder, Freiburg im Breisgau 2017, geb., 560 Seiten. ISBN 978-3-451-33755-0

Der im Jahre 1903 in Vlădeni unweit von Kronstadt / Braşov geborene und 1993 in Bukarest verstorbene rumänische Theologe Dumitru Stăniloae zählt zu den bedeutendsten orthodoxen Theologen des 20. Jahrhunderts und aus ökumenischer Sicht auch zu den wichtigsten Gestalten der modernen Theologiegeschichte. Der vormalige Patriarch der Rumänischen Orthodoxen Kirche, Teoctist, würdigte ihn als einflussreichen und prägenden Trinitätstheologen; der gegenwärtige Patriarch, Daniel, promovierte bei Stăniloae als seinem Doktorvater über „Theologie und christliche Spiritualität"; und Arsenie Boca, der für die rumänische orthodoxe Frömmigkeit höchst bedeutende Seelsorger und Priestermönch, war Stăniloaes ehemaliger Student und späterer Mitstreiter.

Jürgen Henkel, den der Metropolit Serafim von Deutschland, Zentral- und Nordeuropa im Geleitwort zu dessen Studie über Stăniloae zu den besten Kennern und den verständnisvollsten westlichen Interpreten der orthodoxen Theologie rechnet, gibt in diesem voluminösen Buch einen mustergültigen Überblick zunächst über das Leben Dumitru Stăniloaes, sodann über dessen wissenschaftliches, publizistisches und übersetzerisches Gesamtwerk wie auch über die Grundgedanken von Stăniloaes Theologie.

Henkels Studie wendet sich nicht an ein spezialisiertes Fachpublikum, sondern generell an Leserinnen und Leser mit Interesse an theologischen und kirchlichen, aber auch an politischen und historischen Fragestellungen. Dank ihrer übersichtlichen Gliederung, ihrer klaren und verständlichen Sprache sowie dank der zahlreichen Zusammenfassungen und Fazite im Text bietet Henkels Studie zugleich eine gute Einführung nicht nur in die orthodoxe Theologie Stăniloaes, sondern in theologisches Denken überhaupt.

Der erste Teil des 560 Seiten starken Buches ist der Biographie von Dumitru Stăniloae gewidmet. Die Schulzeit in Kronstadt, das Studium in Bukarest und Czernowitz/Cernăuţi, wo er auch seine Promotion über den Patriarchen Dositheos von Jerusalem vollendete, sowie seine postdoktoralen Studien in München und Berlin (Stăniloae verfügte über sehr gute deutsche Sprachkenntnisse!), wo er sich vor allem mit der protestantischen Dialektischen Theologie auseinandersetzte, bildeten die Grundlage für seine spätere akademische Laufbahn, die Stăniloae 1929 an der Theologischen Akademie „Andreiana" in Hermannstadt/Sibiu begann. 1935 folgt die Berufung zum ordentlichen Professor und ein Jahr später wird er Rektor der „Andreiana". Auch kirchlich werden ihm Würden verliehen, so 1940 die Würde eines kreuztragenden Erzpriesters (rum. protopop stavrofor).

Die kommunistische Machtergreifung in Rumänien bedeutete einen tiefen Einschnitt in Stăniloaes Laufbahn. Er musste 1946 vom Amt des Rektors zurücktreten und wurde im Jahr darauf nach Bukarest versetzt, wo er immer mehr ins Visier des kommunistischen Regimes und des 1948 gegründeten Geheimdienstes Securitate geriet. 1958 wurde er wegen „Verschwörung gegen den Arbeiterstaat und die Arbeiter Rumäniens" zu fünf Jahren Haft verurteilt, die er in den Gefängnissen Jilava und Aiud durchlitt.

In den Jahren der politischen Entspannung nach 1968 konnte er auf seinen Reisen durch Europa zahlreiche internationale Kontakte zu christlichen Theologen unterschiedlicher Konfessionen knüpfen und so die Voraussetzung für bedeutende wissenschaftliche Werke schaffen, die erst nach seiner Emeritierung 1973 in der langen Spätphase seines Schaffens bis 1993 entstanden. Die bloße Auflistung der Titel seiner wissenschaftlichen, übersetzerischen und publizistischen Werke nimmt selbst das Ausmaß eines Buches an.

Der zweite Teil der Studie widmet sich den theologischen Grundgedanken Dumitru Stăniloaes, wobei das Augenmerk Jürgen Henkels weniger auf deren historischer Genese als auf deren systematischer Geltung liegt. Auf eine allgemeine Einführung in die theologische Methode Stăniloaes folgt in Henkels Buch die Auseinandersetzung mit jenem theologischen Konzept, das bei Stăniloae die Grundlage für alle anderen christlichen Dogmen bildet: die theologische Lehre von der Trinität, die allerdings nicht als abstraktes Dogma zu betrachten ist, sondern als konkrete Konsequenz aus dem Wesen Gottes, das nach 1 Joh 4,16 die Liebe ist. „Die Liebe kann nicht in einer monopersonalen Existenz sein. Liebe impliziert eine interpersonale Gemeinschaft." Diese Sätze, die in Stăniloaes Werk „Die Heilige Trinität oder Am Anfang war die Liebe" (1993) stehen, machen deutlich, dass die Hinwendung zum Anderen bereits in Gott selbst angelegt ist, der in seinem Sohn aus sich heraus und auf seine Schöpfung wie auf die Menschen zu geht und diese im Heiligen Geist wieder mit sich vereint.

Aus dieser Liebesmystik heraus ergeben sich die übrigen theologischen Überzeugungen Stăniloaes gleichsam von selbst. Bereits die Schöpfung Gottes vollzieht sich aus Liebe, weil Gott der Ursprung der absoluten Liebe ist, und diese Liebe geht dann von Gott auf die Menschen über und „zieht die Menschen, die sich lieben, zu ihm hin", wie es in Stăniloaes Schrift „Der Mensch und Gott" (1990) heißt. Das Prinzip der Liebe zeigt sich außer in der Eschatologie (Lehre von den letzten Dingen) vor allem auch in der Christologie (Lehre von Christus) Stăniloaes und in seiner Soteriologie (Lehre von der Erlösung). Beim Tod Christi am Kreuz steht nicht der Gedanke der Sühne im Vordergrund, sondern der Gedanke der Verwandlung, Erneuerung, Wiederherstellung, Heiligung des Menschen, der in der orthodoxen Theologie „Theosis" (Gottwerdung, Vergöttlichung) genannt wird.

Neben diesen systematisch-theologischen Reflexionen Stăniloaes kommen in Jürgen Henkels Buch aber auch andere Leistungen des bedeutenden rumänischen Gelehrten zur Sprache. Dazu zählen seine bahnbrechenden Übersetzungen in der „Rumänischen Philokalie" (12 Bände mit insgesamt 6000 Seiten aus den Jahren 1946 bis 1991), der umfangreichsten Philokalie-Ausgabe überhaupt, in welcher Texte von asketischen christlichen Schriftstellern, den sog. Wüstenvätern, vom 4. bis zum 15. Jahrhundert versammelt sind, angefangen mit Antonios dem Großen (Band 1) bis hin zu Isaias von Sketis (Band 12).

Weitere Themen, die Jürgen Henkel in seinem Buch über Dumitru Stăniloae behandelt, sind: orthodoxe Spiritualität; Askese und Mystik; Läuterung (rum. purificare), Erleuchtung (rum. iluminare) und Vergöttlichung (rum. îndumnezeire); ferner die Liturgie, die Gesamtheit der religiösen Zeremonien und Riten des christlichen Gottesdienstes, als Mittel zur Heiligung der liturgischen Gemeinde wie auch zum geistlichen Aufstieg hin zum trinitarischen Gott.

Besonders aufschlussreich und interessant ist das Kapitel „Orthodoxie, Volk, Nation und Reich Gottes". Darin werden zunächst unterschiedliche orthodoxe Positionen zu Begriffen wie Nation, Volk oder Ethnos dargestellt, sodann wird ausführlich über die rumänische Geschichte und Kirchengeschichte informiert. Im Anschluss daran werden drei Werke Stăniloaes präsentiert, die sich mit den genannten Konzepten und Begriffen eingehend auseinandersetzen: „Orthodoxie und Rumänismus" (1939/1998); „Der Uniatismus in Siebenbürgen. Der Versuch der Spaltung des rumänischen Volkes" (1973); „Reflexionen über die Spiritualität des rumänischen Volkes" (1992). Insbesondere das letztgenannte Werk ist von besonderem Interesse, weil Stăniloae hier im Rahmen einer „Ontologie der rumänischen Spiritualität" zugleich eine Imagologie des rumänischen Volkes entfaltet.

Rumänentum zeigt sich nach Stăniloae in der Synthese bzw. im Ausgleich zwischen scheinbar unversöhnlichen Gegensätzen (etwa zwischen Ost und West, Mystik und Rationalität, Gemeinschaftsorientierung und Individualismus), ferner in der Verwurzelung in der Dorfkultur wie auch in der Hochschätzung der Volkskunst, in der Luzidität, Zartheit und Feinfühligkeit, in der (Selbst-)Ironie und im Humor, in der Sehnsucht (rum. dor), in der Menschenfreundlichkeit, in der Gastfreundschaft und schließlich in der tiefen Religiosität, wovon der rumänische Alltagsgruß „Doamne ajută" (dt. "Herr hilf") beredtes Zeugnis ablegt.

Dr. Markus Fischer, Bukarest

Cesar Martinez: *Ich bleibe bei euch alle Tage bis zum Ende der Welt. Stimmt das?*,
Christiana-Verlag im Fe-Medienverlag, Kisslegg im Allgäu 2021, 446 Seiten.
ISBN 978-3-7171-1343-0

Falls Sie bei Predigten gerne den versäumten Schlaf nachholen oder mal kurz was bei Facebook liken, muss ich Sie warnen. Denn dieses Buch ist als Einschlafhilfe vollkommen ungeeignet. Ganz im Gegenteil. Es wird Ihnen vermutlich so gehen, wie mir. Sie werden mal kurz hineinlesen und wenn Sie Stunden später aufblicken, werden sie geistlich erfrischt und gestärkt sehr überrascht feststellen, dass Ihnen die Zeit, die vergangen ist, sehr viel kürzer vorkam als das, was der Blick auf die Uhr Ihnen nahelegt.
Wie kann das sein, wenn dieses Buch doch „nur" Predigten für alle Sonntage des Lesejahres C des katholischen Kirchenjahres enthält? Weil Cesar Martinez, der Autor dieser Homilien, ein Priester ist, der für das brennt, was er unermüdlich tut: von dem künden, was er erlebt hat. Und das ist kein Zusammenstoß mit einem Bücherschrank, obwohl sich in den Predigten des Monsignore auch jede Menge Spuren seiner vielfältigen Lektüre der Heiligen Schrift, der Kirchenväter und Päpste finden. Sie sind, Perlen gleich, eingewebt in das schwingende Netzwerk der Verkündigung, die durchlichtet ist von der persönlichen Liebesbeziehung mit Jesus Christus.

Meine Güte, werden Sie nun sagen, ist das nicht ein wenig übertrieben. Nein. Gott sei Dank nicht. Denn das Christentum ist keine Buchreligion. In seiner Mitte steht eine Person: Jesus Christus. Wer ihm begegnet, wird durch die Umarmung des liebenden Gottes gewandelt, sein Leben erhellt und mit Freude umhüllt. Wer das erlebt hat, kann nicht davon schweigen. Umso mehr, wenn er, wie Cesar Martinez, sein Leben in den Dienst des Herrn gestellt hat. Seine Verkündigung ist so lebendig, dass man vollkommen vergisst, dass es sich um Predigten handelt – was viel über seinen Stil und einiges über die Erfahrungen aussagt, die die Sicht mancher auf das Genre prägen.

Ihre schriftliche Form ist geprägt von der persönlichen Rede. Man fühlt sich hineinversetzt in die Schar der Gläubigen, die ihm am Sonntag in St. Pantaleon in Köln und anderswo zuhören. Sich angesprochen zu fühlen, zu spüren, dass man persönlich gemeint ist, ist eine der Nebenwirkungen der Lektüre. Was diese Predigten, die man sich aus vielen Mündern gesprochen an vielen Orten gehört wünscht, so besonders macht ist, dass aus ihnen der brennende Eifer spricht, dass jeder und jede verstehen möge, dass das Leben mit Jesus Christus gelingt und zur vollkommenen Freude führt. Dabei werden Schwierigkeiten weder ausgespart noch kleingeredet. Ganz im Gegenteil.

Die unverkürzte Verkündigung, die Cesar Martinez hier präsentiert, besteht gerade darin, dass er weder Kreuz noch Leid ausspart. Und sie besteht darin, dass er schwierige

Fragen einfach und nachvollziehbar beantworten kann. Bei ihm gibt es kein „das versteh ich nicht, das kann weg", kein „das ist von gestern, das sortieren wir aus" und kein „sollen wir mal drüber abstimmen, wer das noch glauben will?".

Martinez erschließt die Schätze des Glaubens so, dass sie jedem, der ihm zuhört oder seine Predigten liest, leuchtend vor Augen stehen. Diese Predigten machen Lust auf mehr. Sie wirken performativ, aufbauend und sind Katechese im besten Sinn. Ihre Lektüre ist uneingeschränkt empfehlenswert. Die Herausgabe zweier weiterer Bände mit Predigten zu den Lesejahren A und B ist sehr wünschenswert. Das Ergebnis wäre ein Standardwerk beispielhafter Glaubensverkündigung.

Dr. Barbara Stühlmeyer, Hof

Peter Seewald: *Benedikt XVI. Ein Leben,* Droemer Verlag, München 2020, geb., zahlr. Abb., 1184 Seiten. ISBN 978-3-426-27692-1

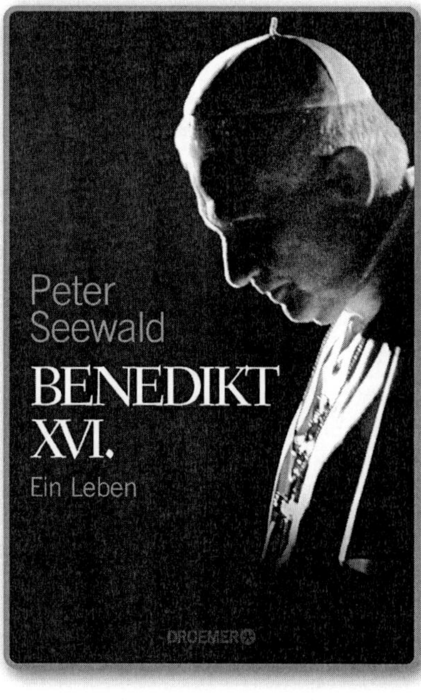

Der bayerische Theologe, Professor, Erzbischof und Kardinal Joseph Ratzinger (*1927) aus Marktl am Inn war von 2005 bis 2013 Papst und damit Kirchenoberhaupt der Katholischen Kirche. Ihm eilt der Ruf voraus, der größte Theologe auf dem Papstthron seit Leo dem Großen († 461) und Gregor dem Großen († 604) gewesen zu sein. Der Autor Peter Seewald wiederum „gilt als einer der besten Kenner von Papst Benedikt XVI.", wie die Wochenzeitung „Die Zeit" feststellt. Jüngst hat Peter Seewald seine lang erwartete große Biographie des emeritierten Papstes Joseph Ratzinger vorgelegt.

Zu Recht kann man vom „opus magnum" des Vatikankenners Peter Seewald sprechen. Kein Journalist oder Autor kennt Joseph Ratzinger besser als Peter Seewald. Er hat für dieses Buch viele Stunden lang mit Joseph Ratzinger gesprochen und konnte aus einem reichen Fundus von Aufzeichnungen schöpfen wie auch aus der gemeinsamen Arbeit mit Papst Benedikt XVI. an insgesamt vier Gesprächsbüchern, die allesamt internationale Bestseller waren. Auf diese Weise entsteht das lebendige Bild eines streitbaren Theologen, Oberhaupt, aber auch Dieners der Römisch-Katholischen Kirche, das Joseph Ratzinger in einem neuen Licht zeigt und Maßstäbe setzt.

Seewald zeichnet den Werdegang des späteren Papstes Benedikt XVI. von dessen Geburt in Marktl am Inn 1927 bis zu seinem Rücktritt vom Amt des Papstes 2013 nach. Mehr als ein halbes Jahrhundert stand „der deutsche Papst" im Licht der Öffentlichkeit: als Jugendlicher (Kapitel 1 bis 12), als Meisterschüler (Kapitel 13 bis 24), als Konzilstheologe und Redenschreiber für Kardinal Frings auf dem II. Vatikanischen Konzil (Kapitel 25 bis 36), als Theologie-Professor in Münster, Bonn, Tübingen und Regensburg (Kapitel 37 bis 45), als Erzbischof von München (Kapitel 46-49), als Präfekt der Glaubenskongregation in Rom (Kapitel 50 bis 59) und schließlich als Pontifex Maximus Benedikt XVI. (Kapitel 60-74).

Joseph Ratzinger hat den Aufbruch der Katholischen Kirche in Rom vor Ort mitgestaltet; er hat als Professor in Tübingen die Studentenunruhen der 1968er Zeit erlebt; er war 24 Jahre lang einer der engsten Vertrauten von Papst Johannes Paul II. und in dieser Stellung Zeuge der politischen Umwälzungen in Osteuropa; und er hat 2013 mit seinem Rücktritt ein Zeichen gesetzt, das das Amt des Papstes ein für alle Mal in der Kirchengeschichte verändert hat.

Peter Seewald präsentiert eine sehr fundierte, auf Quellen und Zitaten gestützte Biographie, die nicht im heutigen Zeitgeist der Medien das Härchen in der Suppe sucht, dafür sind die Biographie und das Lebenswerk dieses „deutschen Papstes" einfach zu groß, selbst wenn das die deutschen Medien bisweilen noch nicht erkennen. Von Theologen wie Hans Urs von Balthasar bis hin zu Kommilitonen wie Josef Finkenzeller bietet Seewald jeden auf, der die Genialität und die Integrität Ratzingers bezeugen kann. Ebenso auch seine engsten Weggefährten wie Erzbischof Georg Gänswein und seinen erst kürzlich verstorbenen Bruder Georg Ratzinger, den Domkapellmeister der Regensburger Domspatzen.

Dennoch zeigt Seewald auch manche Schwächen Ratzingers auf. Den Ratzinger-Schüler und Judaistik-Professor Peter Kuhn zitiert er mit den Worten, Benedikts Schwäche liege „einfach in der Auswahl seiner Mitarbeiter. Das war schon immer so". Ein ehemaliger Mitarbeiter der Bildungskongregation attestiert dem Papst eine „gewisse Eigenbrötelei, die er schon als Schüler an sich entdeckte. Eine gewisse Unbeholfenheit ist geblieben". Dieses Problem zeigte sich dann auch in seinem Pontifikat. In „Nibelungentreue" stand er Freunden und ihm ergebenen Mitarbeitern bei, von denen er sich besser getrennt hätte, allen voran Tarcisio Bertone, der als Kardinalstaatssekretär bis zum Rücktritt sein ranghöchster Mitarbeiter war.

Papst Benedikt XVI. gehörte zu der alten Garde von Theologen, die aus der Theologie der Kirchenväter (Patristik), der Liturgie, dem Wort Gottes, der Dogmatik und der Kirchengeschichte Kraft und Impulse zogen. Er promovierte 1953 mit der Schrift „Volk und Haus Gottes in Augustins Lehre von der Kirche" und habilitierte im Fach Fundamentaltheologie mit der Schrift „Die Geschichtstheologie des hl. Bonaventura". In brillanten Worten und Beispielen konnte der Prediger Ratzinger komplexe theologische und dogmatische Fragen anschaulich und leicht verständlich ausdrücken und somit Millionen von Gläubigen in aller Welt erreichen. Seine umfangreiche Bibliographie in dutzend Sprachen legt dabei ein beeindruckendes Zeugnis ab.

Seine Ansprachen und Predigten zum Weltjugendtag in Köln, aber auch seine Pastoralreise nach Bayern riefen ein wahres „Benedetto-Fieber" aus (Kapitel 62). Benedikt machte auch der Jugend zum Glauben Mut: „Habt keine Angst vor Christus! Er nimmt nichts und er gibt alles! Die Kirche lebt und die Kirche ist jung!" Aber nicht nur der Jugend gab Benedikt XVI. Hoffnung auf einen christlichen Glauben, er analysierte genau und gab den Gläubigen Halt und Orientierung in einer zunehmend säkularisierten, zeitgeistigen Welt: „Das kleine Boot des Denkens vieler Christen ist nicht selten von diesen Wogen zum Schwanken gebracht, von einem Extrem ins andere geworfen worden: vom Marxismus zum Liberalismus bis hin zum Libertinismus, vom Kollektivismus zum radikalen Individualismus, vom Atheismus zu einem vagen religiösen Mystizismus, vom Agnostizismus zum Synkretismus. In diesen Zeiten einen klaren Glauben nach dem Credo der Kirche zu haben, wird oft als Fundamentalismus abgestempelt, wohingegen der Relativismus, das sich vom Windstoß irgendeiner Lehrmeinung Hin-und-her-treiben-Lassen, als die heutzutage einzige zeitgemäße Haltung erscheint. Es entsteht eine Diktatur des Relativismus, die nichts als endgültig anerkennt und als letztes Maß nur das eigene Ich und seine Gelüste gelten lässt."

Diese „Gotteskrise", die die Menschen vom Glauben an den gekreuzigten Herrn Jesus Christus abhält, war die zentrale Sorge von Papst Benedikt. Mutig und mit klaren Worten, die es seitdem nie wieder so klar gegeben hat, wirkte er als Menschenfischer für den christlichen Glauben. Dies zeigte sich ebenfalls bei seiner ersten Enzyklika „Deus caritas est", in dem Leitmotiv: „Seid Salz der Erde und Licht der Welt!"

Auch die Einheit der gesamten Christenheit war ihm ein großes Anliegen, vor allem mit der Russischen Orthodoxen Kirche. Hierin kann auch ein Grund liegen, dass Benedikt XVI. 2006 auf den Titel „Patriarch des Abendlandes" aus dem 5. Jahrhundert verzichtete. In mehreren kleinen Entscheidungen, etwa hinsichtlich der Benutzung eines Palliums im alten Stil oder der Wortwahl bei seiner Besitzergreifung der Lateranbasilika, ist eine Orientierung an der Tradition der ungeteilten Kirche vor 1054 zu erkennen sowie eine bescheidenere und weniger zentralistische Art der Amtsführung, was sich zum Beispiel in der Rückübertragung der Seligsprechungsfeiern an die Ortskirchen zeigte. Dieses Bemühen um Einheit zog sich durch das gesamte Pontifikat und wurde sogar den deutschen Politikern bei seiner Rede im Deutschen Bundestag am 22.9.2011 als Aufgabe europäischer Dimension aufgetragen: „Die Kultur Europas ist aus der Begegnung von Jerusalem, Athen und Rom – aus der Begegnung zwischen dem Gottesglauben Israels, der philosophischen Vernunft der Griechen und dem Rechtsdenken Roms entstanden. Diese dreifache Begegnung bildet die innere Identität Europas."

Die Frage nach Wesen und Gestalt der Liturgie zeigte sich als ein Schwerpunkt des Pontifikats. Schon als Kardinal kritisierte Ratzinger verschiedene Erscheinungen in der Umsetzung der Liturgiereform nach dem II. Vatikanum und zeigte sich persönlich davon „überzeugt, daß die Kirchenkrise, die wir heute erleben, weitgehend auf dem Zerfall der Liturgie beruht."

Die gleiche Gebetsrichtung der Versammelten mit dem Priester zum Altar hin habe eine Prozession des teilnehmenden Gottesvolks versinnbildlicht, während die Wendung des Priesters zum Volk hin auch im Gebet einen in sich geschlossenen Kreis forme, also keinen Aufbruch mehr symbolisiere. Dabei machte er darauf aufmerksam, dass diese Auffassung von Liturgie in der Neuzeit verdunkelt worden sei und „jede Zeit das Wesentliche neu finden und ausdrücken" müsse. In diesem Sinne befürwortete er jene Heranrückung des Altars und damit des eigentlichen Ortes des Messopfers an das Volk durch den „Volksaltar", welche die Liturgiereform gebracht hatte.

Er plädierte dafür, dem Altarkreuz seinen zentralen Platz in der Liturgie zurückzugeben, es also wieder in die Mitte des Altars zu stellen, damit sich Priester und Gläubige sichtbar „zum Herrn hin" wenden. Im Juli 2007 erklärte Papst Benedikt XVI. im Apostolischen Schreiben „Summorum Pontificum", dass die Heilige Messe von jedem Priester außer in der ordentlichen Form (forma ordinaria) des römischen Ritus nach dem Messbuch Pauls VI. ohne weiteres auch in der außerordentlichen Form (forma extraordinaria) des römischen Ritus nach dem zuletzt unter Johannes XXIII. 1962 gedruckten Messbuch gefeiert werden dürfe, da diese überlieferte Form nie abgeschafft worden sei.

Viele Krisen in der Kurie, vor allem die Vatileaks-Affäre, aber auch einige Skandale in den Ortskirchen, sowie der „Sturm auf die Regensburger Rede" führten immer wieder zu großen Pressekampagnen gegen Papst Benedikt und die Katholische Kirche, „die zu einer immer mehr kräftezehrenden Arbeit für den Heiligen Vater wurde." Am 11. Februar 2013 kündigte Benedikt XVI. während eines Konsistoriums an, zum 28. Februar 2013, 20 Uhr, „auf das Amt des Bischofs von Rom, des Nachfolgers Petri, [...] zu verzichten". Er sei „zur Gewissheit gelangt, dass seine Kräfte infolge des vorgerückten Alters nicht mehr geeignet seien, um in angemessener Weise den Petrusdienst auszuüben".

Zum ersten Mal seit Jahrhunderten schied damit ein Papst nicht durch Tod aus dem Amt. Aus eigener Entscheidung hatte dies zuletzt 1294 Coelestin V. getan. Seit seinem Rückzug 2013 lebt der Papst als „Emeritus" im Kloster Mater Ecclesiae nach seiner Devise von 2005: „Ich bin natürlich ein Bayer geblieben, auch als Bischof von Rom." Papst Benedikt XVI. ist heute eine Person der Zeitgeschichte und zählt zu den größten Theologen der Christenheit. Keine Frage: eines Tages werden sich Theologen aus der Kongregation für Selig- und Heiligsprechungsprozesse auch mit der Causa Ratzinger, Joseph Aloisius alias Benedikt XVI. zu beschäftigen haben. Das Buch von Peter Seewald wird hierfür eine zentrale Quelle sein.

Florian Goßler, Selb

Wolfgang Wünsch: ***Hans Küng in der Theologie der Religionen. Von der offenbarten dogmatischen Wahrheit zum interreligiösen Synkretismus,*** Edition Hagia Sophia, Wachtendonk 2020, 346 Seiten. ISBN 978-3-96321-007-5

Der im April 2021 verstorbene Schweizer Theologe Hans Küng zählte über Jahrzehnte zur weltweiten intellektuellen theologischen Avantgarde. Sein wirklichkeitsfremdes „Projekt Weltethos“ besitzt nach wie vor zahlreiche Anhänger. Er selbst hat es durch anhaltende Kritik an der katholischen Lehre 1979 sogar zum Entzug der kirchlichen Lehrerlaubnis durch den Vatikan gebracht. Wobei das Etikett des „Kirchenkritikers“ im deutschsprachigen Raum seit Jahrzehnten eher verkaufsfördernd wirkt. Innerkatholisch gab Küng stets als Papst- und Dogmenkritiker den Antipoden zu seinem Altersgenossen Joseph Ratzinger, dem emeritierten Papst Benedikt XVI. Ihre Wege trennten sich indes früh: Küng verabschiedete sich in den populären Mainstream von Relativismus und Synkretismus, er wurde in den Medien gerne als Kronzeuge für antirömische Attitüden herangezogen; Ratzinger wurde als Glaubenspräfekt und Papst zum Hüter der Glaubenslehre und für seinen Kampf für die christliche Wahrheit regelmäßig angefeindet.

Vor diesem Hintergrund ist es einerseits ein Wagnis, wenn ein nicht-katholischer Theologe sich an eine Forschungsarbeit zu Küngs Theologie der Religionen heranwagt. Andererseits bietet das gerade die Chance einer wissenschaftlichen Untersuchung jenseits binnenkatholischer Lagerzugehörigkeit. Der lutherische Kirchenhistoriker Dr. Wolfgang Wünsch, der in Siebenbürgen als Pfarrer und Dechant wirkt, hat sich dieser Herausforderung im Rahmen seiner nunmehr zweiten Doktorarbeit gestellt.

Seine an der Fakultät für Orthodoxe Theologie der Universität „1. Dezember 1918“ Alba Iulia/Karlsburg in Rumänien eingereichte Studie „Hans Küng in der Theologie der Religionen. Von der offenbarten dogmatischen Wahrheit zum interreligiösen Synkretismus“ stellt eine grandiose wissenschaftliche Leistung dar und bietet eine bis ins Detail grundsolide und überzeugende Entzauberung des populären Schweizer Theologen. Wünsch entlarvt Küng als Synkretisten, der nicht nur mit katholischen Lehren, sondern dem gesamten Lehrgebäude des christlichen Glaubens gebrochen hat, der selektiv bis zur Oberflächlichkeit mit Bibel und eigenen Traditionen umgeht und anderen Religionen mehr Achtung und Verständnis entgegenbringt als seiner eigenen.

Eine zentrale Erkenntnis der gesamten Untersuchung versteckt sich fast schon in Fußnote 1023 der Studie, wenn Wünsch schreibt: „Soweit sich seine (Küngs; J.H.) Kritik auf römisch-katholische Spezialdogmen wie z. B. die ‚Unfehlbarkeit päpstlicher Lehrentscheidungen ex cathedra‘, den Universalprimat des Papstes oder bestimmte, allein dem Katholizismus spezifisch eigene Mariendogmen bezieht, mag man darüber diskutieren, obwohl die kirchenhistorische Arbeitsweise Küngs selbst hier äußerst unbefriedigend ist, doch geht der Tübinger Professor entschieden weiter und stellt faktisch die Lehre der einen, heiligen, apostolischen und katholischen Kirche selbst in Frage." (S. 315) Den Nachweis dafür erbringt Wolfgang Wünsch mit Gründlichkeit und mutiger Deutlichkeit.

Wünsch arbeitet auf der Basis eines umfassenden Studiums aller relevanten Werke des Schweizers die Einseitigkeiten der theologischen Kriterien Küngs sowie seiner selbst erhobenen höchst subjektiven methodischen Prämissen – Stichwort „Paradigmentheorie" – und gleichzeitig auch dessen wissenschaftliche Unzulänglichkeiten klar heraus. Und er scheut sich auch nicht, die Eitelkeit Küngs zu benennen, wenn dieser sich etwa für so wichtig hält, seinem Leben als Priester und Professor allein schon eine dreibändige mehrtausendseitige Autobiographie zu widmen und die kleinbürgerliche Herkunft Joseph Ratzingers gegenüber seiner eigenen aus dem gehobenen Bildungsbürgertum selbstgefällig abzuwerten.

Die klug und sinnvoll gegliederte Studie von Wolfgang Wünsch setzt mit einem ausführlichen Kapitel über Biografie und theologische Entwicklung von Hans Küng ein (S. 25-117). Anschließend wird die oft maßlos einseitige Sicht Küngs auf sämtliche relevanten Themen der Theologie kritisch dargestellt („Die Auffassung Hans Küngs von Christentum und Kirche", S. 119-195), bevor das dritte Hauptkapitel „Die Auffassung der Weltreligionen bei Hans Küng" nachzeichnet (S. 196-305). Der letzte Abschnitt fasst Ergebnisse zusammen und bietet „Konturen einer Antwort" (S. 307-323).

Schon im Biografie-Kapitel wird deutlich, dass bei Küng „Theologie und Lebensweg in einem unauflösbaren Zusammenhang stehen und sich wechselseitig auslegen" (S. 29). Von seiner Schweizer liberalen freiheitlichen Gesinnung beflügelt, nimmt sich Küng von Anfang an das Recht zu „kritischer Katholizität" und zum grundsätzlichen Widerstand gegen Lehre, Dogmen und Kirchenhierarchie heraus, was zum Bruch mit Rom führt, wie Wünsch im Detail skizziert. Wobei Küng sich als Vorkämpfer gegen einen Typus des „überholten Katholizismus" versteht, um zu einem „historischen Jesus" und einer „Christologie von unten" zu gelangen.

Wünsch weist nach, wie Küng seit Beginn gegen das Selbstverständnis und System seiner Kirche ankämpft. Dem Studium folgt 1954 die Priesterweihe. Nach einer glänzenden Doktorarbeit über die Rechtfertigungslehre seines reformierten Landsmannes Karl Barth kommt er zu einem Lehrstuhl an der Universität Tübingen. Schon sein Doktorvater Louis Bouyer weist indes auf eine wichtige Schlagseite Küngs hin, wenn er festhält: „Es ist ein konstantes Merkmal seines Denkens, dass in ihm die östliche Orthodoxie vernachlässigt, ja völlig außer Acht gelassen wird" (zit. S. 85). Diese Ignoranz gegenüber der Orthodoxie ist aber kein Wunder, übernimmt Küng doch in seiner Ablehnung des trinitarischen und des christologischen Dogmas die These der „Hellenisierung des Christentums" von Adolf von Harnack und kann auch mit opulenten Liturgien, Mönchtum und Ikonen herzlich wenig anfangen, womit er wesentliche Punkte der Orthodoxie ablehnt.

Von der christlichen Lehre bleibt bei Küng nicht viel übrig. So fordert er, dass die Katholiken auf die Unfehlbarkeit des Papstes, die Evangelischen auf die Unfehlbarkeit der Heiligen Schrift und die Orthodoxen auf die Unfehlbarkeit der ökumenischen Konzilien verzichten. Sein „Projekt Weltethos" schließlich ist in der Wertung Wünschs nicht mehr als „ein Diskurs der säkularen Vernunft unter Zuhilfenahme der verschiedenen Religionen“ (S. 109).

Wünsch kritisiert, „dass Küng bei seiner Frage nach einem Kriterium für die Wahrheit des Christentums methodisch die Vorurteile und das Selbstverständnis der anderen Religionen gegenüber dem Christentum zum Ausgangspunkt seiner Überlegungen macht, ohne beides allerdings angesichts der Wirklichkeit von Christentum und Kirche (…) kritisch und sachgerecht zu überprüfen“ (S. 124 f.). Der Gedanke der christlichen Mission entfällt bei Küng völlig. Die Arbeit des evangelischen Theologen führt den Beweis, wie weit sich Küng von der eigenen Kirche und Theologie verabschiedet hat – was gleichzeitig seine Popularität in heutigen kirchenkritischen Milieus erklärt.

Besonders deutlich wird die Abkehr Küngs von Grundlagen des Christentums in seiner Theologie der Weltreligionen (Judentum und Islam, Buddhismus und Hinduismus, Konfuzianismus und Taoismus). Auch hier beschreibt Wünsch in ausführlicher Auseinandersetzung mit Texten des Schweizers schonungslos die Schwächen der Küngschen Positionen bis hin zur Schrägheit seines Schubladendenkens, wenn Küng etwa die Mystik- und Weisheitselemente des christlichen und jüdischen Glaubens ignoriert und fremde Religionen genau für solche Elemente würdigt.

Am Hinduismus gefällt Küng die „erstaunliche(r) Vielfalt von Anschauungen, Formen, Riten (…) ohne allgemein verbindliche Lehre“ (zit. S. 222). Am Buddhismus lobt er Meditation und Schweigen als mystische Stufe, ohne entsprechende traditionsreiche Formen ostkirchlicher Spiritualität zu thematisieren, an den chinesischen Religionen die Ahnenverehrung als Modell gegen die westliche Todesverdrängung, obwohl es solche Formen auch als katholisches und orthodoxes Totengedächtnis gibt.

Die Religionsvermischung geht bei Küng schließlich so weit, dass er auch den Islam zum Heilsweg erklärt, den Koran als Gottes Wort sieht und davon ausgeht, dass in der „Hebräischen Bibel“ und im Koran der eine selbe Gott rede. Gläubige Juden sehen dies wahrscheinlich anders.

Die vorliegende Doktorarbeit ist eine beachtliche Leistung des Autors Wolfgang Wünsch, der hier mit seiner Kritik an Hans Küng zweifellos an einem Denkmal rüttelt, dies aber auf Grundlage einer substanziellen Beschäftigung mit dessen Leben, Theologie und Werk. Wünsch führt Küng nüchtern als einen Autor vor, der alle Religionen lobt außer seiner eigenen, deren Bekenntnis er relativiert und deren Traditionen, Lehre und System er ablehnt. Die Heilsgeschichte löst er auf in die Frage nach dem historischen Jesus, das Eruieren eines vagen „Humanum“ als Substrat aller Religionen ersetzt die Frage nach Gott und Wahrheit. Dem Buch ist große Verbreitung zu wünschen.

Dr. Jürgen Henkel, Selb

Autorenverzeichnis

Bei Autorinnen und Autoren ohne Kontaktadressen kann über die Redaktion unserer Zeitschrift Kontakt aufgenommen werden.
Hinweis: P. steht für Pfarrer, Priester oder Ordenspriester

Adresse der Redaktion und Schriftleitung: Pfarrer Prof. h. c. Dr. Jürgen Henkel, Pfarramt Erkersreuth, Lindenfelsstr. 2, 95100 Selb;
@: Schriftleitung@Auftrag-und-Wahrheit.net

Erzbischof em. Karl Braun, Erzbistum Bamberg

Kaplan Dr. Jens Bulisch, Katholische Pfarrei Hl. Apostel Simon und Juda Crostwitz; wohnhaft: Kirchstraße 2, 01920 Ostro; @: bulisch@pfarrei-crostwitz.de

Weihbischof Dr. Johannes Bündgens, Klosterplatz 3, 52062 Aachen,
@: jbuendgens56@gmail.com

Paul Josef Kardinal Cordes, Vatikanstadt, Rom

P. Martin Fromm, Pfarramt Rüdenhausen und Wiesentheid, Kirchplatz 2, 97355 Rüdenhausen; @: martin.fromm@elkb.de

P. Gunther Geipel, Pfr i. R., Bad Elster; @: gugeipel@aol.com

Florian Goßler, Rosenstr. 9, Vielitz-Siedlung, 95100 Selb

P. Andreas Hamburg, Pastor und Friedensbeauftragter der Bremischen Evangelischen Kirche, St.-Markus-Gemeinde, Arsterdamm 12–18, 28277 Bremen;
@: pastor@markus-gemeinde-bremen.de

P. Dr. Tobias Häner, Einleitung und Exegese des Alten Testaments einschl. Dialog mit den Kulturen des Vorderen Orients, Kölner Hochschule für Katholische Theologie (KHKT), Gleuelerstr. 262-268, 50935 Köln; @: tobias.haener@khkt.de

Monsignore Dr. Cesar Martinez, Subsidiar an der Pfarrkirche St. Pantaleon, Am Pantaleonsberg 2, 50676 Köln; @: cesar-martinez@gmx.net

Dr. Justina Metzdorf OSB, Einleitung und Exegese des Neuen Testaments, Kölner Hochschule für Katholische Theologie (KHKT), Gleueler Straße 262-268, 50935 Köln; @: justina.metzdorf@khkt.de

Gerhard Kardinal Müller, Vatikanstadt, Rom

P. Prof. Dr. Dr. Elmar Nass, Prorektor, Lehrstuhl Christliche Sozialwissenschaften und gesellschaftlicher Dialog, Kölner Hochschule für Katholische Theologie (KHKT), Gleueler Straße 262-268, 50935 Köln; @: elmar.nass@khkt.de

P. Franz Prosinger, Pfr. i. R., Kirchenplatz 1, A-3244 Ruprechtshofen, Österreich; @: prosingerfranz@gmail.com

P. Engelbert Recktenwald FSSP, Mommsenstr. 2, 30169 Hannover, @: chesterton@gmx.net

P. Dr. Manuel Schlögl, Lehrstuhl für Dogmatik und Ökumenischer Dialog, Kölner Hochschule für Katholische Theologie (KHKT), Gleueler Straße 262-268, 50935 Köln; @: manuel.schloegl@khkt.de

P. Prof. em. Dr. Günter R. Schmidt, Universität Erlangen

P. Dietmar Schmidtmann, Kolpingplatz 1, 02997 Wittichenau; @: d.schmidtmann@gmx.at

Rektor em. Pfarrer Prof. Dr. h.c. Hermann Schoenauer, Vorsitzender „Ex fide lux – Deutsch-Rumänisches Institut für Theologie, Wissenschaft, Kultur und Dialog e. V.", Lange Zeile 30, 90419 Nürnberg; @: vorsitzender@exfidelux.de

Metropolit Serafim von Deutschland, Zentral- und Nordeuropa, Rumänische Orthodoxe Metropolie von Deutschland, Zentral- und Nordeuropa, Fürther Str. 166-168, 904329 Nürnberg; @: mitropolia@mitropolia-ro.de

P. Prof. Dr. Josef Spindelböck, Professor für Moraltheologie und Ethik, Philosophisch-Theologische Hochschule der Diözese St. Pölten, Kremser Str. 7, A-3123 Kleinhain, Österreich; @: josef@spindelboeck.net

Dr. Barbara Stühlmeyer, Theologin, Musikwissenschaftlerin, Journalistin, Westendstraße 1, 95028 Hof; @: barbara.stuehlmeyer@t-online.de

Kurienbischof Prof. Dr. Franz-Peter Tebartz-van Elst, Vatikanstadt, Rom

P. Prof. Dr. Werner Thiede, Pfr. i. R., Richard-Wagner-Straße 8, 75242 Neuhausen, Kontakt: www.werner-thiede.de

P. Br. Johannes Weigel, Zinzendorfplatz 5, 02625 Bautzen OT Kleinwelka; @: pfarramt@bruedergemeine.kleinwelka.de

Dechant P. Dr. Dr. Wolfgang Wünsch, Pfarramt Petersdorf, Strada Săsească Nr. 1, RO-515850 Petrești, jud. Alba, Rumänien.